하고 싶은 것과 해야 할 것:
아리스토텔레스 윤리학 읽기

아리스토텔레스 윤리학 읽기

| 김영훈 지음 |

UUP

하고 싶은 것과 해야 할 것:
아리스토텔레스 윤리학 읽기

2008년 6월 5일 초판 인쇄
2008년 6월 13일 초판 발행

지은이 | 김영훈
발행인 | 정정길
발행처 | UUP(울산대학교출판부)

출판등록 | 제 370-1996-000001호(1996.3.13)
홈페이지 | http://uup.ulsan.ac.kr
주소 | 680-749 울산광역시 남구 대학로 102(무거동) 울산대학교 출판부
전화 | (052) 259-2488
팩스 | (052) 277-3011
편집·표지 디자인 | 지미정·김수연

값 10,000원

ISBN 978-89-7868-148-3

이 도서의 국립중앙도서관 출판시도서목록(CIP)은 e-CIP 홈페이지 (http://www.nl.go.kr/ecip)에서 이용하실 수 있습니다. (CIP제어번호: CIP2008001741)

하고 싶은 것과 해야 할 것:
아리스토텔레스 윤리학 읽기

목차

(1) 서문: 훌륭한 사람 되기 … 9

1. 아리스또뗄레스 행복론 … 15

(2) 프롤로그: 아리스또뗄레스 … 15
(3) 좋은 사람 … 21
(4) 가장 좋은 것과 정치 … 27
(5) 정치학의 한계 … 32
(6) 행복 … 38
(7) 습관화된 전제 … 41
(8) 네 가지의 좋은 것들 … 45
(9) 자급자족 … 50
(10) 인간의 할 일 … 54
(11) 영혼과 정신 … 60

(12) 사리분별과 지혜 … 66
(13) 쾌락 … 70
(14) 신성한 운명 … 75
(15) 사필귀정 … 80
(16) 평생의 행복 … 84
(17) 칭찬과 존경 … 91
(18) 정치가와 의사 … 94
(19) 비이성적이지만 이성적인 부분 … 99
(20) 윤리 … 104

2. 아리스토텔레스 도덕론 … 109

(21) 프롤로그: 훌륭한 사람 만들기 … 109
(22) 천성과 습관 … 111
(23) 행위가 성격을 만든다 … 116
(24) 중용 … 120
(25) 아빠테이아 … 123
(26) 선택의 세 가지 이유 … 128
(27) 훌륭한 행위와 훌륭한 사람 … 132
(28) 감정 … 137

3. 아리스토텔레스 쾌락론 … 143

(29) 프롤로그: 쾌락주의에 관한 오해 … 143
(30) 서로 다른 쾌락 … 147
(31) 돈과 명예 … 152
(32) 자연스럽지 않은 쾌락 … 156
(33) 주인과 종 … 161
(34) 형이상학과 철학 … 166
(35) 자연적인 상태 … 171
(36) 나쁜 것의 반대 … 176
(37) 심상 … 183
(38) 철회와 수정 … 189
(39) 참이어야 하는 것 … 194
(40) 에우독소스 … 200
(41) 금욕주의에 대한 논박 … 205
(42) 혼란의 순환 … 209
(43) 자연학 … 213
(44) 목적인 … 218
(45) 쾌락의 경쟁 … 223
(46) 다시 '훌륭한 사람' … 227

4. 자연학자의 쾌락론 … 233

(47) 프롤로그: 퍼즐 맞추기 … 233
(48) 욕구 충족 … 238
(49) 물리학 … 245
(50) 병을 유발하는 쾌락 … 249
(51) 생명 활동 … 256
(52) 학문하는 즐거움 … 263
(53) 좋은 것과 이로운 것 … 266
(54) 악덕 … 270
(55) 에필로그: 불가피한 미신 … 275

(1) 서문: 훌륭한 사람 되기

꼬박 사십 년을 살아왔다. 그 세월의 일초 일초를 수많은 것들을 행하고 있었던 것이다.

배가 고파서 밥을 먹었으며, 졸려서 잠들었으며, 궁금해서 질문과 궁리를 했으며, 다른 사람의 칭찬이 그리워서 나를 뽐냈다. 그리고 맞거나 욕먹는 것이 싫어서 도망 다니기도 했으며, 누군가가 미워서 욕을 하기도 했다. 적어도 내가 기억하는 가장 먼 과거의 시간들 속에서의 나의 모습은 그러한 것들이었다.

그러다가 언제부터인가 때로는 배가 고파도 밥을 먹지 않기도 했고, 졸려도 잠들지 않으려 애쓰기도 했고, 궁금해도 질문하지 않기도 했고, 다른 사람의 칭찬이 그리워도 나를 뽐내지 않기도 했다. 맞아도 참기도 했으며, 미워도 욕하지 않기도 했다. 그리고 그 전에는 하지 않았던 일들을 하기 시작했다. 오늘 밤에 다시 깔아야 할 이불을 네모나게 개기도 했으며, 본 적도 없는 별의 무슨 뜻인지도 모르는 이름이나 전혀 재미있어 보이지 않는 '근의 공식' 같은 것을 외우기도 했으며, 알지도 못하는 사람들을 위해 주머니 속의 귀한 돈을 내주기도 했으며, 군복을 입고 총 쏘는 연습을 하기도 했다. 하고 싶은 것을 하지 못하는 괴로움과 하고 싶지 않은 것을 하는 괴로움을 감수하고 그 모든 새로운 활동들을 한 이유는 '훌륭한' 사람이 되기 위한 것이었다 (적어도 당시에는 그렇게 생각했다).

'왜 훌륭한 사람이 되어야 하는 것인가?'는 한동안 궁리해보지 못 했지만, 어떻게 하면 훌륭한 사람이 되는지는 꽤 열심히 궁리했다. 훌륭한 사람이 되는 요령 중에 가장 기본적인 것은, 해야 할 것과 하지 말아야 할 것을 외우고, 하고 싶은 것이 있을 때 혹시 그것이 하지 말아야 할 것이 아닌지 생각해 보고, 해야 할 것들 중에 지금 해야 할 것이 무엇일지를 늘 생각하는 것이었다. 그래서 그 시절에는 '뭐 할까?' 하는 고민을 길게 해 본 적이 별로 없었다. 이미 외우고 있는 '해야 할 일'의 목록이 꽤 길었기 때문이다. 물론 그 '해야 할 일'의 목록에서 하나씩 제외되는 것이 생기기도 했다. '대학에 들어가기'가 없어지고, '결혼하기'가 없어지고, '3년 동안 군인으로 살기'가 없어졌다. 도로교통법 시험을 보고 운전면허를 받았으며, 여러 관문을 거쳐 직업을 갖게 되기도 했다. 하지만 여전히 목록에 새로 들어오는 것들도 있었기에 '뭐 할까?' 하는 고민을 할 일이 없기는 마찬가지였던 것 같다. 하지만 문득 '하고 싶은 일'이 떠오르면, 그리고 그것이 '하지 말아야 할 일'의 목록에 없는 것이면, 그 '하고 싶은 일'과 그 시점에서의 '해야 할 일'을 두고 '어느 것을 할까?' 하는 고민을 해야 했다. 그리고 그런 상황에서 때로는 '하고 싶은 일'을 선택했고 때로는 '해야 할 일'을 선택했다. 그래서 때로는 해야 할 일을 내팽개치고 하고 싶은 일을 하는 바람에 그에 따르는 벌을 받기도 했고, 또 훌륭하지 못한 사람임을 스스로 자책하기도 했다.

훌륭한 사람이 되는 요령으로 그 다음 단계의 것은 해야 할 것을 하고 싶어 하는 것이었다. 무척이나 어려워 보이는 그 일이 실은 가능한 경우도 많았다. 대부분의 일들이 때로는 즐거움을 주고 때로는 괴로움을 주는 것이어서, 그 일의 즐거움을 열심히 반복적으로 생각하면 그 것을 하고 싶은 마음이 조금 더 생기고, 그 일의 괴로움을 열심히 반복적으로 생각하면 그것을 하고 싶은 마음이 조금 덜 생겼다. 그래서 '어느 것을 할까?' 하는 고민을 할 일도 조금은 적어졌다. 그리고 해야 할 일이자 하고 싶은 일을 할 때에는, 하고 싶지 않은 것을 하는 괴로움이나 해야 할 것을 하지 못하는 괴로움 없이 즐거움만을 누릴 수 있었다. 그리고 하고 싶은 것이 떠오를 때 그것이 하지 말아야 할 것에 포함되는 경우도 적어졌다. 또한, 해야 할 것의 목록에 있던 일들 중에서 하고 싶은 것에 해당되는 일들은 대개 빼도 되기 때문에 해야 할 일을 목록은 짧아졌다.

나의 그 짧아진 목록에 남은 것들 중 하나는 '왜 훌륭한 사람이 되어야 하는가?'에 대한 궁리였다. 그 항목이 아주 오랜 동안 목록에 있었던 것 같기도 하고, 때때로 그 항목을 끄집어내서 궁리를 해보았던 것 같기도 하지만, 우선순위가 높은 다른 항목들에 밀려 그다지 집요하게 하지는 못했던 것 같다. 그래서 근래에 이르러 우선순위가 높은 몇몇 것들이 목록에서 사라지면서 비로소 그 과제에 매달려 보내는 시간이 많아졌다.

하지만 이제는 그것이 나의 '해야 할 것'의 목록에 있었던 것인지, 내가 '하고 싶은 것'인지 잘 모르겠다. 요즘에 들어서는 그 두 가지의 구분이 모호해지고, 구분을 해야 할 필요도 별로 없는 경우가 많았기 때문이다. 그래서 누군가가 내게 왜 그런 궁리를 하느냐고 물으면, 그것을 해야 하기 때문이라고 대답해야 할지, 그것을 하고 싶기 때문이라고 대답해야 할지 고민스러울 것 같다.

어찌 되었건 '왜 훌륭한 사람이 되어야 하는가?'에 대한 나의 궁리는 늘 그러하듯이 '훌륭한 사람'이란 무엇인가에 대한 탐구로부터 시작된다. 물론 훌륭한 사람의 조건에 대해서는 수십 년간 외워온 바이므로 상당히 많이 알고 있기는 하지만, 그러한 사람이 훌륭한 사람이라는 것에 대한 진정한 앎은 달성하지 못했다. 남에게 해를 끼치지 않는 사람이 훌륭한 사람이라는 가장 단순한 명제에 있어서도 내가 충분히 알고 있지 못함을 알고 있기 때문이다.

그리고 탐구의 출발은 늘 그러하듯이 선배들의 이야기를 듣는 것이다. 그 중에서도 매우 인정받는 선배이면서 내가 쉽게 만날 수 있는 선배를 찾는다면 다행스러운 일이다. 그런데, 마침 근래 몇 년 동안 나는 그런 선배 한 사람과 어울리고 있다. 그 사람의 이름은 아리스또뗄레스이며, 불행하게도 이천 삼백여 년 전에 돌아가셨으나, 그의 이야기들이 그 긴 세월 동안 수많은 사람들 사이에 떠돌고 있다. 비록 처음에는 말이 통하지 않아 무척 답답했으나, 이제 제법 말이 통할 만큼 내가 헬라스 말을 읽을 수 있게 되었다.

때로는 수천 년 전에, 그것도 저 먼 헬라스에 살던 사람의 이야기를 듣는 것이 큰 도움이 될지 의심스러운 바도 있었으나,

돌이켜보니 그 자체가 실은 나의 탐구의 목적에 오히려 부합하는 것이었다. 우선 수천 년이 지난 지금까지도 내가 쉽게 만날 수 있다는 사실은 그 사람의 이야기가 많은 사람의 인정을 받는다는 반증이며, 그렇기 때문에 그 후의 많은 다른 인정받는 선배들의 이야기에 중요한 배경이 되고 있다. 또한, 헬라스 사람이라는 사실 역시 긍정적인 의미가 있다. 내가 살고 있는 이 곳 근방에도 훌륭한 선배들이 많이 있었겠으나, 지금껏 내가 외워온 훌륭한 사람의 조건들은 대부분이 헬라스를 본원으로 하는 소위 근대 서구 문명의 소산이기 때문이다.

그리고 탐구의 다음 과정 역시 늘 그러하듯이 선배와 서로 묻고 답하면서 서로의 생각을 다듬어가는 것인데, 그러한 점에서는 그 분과 이야기를 주고받을 수 없음이 무척 안타까울 뿐이다. 그래서 나는 '훌륭한 사람이란 어떤 사람인가?'에 대한 그 분의 이야기와 그 분의 이야기에 대한 나의 이야기를 다른 사람들에게 보여주고자 한다. 그래서 누군가가 나와 같은 탐구를 하고 있다면 그에게 도움을 줄 수도 있을 것이며, 또 그 분은 내가 만날 수도 있는 분일 터이니 함께 이야기를 주고받을 수도 있으리라는 기대도 해 본다.

1. 아리스또뗄레스 행복론

(2) 프롤로그: 아리스또뗄레스

이야기를 본격적으로 시작하기에 앞서서 아리스또뗄레스라는 분에 관해 소개를 좀 해야 할 것 같다.

그 사람은 '아리스토텔레스'라고 알려진 바로 그 사람이다. 그 사람의 이름을 내가 '아리스또뗄레스'라고 발음하는 것은, 毛澤東이라는 외국 인명을 혹자는 '모택동'이라고 발음하지 않고 '마오쩌뚱'이라고 발음하는 것과 마찬가지이다. 기왕에 남의 나라 말을 음역할 것이라면 가능한 한 그 나라 사람들의 발음에 가깝게 해 주는 것이 바람직하다는 생각에서, 비록 많은 사람들의 관습과는 다르지만 나의 방식을 고집하는 것이다. 요즘에 들어서는 television도 '테레비'가 아니라 '텔레비전'이라고 부르자는 추세인 만큼, 나의 그런 고집이 그리 큰 거부감을 불러일으키지는 않으리라 생각한다.

아리스또뗄레스는 헬라스 사람이다. 헬라스라는 곳은 현재는 그리이스라고 알려진 지역을 말한다. 조선(이성계가 세운 조선이 아닌 옛날의 조선, 즉 고조선)이 대한민국의 옛날 명칭인 것과 마찬가지인 셈이다. 한반도에서 조선이라는 명칭을 먼 훗날 이성계가 다시 국가의 명칭으로 쓰기도 했고 지금도 저 북쪽에서는 계속 그 명칭을 쓰고 있듯이, 현대의 그리이스 사람들은 아직도 자신들의 나라를 헬라스라고 부르고 있다. 이야기가 나온 김에 고조선과 비교해서 생각해 보자면, 고조선이 대략 기원전 십 세기 정도에 생겨서 기원전 백년을 전후해 사라진 것으로 추정되므로, 아리스또뗄레스가 살았던 시대의 헬라스와 대략 그 시기가 비슷한 셈이다(그는 기원전 384년에 태어나 기원전 322년에 사망했다고 한다). 하지만, 고조선이 우리나라의 역사에서 선사 시대에 포함되는 것과는 달리 아리스또뗄레스가 살았던 시기, 즉 고전 시대의 헬라스는 그 문화의 기록이 매우 많이 남아 있다. 그리고 그 언어 역시 현대의 헬라스에까지도 상당한 수준까지 그대로 보존되고 있어서, 고전 시대 헬라어 독해를 공부한 나 같은 사람이 현대 헬라스 글을 일부나마 읽을 수도 있다.

그 시대의 헬라스에는 소위 뽈리스라고 불리는 작은 규모의 국가들이 산재하였다. 그리고, 아테나이(일반적으로 아테네라로 불린다)나 라께다이몬(일반적으로 스파르타라고 불린다) 같은 뽈리스들이 그 중에서도 정치적으로 강대한 뽈리스였다. 당시 헬라스의 사회체계는 현재의 국가 형태에 비해 그 규모가 작을 뿐 질적으로 다른 것은 생각보다 적었다. 가족제도는 현재와 유사하게 기본적으로 일부일처제이면서 가부장적이었다. 화폐의 사용과 국가간 무역은 물론 은행과 고리대금업도 존재하였다. 정치제도는 뽈리스마다 상당한 차이가 있었으며, 아테나이의 경우에 있어서는 직접민주정치에 귀족정치제도가 혼합된 형태가 운영되었다.

그 시대 사람들의 일반적인 사고방식이나 내용 역시 지금과 비교하여 생각보다 많이 다르지는 않았다. 다만, 이해를 돕기 위해 미리 중요한 사항 몇 가지만 언급해 두기로 하자.

헬라스 사람들의 주거 영역은 현재의 그리이스 지역을 중심으로 아시아(현재의 터키 서부지역)과 이딸리아(현재의 이탈리아) 남부지역을 포함하였다. 남으로는 아이귑또스(현재의 이집트)와 에티오삐아(현재의 아프리카 북부 일부 지역), 서쪽과 북쪽으로는 에우로뻬의 기타 지역(현재의 유럽), 동쪽으로는 뻬르시아(현재의 이란)를 넘어 인디아(현재의 인디아)까지 알려져 있었다(그 모든 지명 대부분이 실은 그 당시 헬라스에서 쓰이는 그대로 현재까지도 쓰이고 있는 것이다). 인디아보다 더 동쪽의 인간주거지역에 대해서는 별로 알려진 바가 없었던 것 같다. 그리고 일반인들의 경우 아마도 아이귑또스와 뻬르시아를 제외한 지역과 지구 전체에 대해서는 별로 아는 바가 없었겠지만, 적어도 학자들의 경우에는 지구가 구형이라는 사실이 널리 알려져 있었던 것 같다. 하지만 지구가 태양 주위를 도는 것이라는 생각을 하는 사람은 거의 없었다(놀랍게도 있기는 했다).

인간에 대한 인식에 있어서 현재에 비해 가장 두드러진 차이점은 인간들 가운데 대별되는 두 부류, 즉 그냥 인간과 노예가 있다고 인식되었다는 점이다. 노예가 노예의 신분에서 인간으로 격상되거나 인간이 노예가 되는 사례가 있기는 했지만, 기본적으로 인간과 노예는 태어날 때부터 다른 종류의 동물이라는 생각이 지배적이었던 것 같다. 따라서 노예는 말이나 개와 같은 동물들과 크게 다르지 않은 존재로 인식되었고, 인간이 데리고 살면서 적당한 일을 시키고 먹여 살리는 것이 노예들에게도 생존에 유리한 것이라고 인식되었다.

우리에게 '그리이스 신화'로 알려진 스데우스(제우스)나 아테나, 아뽈론, 아프로디떼 등의 신들에 관한 이야기는 그 시대에는 신화가 아니라 종교였다. 아리스또뗄레스를 포함한 당대의 저명한 학자들 역시 신의 존재에 대해서는 의문조차 제기하지 않았으며, 혹여 신성을 모독하는 행위를 하는 경우에는 재판에 회부되어 벌을 받았다. 많은 학자들이 이미 아리스또뗄레스보다 수백 년 이전 시기부터 철학이 시작되었고 그것은 뮈토스(신화)로부터 로고스(이성)로의 전환이었다고 표현하지만, 적어도 지금까지 알려진 당시의 학자들 중에 신이 없다는 주장을 한 사람은 없었던 것 같다. 그런데 어떤 특정한 신(또는 신들)이 존재한다는 선입견을 가진다는 것은 인간의 사고에 있어서 매우 중요한 문제이다. 인간보다 우월한 어떤 존재가 있다는 것이 의심할 수 없는 전제로 자리 잡게 되기 때문이다.

다시 아리스또뗄레스 이야기로 돌아가서, 아리스또뗄레스는 헬라스 지역에서도 북쪽 변방에 있는 마케도니아라고 하는 뽈리스 출신이었으나 그 당시 문화의 중심지라고 할 수 있는 아테나이에서 일생의 많은 부분을 보냈다. 그는 스무 살 즈음에 쁠라똔의 문하에 들어가 20년 정도의 세월을 보낸 후, 한동안 여러 뾜리스를 여행하기도 했고, 또 한동안 고향인 마케도니아에서 역사에 남은 정복자 중 한 사람인 알렉산드로스의 교사로 지내기도 했으나, 결국 아테나이로 돌아와 뤼께이온이라는 학원을 운영하며 여생의 대부분을 보냈다고 한다.

그 당시의 많은 학자들이 그러하였듯이 그는 어느 특정한 지식 분야에만 몰두하지 않았는데, 그의 저술 중에서 양적으로 큰 비중을 차지하는 것으로는 논리학, 자연학, 정치학 분야가 있다. 논리학은 실은 아리스또뗄레스를 포함한 당시의 학자들에게는 학문의 한 영역이라기보다는 학문을 하기 위한 수단이었고(실제로 그러한 의미에서 후대에도 논리학 분야의 저술들은 '수단', 즉 '오르가논'이라고 불렸다), 자연학은 그 자체로는 실용적인 가치는 없는 것으로 여겨지는 경우가 많았던 것 같다. 한편, 실용성의 측면에서 가장 중요한 학문 분야는 정치학이었다고 할 수 있는데, 여기서 말하는 정치학은 현대에 쓰이는 정치학이라는 학문 명칭에 비해 광범위한 것이다(실은 아리스또뗄레스 자신, 그리고 아리스또뗄레스를 전문적으로 연구하시는 분들의 일반적인 학문 분류에 의하자면, 학문의 영역은 이론학문과 실천학문, 그리고 제작학문으로 나뉘는데 자연학은 이론학문에 포함되며, 내가 여기서 넓은 의미의 정치학이라고 한 것은 실은 실천학문이라고 부르는 것과 같은 것이라고 할 수 있다). 이러한 넓은 의미의 정치학(또는 실천학문) 분야의 저술에는 '윤리학', '경제학', '정치학'이라는 제목이 붙어있는 것들이 포함된다. 그리고 그 중에서 윤리학이 가장 기본적인 것이라고 할 수 있다.

그리고 내가 '훌륭한 사람'에 대한 연구에 있어서 자료로 삼고자 하는 아리스또뗄레스의 이야기, 즉 '훌륭한 사람'에 대한 아리스또뗄레스의 이야기는 '니꼬마코스 윤리학'이라는 제목의 책에 들어있는 내용이다(니꼬마코스는 아리스또뗄레스의 아들 이름인데, 어째서 그 이름이 이 책에 붙은 것인지는 정확히 알려져 있지 않다). 하지만, 그 윤리학이라는 제목 자체는 별 의미가 없다. 그 제목은 십중팔구 아리스또뗄레스 자신이 붙인 것은 아닌 듯하며, 실제로 책의 내용을 제대로 대변하지도 못하기 때문이다(이에 대해서는 후에 자세히 이야기하게 될 것이다). 또한, 그 책은 열 개의 소책이 묶인 형태인데, 각각의 소책들이 비교적 독립적인 구성을 이루고 있으며, 서로 연계되는 내용들이 있기는 하지만 처음부터 지금의 형태로 기획된 것은 아닌 것 같다. 하지만 분명 이 한권의 책은 하나의 주제를 다루고 있으며 나름대로의 일관성을 견지하고 있다.

(3) 좋은 사람

'훌륭한 사람'이란 어떤 사람인가에 관한 이야기를 시작해 보자. 일단 '훌륭하다'는 표현이 의미하는 바를 좀더 보편적인 차원에서 생각해 보면, 그것은 '좋다'는 표현의 일종임을 알 수 있다. 그의 근거로서, '훌륭한 사람'의 반대가 무엇일지 생각해 본다면 누구라도 '나쁜 사람'이라고 할 것이다. 결국 훌륭한 사람을 포괄하는 좀더 보편적인 표현은 '좋은 사람'이라는 것이다. 물론 '좋다'는 표현은 '훌륭하다'는 표현에 비해 다소 광범위한 것으로 생각되지만, 우선은 '좋은 사람'이라는 보편적인 개념에서 시작해 보자.

아리스또뗄레스가 훌륭한 사람에 대한 많은 논의들과 관련하여 그 출발점으로 삼은 것은 바로 '좋다'는 것에 대한 의문이었다. 어떤 것을 좋다고 하는 것이며, 어떤 사람을 좋은 사람이라고 하는 것인가? 우선 그의 이야기를 들어보자. 다음의 내용은 니꼬마코스 윤리학의 서두 부분이다.

> [1-1-1 ~ 1-1-5] 모든 기예와 방법, 그리고 마찬가지로 모든 행위와 선택은 뭔가 좋은 것을 지향하는 것으로 생각된다. 그러므로 좋은 것이란 모든 사람들이 지향하는 것이라는 말은 옳다. (그러한 것들의 목적에는 두 가지의 다른 부류가 있다. 어떤 경우에는 활동 자체가 목적인 반면, 어떤 경우에는 활동 자체와 별개로 그 활동의 결과물이 목적이 된다. 활동과 별개의 목

적이 있는 경우에는 본질적으로 그 결과물이 활동 자체에 비해 더 좋은 것이다) 그런데 행위나 기예나 지식에 여러 가지가 있으므로 그 목적 역시 여러 가지가 있다. 의술의 목적은 건강이며, 조선술의 목적은 배이며, 병법의 목적은 승리이며, 가정경영의 목적은 부이다. 그러한 것들 중에서 하나의 효용에 예속되는 것들의 경우에는(예를 들어 말고삐제조술이나 기타 승마용품들에 관련된 것들은 모두 승마술에 예속되며, 승마술을 포함한 모든 전쟁 관련 행위는 병법에 예속되며, 이와 같은 방식으로 다른 것들도 각기 다른 것에 예속된다), 그 중 다른 것들을 총괄하는 것의 목적이 예속된 것들 모두의 목적에 비해 더 바람직한 것이다. 궁극적으로는 그것을 성취하기 위해서 다른 것들을 추구하는 것이기 때문이다. (앞에서 언급한 예에서도 그러하듯이, 이러한 경우에는 그 목적이 활동 자체인가 혹은 활동과 별개의 결과물인가 하는 것은 중요하지 않다)

좋은 것이란 사람들이 지향하는 것을 의미한다는 말은 얼핏 생각하면 너무도 당연한 말 같지만 실은 꽤나 혁신적인 발상이라고 할 수도 있다. 그 말은 어떤 '좋은 것'이 있고 그래서 사람들은 마땅히 '나쁜 것'보다는 '좋은 것'을 추구해야 하는 것이 아니라, 사람들이 추구하는 것이 '좋은 것'이 된다는 이야기이다. 즉, 길이 있어 그 길을 따라가는 것이 아니라 사람들이 다니다 보면 그것이 길이 된다는 의미인 것이다.

그러한 발상이 꽤나 혁신적이라고 생각되는 이유는 우선 그의 스승이었던 쁠라똔이 그와 상반된 주장을 하고 있다는 점이다. 잘 알려져 있다시피 쁠라똔은 '좋은 것' 이전에 '좋음'(그 자신의 표현을 빌자면 '좋음의 이데아')이 있고, 좋은 것은 그 좋음의 이데아를 모방하는 것에 지나지 않는다는 생각을 가졌었다. 세상에 좋은 것이 하나도 없다 할지라도 좋음의 이데아는 존재한다는 것이다. 다시 말해서 사람들 눈에 보이지 않는다 할지라도 산에는 최선의 길이 있으며, 혹여 사람들이 다니는 길이 그 길이 아닐지라도 여전히 가장 좋은 길은 바로 그것이라는 것이다. 누군가가 '사람은 누구나 태어날 때부터 쁠라똔주의자이거나 아리스또뗄레스주의자이다'라고 표현할 만큼 쁠라똔과 아리스또뗄레스가 명확히 다른 사상적 성향을 보인다는 것은 바로 그러한 차이를 두고 하는 말이다. 실제로 아리스또뗄레스는 이 책의 [1-6-1 ~ 1-6-16]에서 좋음의 이데아에 관한 주장이 말이 안 된다는 주장을 펼치고 있는데, 그것에 대해서 나는 길게 언급하고 싶지 않다. 그것은 배워볼 만한 학문적 견해라고 생각하지 않기 때문이다.

아리스또뗄레스의 발상이 꽤나 혁신적이라고 하는 또 다른 배경은 앞서 언급한 바 있는 헬라스의 종교이다. 당시의 헬라스 사람들은 스데우스를 비롯한 여러 신들의 존재를 의심치 않았으며, 그들이 인간에 비해 모든 면에서 더 '좋은' 존재라고 생각하였다. 따라서 쁠라똔의 '좋음의 이데아'가 아니더라도 인간이 직접 감지할 수 없는 어떤 절대적인 '좋음'이 있다는 선입견을 가졌던 것이다. 그리고 아리스또뗄레스 역시 그러한 선입견에 관한 한 예외가 아니었다. 하지만 그는 적어도 이 책에서는 인간의 '좋음'이 신의 '좋음'과 다른 것이라고 전제함으로써 '좋음'에 대한 논의가 종교의 영역으로 흘러가는 것을 피할 수 있었다. 이야기가 나온 김에 인간의 좋음과 신의 좋음에 관한 이야기가 등장하는 부분을 미리 한번 살펴보자.

> [7-1-1 ~ 7-1-3중간] 다음으로 새로이 논의를 전개하면서, 윤리적 성향으로서 피해야 할 것으로 세 가지 종류, 즉 '악덕'과 '통제불능'과 '야만'이 있음을 전제하고자 한다. 이들 중 두 가지와 관련하여 악덕의 반대는 '덕', 그리고 통제불능의 반대는 '자기통제'라고 칭한다. 야만의 반대로서는 아마도 '초인간적인 덕', 즉 어떤 영웅적이고 신적인 덕이라고 말하는 것이 적당할 것이다. 이러한 것과 관련하여 호메로스는 쁘리아모스가 헥또르의 훌륭함에 대해 다음과 같이 표현하는 것으로 묘사하였다.
>
> 수명을 가진 인간의 아들이 아니라 신의 아들인 듯하였다
>
> 그러므로 사람들이 흔히 말하듯이 인간들 중 어떤 이들이 지고의 덕을 통해 신이 된다면, 그러한 지고의 미덕이 바로 야만에 반대되는 품성이라고 할 수 있을 것이다. 그런데 악덕이나 덕이 야만과는 다른 것과 마찬가지로 신적인 것과도 다른 것이다. 신적인 것이란 미덕보다 더 영예로운 것이며 야만이란 악덕과는 다른 어떤 종류이기 때문이다. 그런데 라께다이몬 사람들이 매우 경탄할 때 습관적으로 '신과 같다'고 이야기하는 것처럼, 신적인 것은 인간에게 매우 드문 것이며, ...

우선 통제불능에 관한 이야기는 다음으로 넘기고, 여기에 나타난 덕과 악덕, 그리고 초인간적인 덕과 야만에 관해 생각해

보자. 덕과 악덕은 바로 인간의 '좋음'과 '나쁨'을 판단하는 기준인데, 그에 대비되는 것으로 '초인간적인 덕'과 '야만'을 구분하고 있다. 참고로, '초인간적인 덕'을 영웅적이고 신적인 덕이라고 한 표현에서, '영웅'이라고 번역한 표현은 '헤로'(현대 영어에서도 동일한 단어, 즉 hero가 쓰이고 있다)인데, 이것은 실은 영웅이라는 표현과는 다르다. 당시에 '헤로'라고 불리는 존재는 신과 인간 사이에서 태어난 반인반신의 존재를 말하는 것이었고, 따라서 사실상 신과 다를 바 없는 존재이다. 신의 '좋음'을 갖춘 인간인 것이다. 그래서 호메로스 같은 사람들은 인간 중에서 매우 '좋은' 인간을 헤로라고 생각했다.

실제로 알렉산드로스 같은 사람이 평생 목표로 삼았던 인간형은 그러한 헤로 중의 한 사람인 아킬레우스였다고 한다(잘 알려져 있다시피 호메로스에 의하면 아킬레우스는 영웅적이라고 하는 헥또르를 죽인, 즉 헥또르보다 더 영웅적인 인간이었다). 다시 말해서 '좋은 사람'의 기준을 그러한 사람, 즉 신적이거나 영웅적인 사람에 두고 그것을 평생의 목표로 삼을 수도 있다는 이야기이다. 하지만 아리스또뗄레스가 좋은 사람의 기준으로 삼는 덕이란 것은 그런 신적이거나 영웅적인 것을 의미하는 것이 분명 아니다. 그런 것이 인간의 덕보다 더 좋은 것이라는 점은 인정한다 해도 그것은 매우 드문 것이어서 적어도 보통의 사람들에게는 고려의 대상이 되지 못하는 것이다.

예나 지금이나 학자들이 신에 대한 언급을 회피하는 것은 비슷한 이유이다. 만일 신의 '좋음'을 모방하는 것이 인간에게 있어서 가장 좋은 것이라면 '좋은 것'에 관한 논의는 신에 관한 논의에 귀결되며, 어쩌면 좋은 사람이 되기 위한 방법을 탐구하기보다는 신에게 기도하는 쪽이 더 현명한 것으로 여겨지게 되기 쉽다. 그것은 참이냐 거짓이냐를 떠나 일단 전혀 다른 종류의 탐구가 될 것이며, 어차피 신의 존재 자체가 학문적으로는 검증하거나 회의할 만한 대상이 아니므로 그것은 학자의 관심사항이라고 할 수도 없다.

그리고 실제로 알렉산드로스처럼 신적인 존재가 되는 것을 평생의 목표로 산다 해도 그러한 사람은 다른 사람들에게 '좋은 사람'이 되기 어려울 것 같다. 알렉산드로스의 예를 보면, 그는 누구보다도 용감한 군인이었을지는 모르겠으나, 그가 평생 행한 행위들은 결국 거의 전쟁이었다. 다른 사람들을 죽이거나 자신의 발아래 복종시키는 일이었던 것이다. 가끔 위인전에 그러한 인물이 등장하는 것, 즉 '좋은 사람'의 귀감으로 등장하는 것은 실은 우스운 이야기가 아닐 수 없다. 적어도 겉으로 드러난 행위들 자체만 놓고 볼 때에는 히틀러 같은 사람과 비교해서 근본적으로 다른 것이 없기 때문이다.

하지만 그 이야기는 그 정도로 하고 다시 '좋은 것'에 대한 아리스또뗄레스의 이야기로 돌아가 보기로 하자.

(4) 가장 좋은 것과 정치

앞에서 제시한 [1-1-1 ~ 1-1-5]의 내용에서 좋은 것이란 사람들이 지향하는 것, 즉 사람들의 목적에 해당되는 것이라고 규정하였다. 따라서 사람들의 행위에 있어서 목적이 되는 것이 무엇인지 생각해 보아야 한다. [1-1-5]에 바로 연결되는 다음 이야기를 들어 보자.

> [1-2-1] 만약 우리의 행위에 있어서 그 자체 때문에 우리가 원하는 어떤 목적이 있다면, 그리고 다른 목적들은 이 궁극적인 목적을 위한 것이라면, 또한 모든 목적이 또 다른 어떤 목적을 위한 것이지는 않다면 (만일 모든 목적이 또 다른 어떤 목적을 위한 것이라고 가정한다면 그 과정은 무한히 계속될 것이고, 결국 무언가를 추구한다는 것은 공허하고 부질없는 짓이 될 것이다), 바로 그 목적이 좋은 것이고 또한 가장 좋은 것이라고 할 수 있을 것이다.

앞에서 목적에 해당하는 예로 건강, 배, 승리, 부 등을 열거한 바 있다. 이처럼 사람들의 행위 하나하나에 각각에 해당되는 목적이 있을 것이다. 그런데 어떤 목적이 다른 상위의 목적에 예속되는 경우, 그 상위의 목적이 더 '좋은' 것임은 당연하다. 따라서 좋은 것들 중에서도 하위의 목적은 상대적으로 덜 좋은 것이고, 상위의 목적은 상대적으로 더 좋은 것이다. 그리고 그러한 식으로 어떤 하나의 목적이 가장 좋은 것이 된다고 할 수 있을 것이다. 따라서 '좋은 것'에 대한 탐구의 궁극적인 대상은 바로 그 '가장 좋은 것'이라고 할 수 있을 것이다(이것이 철학책에 소위 '최고선'이라고 언급되는 것이다).

그런데 그와 같은 아리스또뗄레스 선배님의 말씀은 사실은 약간의 문제가 있다. 만약 좋은 것에 여러 가지의 전혀 다른 종류가 포함된다고 가정한다면, 어느 한 종류에 속하는 좋은 것과 다른 종류에 속하는 좋은 것을 놓고 어느 것이 더 좋은 것인지를 비교하는 것이 무의미할 수도 있다. 자칫하면 '엄마가 좋아, 아빠가 좋아?'라는 식의 질문이 되어버릴 수도 있는 것이다. 그러한 경우라면 엄마와 아빠 중에 더 좋은 사람이 반드시 있다는 생각은 합리적이지 않다.

실제로 앞의 예에서 말고삐를 만드는 목적은 승마술의 목적에 예속되고 승마술의 목적은 병법의 목적에 예속된다는 것을 근거로 들 수 있는데, 만일 그렇다고 한다면 전쟁 이외의 목적으로 승마를 한다는 것은 무의미한 행위가 될 것이다. 말을 타기 위한 목적이 아닌 다른 목적으로 말고삐를 만드는 것은 무의미하다고 할 수 있을지 모르겠으나, 전쟁 이외의 목적으로 말을 타는 일은 무의미하다는 것은 그 시대의 상식으로 바라본다 해도 납득하기 어려운 주장이다. 물론 선배께서 그러한 문제를 이 시점에 중대하게 생각하신 것은 아닌 듯하고 또 추론의 전개에서 일단은 그러한 단순화가 도움이 되는 것은 사실이지만 우리의 논의 과정에서 '가장 좋은 것'이라는 개념에 대해 조심할 필요가 있을 것 같다.

그 다음 이야기를 계속 들어 보자.

[1-2-2 ~ 1-2-8] 그렇다면 그것을 알고 모름은 우리의 삶에 큰 영향을 미칠 것임에 틀림없다. 또한 그것을 알게 됨으로써, 과녁을 보고 활을 쏘는 궁수처럼, 우리에게 필요한 것을 더 잘 달성할 수 있게 될 것이다. 그렇다면 우리는 그것이 대체 무엇이며 어느 지식 또는 능력의 영역에 포함되는 것인지에 대해 대략이나마 파악해보고자 시도해야 한다.

그 지식 또는 능력이란 아마도 가장 주가 되는 것일 것이며, 다른 지식 또는 능력들을 총괄하는 것일 것이다. 그리고 정치가 바로 그러한 것인 듯하다. 국가에 어떤 지식들이 유용한지, 각각의 국민들이 어떤 지식들을 배워야 하는지, 그리고 어느 수준까지 배워야 하는지를 규정하는 것이 바로 정치이기 때문이다. 또한 우리는 일반적으로 가장 영예로운 능력이라고 생각되는 것들, 예를 들면 병법, 가정경영, 웅변술 같은 것들마저도 정치에 예속됨을 볼 수 있다. 다른 지식들은 정치에 활용되는 것들이며, 또한 해야 하는 일과 해서는 안 되는 일에 관한 법을 제정하는 것 역시 정치에 의한 것이므로, 정치의 목적은 다른 지식들의 목적 모두를 포괄한다고 볼 수 있을 것이다. 그러므로 정치의 목적이 인간에게 있어서 좋은 것이라고 할 수 있을 것이다. 왜냐하면, 개인의 목적과 국가의 목적이 같은 것이라고 한다면 국가의 목적을 달성하고 지켜내는 것이 더 중요하고 더 완전한 일이라고 생각되기 때문이다. 개인의 목적은 한 사람에게만 중요한 것이지만, 국가의 목적은 민족과 국가에 고귀하고 신성한 것이기 때문이다.

이제 우리가 수단으로 삼고자 하는 지식이란 그러한 목적을 달성하는 데 필요한 지식이므로, 결국 일종의 정치이다.

말고삐를 만드는 것의 목적(말고삐)이 승마술을 위한 것이고 승마술의 목적(말을 잘 타는 것)이 병법을 위한 것이므로, 결과적으로 그 모두가 병법의 목적(승리)에 귀결되는데, 마찬가지로 병법은 정치의 목적에 귀결된다. 그리고 병법뿐만 아니라 가정경영이나 웅변술 같은 다른 기예나 지식도 모두 정치의 목적에 귀결된다. 그래서 선배께서는 인간의 모든 행위의 목적이 정치의 목적에 예속된다고 생각하였다.

참고로, 여기서 '가정경영'이라고 번역한 '오이꼬노미아'라는 말은 직역하자면 '집안을 다스림'이란 뜻인데, 일차적인 의미로는 가장이 식솔(아내와 자식과 노예)을 다스림으로써 모든 가정 구성원이 잘 살 수 있게 하는 기술이다. '수신제가치국평천하' 중 '제가'에 해당하는 말인 셈이다. 따라서 그 중에는 가정 구성원 간의 질서를 유지하는 기술이 포함되고, 가정 구성원들이 생계를 유지할 수 있도록 생존에 필요한 자원(식량, 돈 등)을 조달하는 기술 역시 포함된다. 이 단어는 현대에도 그대로 쓰이고 있는데(영어의 economy), 현대의 경제학이 단지 자원을 조달하는 기술 그리고 자원의 생산이나 분배의 원리만을 취급하게 된 것은 당시의 오이꼬노미아에서 상당히 많이 변질된 것이라고 생각된다. 반대로 현대의 '경제학'이라는 개념에 좀더 가까운 당시의 용어로는 '크레마띠스띠께'라는 것이 있다(실은 이 단어는 경제학보다는 요즘의 신조어인 '재테크'라는 말의 개념과 더 가깝다. 하지만 많은 사람들에게 경제학과 재테크의 구분이 모호한 것이 사실이다).

어쨌든 인간 행위의 목적이 궁극적으로 정치의 목적에 귀결된다는 생각은 모든 실천학문이 정치학으로 대변된다고 했던 이전의 설명과 일맥상통한다. 그러한 맥락에서 본다면 아리스또뗄레스에게 윤리학은 정치학의 한 분야인 셈이다. 실제로 그러한 의미에서, 개인 차원의 실천학문은 윤리학, 가정 차원의 실천학문은 오이꼬노미아, 뽈리스 차원의 실천학문은 정치학이라는 규정이 아리스또뗄레스를 전문적으로 연구하는 학자들에 의해 보편적으로 인정되고 있다.

하지만 모든 기예와 지식이 정치의 목적에 귀결된다는 주장을 수용한다고 할지라도, 그것이 곧 개인과 국가가 항상 같은 것을 지향한다는 것을 의미한다고 보기는 어렵다. 앞에서 언급한 것처럼 그 목적이 하나의 '가장 좋은 것'으로 귀결된다면 논란의 여지가 없겠으나, 만일 때에 따라서 여러 개의 '좋은 것'이 있다면 개인으로서의 개인이 지향하는 것과 국가의 구성원으로서의 개인이 지향하는 것이 일치하지 않을 수도 있다. 물론 우리는 모두 그런 상황에 처하지 않기를 바라지만, 현실에 있어서는 분명 그러한 상황이라고 여겨지는 상황들이 종종 발생한다.

실제로 위의 논의에 이어지는 다음 이야기에서 그러한 현실적 문제의 일면을 아리스또뗄레스 자신이 느끼고 있음을 짐작할 수 있게 된다.

(5) 정치학의 한계

우선 아리스또뗄레스의 이야기를 들어보자.

> [1-3-1 ~ 1-3-4] 정치에 대한 논의를 위해서는 정치가 다루는 내용에 맞추어서 그에 합당한 만큼의 정확성을 추구하는 것으로 충분할 것이다. 공업기술의 경우에서 엄밀한 정확성이 요구되지 않는 것과 마찬가지로, 모든 분야의 탐구에서 동일한 정도의 정확성이 요구되지는 않기 때문이다. 정치가 다루는 내용은 고귀한 것과 정의로운 것인데, 이들 문제에 관해서는 많은 이견과 불확실성이 있다. 그래서 고귀함과 정의는 그저 관습으로서만 존재하고 자연적으로는 존재하지 않는 것으로 생각되기도 한다. '좋은 것'의 문제 역시 그러한 불확실성을 내포한다. 좋은 것들로 인해 해로운 결과가 초래되는 일이 흔히 발생하기 때문이다. 예를 들자면, 어떤 사람들은 부로 인해 파멸에 이르게 되며, 또 어떤 사람들은 용기로 인해 파멸에 이르기도 한다. 그러므로 그와 같이 불확실한 것들에 관해서 논의해 보고 그것들로부터 출발해서 논의를 발전시켜 나감으로써 진리의 윤곽을 드러낼 수 있다면, 그리고 보편적인 사실들에 관한 논의를 통해 보편적인 수준의 결론을 도출할 수 있다면 그것으로 바람직한 일이 될 것이다. 따라서 이미 논의된 것들을 일단 전제로서 수용하는 것이 바람직할 것이다. 각각의 주제에 있어서, 실제적인 사실을 통해 파악할 수 있는 한도 내에서 정확성을 추구하는 것이 교육받은 사람의 태도이기 때문이다. 이러한 문제와 관

련해서, 수학자의 가설을 수용한다거나 웅변가에게 정확한 논증을 요구하는 것은 어느 쪽이든 바람직하지 않은 것으로 생각된다.

한 마디로 말해서, 정치가 다루는 문제, 즉 '좋은 것'에 관한 논의는 수학에서와 같은 정확성을 기대하기 어렵다는 이야기이다. 만일 1+1이 2인 것처럼, 좋은 것이 절대적으로 좋다면 좋은 것으로 인해 나쁜 결과가 나올 수는 없다. 즉, 부나 용기가 인간에게 좋은 것이라면 그것으로 인해 인간이 파멸에 이르는 일이 발생할 수는 없는 것이다. 따라서 좋은 것은 상대적인 것일 수 있다. 즉, 어떤 것이 A라는 사람에게는 좋은 것이지만, B라는 사람에게는 나쁜 것일 수도 있다는 것이다.

따라서 아리스또뗄레스는 백지 상태에서 좋은 것은 어떤 것일지 찾아보기보다는 일단 보편적으로 좋은 것이라고 생각되는 것을 좋은 것이라고 인정하고서 논의를 해보자고 이야기하고 있다. 하지만 보편적으로 좋은 것에 관해서 아직은 부와 용기 이외에는 구체적으로 언급한 것이 없으므로 여기서 당시 헬라스 사람들이 보편적으로 좋은 것이라고 생각했던 것에 관해 잠시나마 미리 언급해 두는 것이 좋을 듯하다.

나중에 나올 이야기이긴 하지만, 그 시대 사람들의 좋은 것에 대한 인식을 대변하는 한 예를 다음과 같은 문구에서 찾을 수 있다(이것은 아리스또뗄레스 자신의 이야기가 아니라 인구에 회자되는 일종의 명언 같은 것이다).

> [1-8-14중간] 가장 정의로운 것이 가장 고귀한 것이며, 건강이 가장 좋은 것이지만,
> 자신이 사랑하는 것을 얻는 것이 가장 즐거운 것이다.

여기서, 좋은 것으로서 정의, 건강, 행운을 들고 있으며, '좋다'는 표현을 '고귀하다', '좋다', 그리고 '즐겁다'는 것으로 다양하게 표현하고 있다.

한편, 쁠라똔의 가장 유명한 저술 중 하나인 '국가'에서 쏘끄라떼스는 좋은 것으로 지혜와 용기와 절제와 정의의 네 가지를 들고 있다. 그런데 그 이야기의 줄거리를 보면, 좋은 것으로서 그 네 가지가 있다는 점은 매우 보편적인 것이라서 자세히 언급할 필요도 없다는 견해를 함축하고 있음을 알 수 있다.

그러므로 아리스또뗄레스가 전제로 삼고자 하는 좋은 것에는 대략 위에 언급한 것들이 포함될 것이라고 생각하면 무난할 것 같다.

하지만 다음으로 넘어가기에 앞서 '관습으로만 존재하는 것'에 상대되는 '자연적으로 존재하는 것'이라는 표현에 대해 부연 설명을 해 둘 필요가 있을 것 같다. 그 '자연'(헬라스 말에서는 '퓌시스'이며 이 어원은 physics, physiology, physical 등의 영어 단어에 남아 있다)이라는 단어는 '낳는다'는 뜻의 동사 '퓌오'의 명사형이며, 일차적으로 '탄생'의 뜻을 가지고 있다. 그리고 이로부터 파생된 의미로서 '타고난 모양이나 성질', 즉 '본성'을 뜻하기도 한다. '탄생'의 의미와 '본성'의 의미 사이의 연계는 희랍어의 용법을 감안하면 쉽게 이해할 수 있는데, 이와 유사한 용법은 영어에서

도 찾아볼 수 있다. 예를 들어 'He was born a poet'라는 영어 표현을 살펴보자. 이 표현은 직역하자면 '그는 시인으로 태어났다'이고, 의역하자면 '그는 타고난 시인이다'라는 것이다. 즉, 낳는다는 의미의 동사에 대한 목적격보어 (또는 태어난다는 동사에 대한 주격보어)에 해당하는 것이 바로 physis의 내용에 해당하는 것이다('그의 physis는 시인이다', 즉 '그의 본성은 시인이다' 또는 '그는 자연적으로 시인이다'). 그러나 희랍 사고방식에서 '낳는다'는 동사는 사람이 사람을 (또는 생물이 생물을) 낳는 경우에 국한되어 사용된 것은 아니었고, 세상 만물의 생성에 대해 공통적으로 사용되었다. 따라서 '본성'이라는 의미 역시 생물에만 국한되어 사용된 것이 아니며, 생물을 포함한 세상 만물에 존재하는 '원래부터 주어져 있는 형태나 성질'을 의미하는 것이다. 그러므로 '자연적으로 존재하는 것'이란 세상에 타고난 것, 원래 있는 것, 인간이 만든 것이 아니라 인간에게 주어진 것 등과 같은 의미를 내포한다고 할 수 있다.

한편, 다음의 이야기는 정치에 관한 논의에 참여할 수 있는 사람들의 범위를 한정하고 있다.

> [1-3-5 ~ 1-3-8] 누구나 자신이 잘 알고 있는 것들에 관해서 올바르게 판단한다. 그러한 것들에 관한 한 좋은 심판관이 될 수 있는 것이다. 각각의 문제에 관해서는 그 문제에 관해 교육을 받은 사람이 좋은 판단관이 되며, 일반적으로는 모든 문제에 관해 교육을 받은 사람이 좋은 판단관이 된다. 그러므로 젊은이들은 정치에 합당하지 않다. 이들은 일생에

걸친 행위들에 관해 아직 경험이 없는데, 정치에 관한 이론은 바로 그러한 행위들에 관한 것이며 그러한 행위들로부터 도출되는 것이기 때문이다. 또한, 젊은이들은 감정상태에 좌우되기 쉽기 때문에 정치에 관한 논의를 헛되이 듣게 될 것이다. 그리고 그로부터 어떤 이득을 얻을 수 없을 것이다. 정치에 관한 논의의 목적은 앎이 아니라 행위이기 때문이다. 이런 점에서, 나이가 젊은 것과 성격이 미숙한 것은 다를 바가 없다. 이들에게서 보이는 결핍은 시간에 기인하는 것이 아니라, 그들이 살아가면서 각각의 것들을 추구함에 있어서 감정에 좌우되는 데 기인하는 것이기 때문이다. 이러한 사람들에게는, 통제불능인 사람들의 경우와 마찬가지로, 앎이 생각에 변화를 유발하는 단계에 이르지 못한다. 반면에, 이성에 따라서 욕구를 통제하고 이성에 따라서 행위하는 사람들에게는 정치에 관한 앎이 실제로 큰 소용이 있게 될 것이다.

이제 이 주제에 관련해서 어떤 것들을 전제해야 할 것인지, 그리고 어떤 문제들을 제기해야 할 것인지에 관한 배경 설명은 그 정도로 하기로 하자.

앞에서 이야기한 기본적인 전제, 즉 어떤 것이 좋은 것인지에 대한 보편적 수준의 지식이 없는 사람은 정치에 관한 논의가 필요하지도 않으며, 또 한다 해도 소용이 없다는 이야기이다. 물론 어린이들에게 좋은 것이 무엇인지를 가르쳐야 함은 당연한 것이겠지만, 그것은 일종의 주입식 교육이며 강제적인 습관화일 뿐, 좋은 것이 왜 좋은지에 대한 이성적인 토론은 아니라는 것이다. 다시 말하자면, 그런 주입식 교육을 거쳐 정의나 용기 같은 것이 좋은 것이라는 것을 당연한 전제로 생각하는 사람들이 비로소 그것이 왜 좋은 것인지를 생각할 수 있게 된다는 것이다.

얼핏 생각하면 공감이 가기도 하는 이야기이지만 (실제로 '(1) 훌륭한 사람'에서 이야기했던 나 자신의 삶의 과정 역시 그러한 것이었다고 할 수 있다), 또 한편으로는 논리적 오류가 있는 듯도 하다. 즉, 정의가 훌륭한 것이라는 것을 참이라고 전제하고서, '과연 정의는 훌륭한 것인가?'라는 문제를 논하는 것과 다를 바 없는 듯하기 때문이다.

일단 그러한 한계에 대해서는 그 정도로 하고 또 다음 이야기를 계속 들어보기로 하자. 다행히도 여기까지의 논의에서 '가장 좋은 것', '정치', 그리고 좋은 것임을 의심할 수 없는 것들에 관한 이야기는 일단락되기 때문이다.

(6) 행복

[1-4-1 ~ 1-4-4] 다시 논의를 재개하면서, 모든 앎과 선택이 어떤 좋은 것을 추구한다는 전제하에, 정치가 지향한다고 하는 것이 무엇인지, 행위에 있어서 좋은 것이라고 하는 모든 것들 중에 가장 상위의 것은 무엇인지에 대해 이야기해 보자. 그 대답이 되는 단어가 무엇인지에 관한 한 거의 대부분의 사람들이 일치된 견해를 보인다. 대중이든 고상한 사람들이든 그것을 행복이라고 말하는 것이다. 그리고 '잘 사는 것' 또는 '잘 행위하는 것'이 행복하게 사는 것과 동일한 것이라고 간주한다.

하지만 행복이 무엇인지에 관해서는 견해차이가 있어서, 대중이 규정하는 바와 현자들이 규정하는 바가 다르다. 대중은, 행복이란 실제적이고 명백한 것들 중 어떤 것, 예를 들면 쾌락이나 부 또는 명예 같은 것이라고 규정한다. 그리고 사람마다 그 중 어떤 것인지에 대한 의견이 다르다. 더욱이, 종종 동일한 사람이 때에 따라 다른 것을 행복이라고 규정하기도 한다. 예를 들어, 병에 걸렸을 때에는 건강을, 가난할 때에는 부를 행복이라고 규정하기도 하는 것이다. 또 때로는 자신의 무지를 깨닫고서 뭔가 대단한 어떤 것이나 자신의 상상을 초월하는 어떤 것을 이야기하는 사람들을 보고 경탄하기도 한다. 실제로 어떤 사람들은 앞서 열거한 좋은 것들과 별개로 그 자체로서 좋은 어떤 것이 존재하고 바로 이것이 다른 모든 것들에 있어서 '좋음'의 원인이 된다고 생각하기도 하였다.

그러나 그러한 모든 주장에 대해 진실 여부를 따지는 것은 아마도 헛된 일일 것이며, 그 중 두드러진 주장들과 타당성이 인정되는 주장들에 대해서 다루는 것으로 충분할 것이다.

일단 좋은 것 또는 목적에 해당하는 것이 인생에 있어서는 행복이라는 점에 있어서는 예나 지금이나 이견이 없는 것 같다. 누군가가 어떤 행위에 대해 '왜 하니?'라고 물었을 때, 그리고 그 대답에 대해 또 '왜 하니?'라고 계속 물었을 때, 거의 모든 경우에 행복에 귀결되기 때문이다. 그러므로 우리가 탐구하고자 하는 '좋은 것'이란 '행복을 가져다주는 것'이라고 고쳐 말할 수 있고, 우리가 탐구하고자 하는 '좋은 사람'이란 '행복한 사람'이라고 할 수 있을 것이다.

많은 사람들이 '좋은 사람'과 '행복한 사람'을 동일하게 취급하는 것에 대해 이질감을 느낄 수도 있을 것 같다. 더구나 '훌륭한 사람'의 개념을 '행복한 사람'의 개념과 동일하게 취급한다면 어쩌면 거부감까지 느낄 수도 있을 것 같다. 하지만 '가장 좋은 것'이나 '정치'에 관련된 주장들을 무시한다 해도, 위의 규정은 타당하다.

그리고 여기서 니꼬마코스 윤리학이라는 책 전체의 내용을 대변하는 주제가 부각된다. 즉, '어떻게 하면 행복하게 살 수 있을 것인가?'의 문제로 귀결되는 것이다. 돈을 버는 것도 행복한 삶을 위한 것이며, 정의롭게 사는 것도 행복한 삶을 위한 것이다. 그럼에도 불구하고 '좋은 사람'과 '행복한 사람'을 같은 것이라고 하는 데 대해 많은 사람들이 이질감을 느끼는 것은, 좋은 사람의 조건으로 행복 이외의 어떤 것이 있을 것이라는 막연한 선입견에 기인한다.

그리고 그러한 선입견의 대표적인 예가 앞에서 언급한 쁠라똔의 '좋은 것의 이데아'이다. 그리고 실제로 위에서 '상상을 초월하는 어떤 것', 또는 '앞서 열거한 좋은 것들과 별개로 그 자체로서 좋은 어떤 것'이라 함은 바로 쁠라똔의 이론을 염두에 두고 한 이야기인 것으로 생각된다. 하지만 아리스또뗄레스 역시 그러한 주장들을 하나하나 따지는 것에 대해 필요를 느끼지 않고 있다. 누군가가 생물학자에게 용이나 유니콘이 어떤 동물인지를 물을 때, 그에 대해 열심히 대답하려 고민한다면 우스운 일이 아닌가? 그 존재가 감지되지도 않으며 그 존재가 보편적으로 인정되지도 않는 어떤 대상에 대한 탐구는 시간낭비일 가능성이 높다.

하지만 그러한 선입견들을 배제하고서 좋은 것, 즉 행복이란 무엇인가를 생각해보면, 정확한 답을 제시하기가 어렵다. 사람마다 행복의 조건이라고 생각하는 것이 다르며, 또 한 사람에게도 상황에 따라 행복의 조건이 다른 것이다. 만일 그러한 점을 인정하고 행복이란 고정적인 어떤 것이 아니라 사람마다 다르고 상황에 따라 다른 것이라고 한다면, 논의는 매우 복잡해진다. 아리스또뗄레스는 그런 복잡한 속에서 궁극적으로 하나의 가장 좋은 것을 집어내기를 원하지만, 그것이 쉬워 보이지 않는 것이다.

그래서 아리스또뗄레스는 여기서 다음 논의로 진행하기에 앞서 다시 한 번 좋은 것에 대한 탐구의 어려움을 토로하게 된다.

(7) 습관화된 전제

[1-4-5 ~ 1-4-8] 우리가 간과해서는 안 될 사실은, 어떤 원리들로부터 출발하는 추론과 어떤 원리들을 향해 이끌어가는 추론이 다르다는 점이다. 쁠라똔 역시 이 문제에 관해 의문을 제기하여, 원리들로부터 출발하는 것과 원리들을 향해 이끌어가는 것 (이는 마치 경주로에서 심판으로부터 출발해서 경주로 끝 쪽으로 달리는 것과 반대로 심판 쪽으로 달리는 것의 차이에 비유할 수 있다) 중 어느 쪽이 추론의 과정으로서 올바른 것인지를 탐구하였던 바, 이는 칭찬할 만한 것이다.

마땅히, 이미 알려진 것들로부터 시작해야 할 것이다. 그런데 '이미 알려진'이라는 표현에는 두 가지 의미가 있다. 하나는 '우리에게 알려진'의 의미이며, 다른 하나는 조건 없이 사용되는 '이미 알려진'의 의미이다. 그러므로 아마도 우리의 입장에서는 '우리에게 알려진' 것들로부터 시작해야 할 것이다. 따라서 고귀함과 정의, 그리고 전체적으로 정치에 관해서 충분한 교훈을 얻고자 한다면, 그 사람은 습관에 있어서 잘 훈련받은 사람이어야 한다. 추론의 시작이 되는 원리는 바로 그와 같은 습관화된 내용이기 때문이다. 그리고 만일 이러한 습관화된 내용이 충분히 규명된다면, 그 이유에 대한 추가적인 설명이 필요하지 않을 것이다. 그러한 사람은 추론의 시작이 되는 원리를 이미 가지고 있거나, 또는 그것을 쉽게 파악할 수 있을 것이다. 만일 그 중 어느 쪽에도 해당되지 않는 사람의 경우라면, 다음과 같은 헤시오도스의 말에 귀 기울여야 할 것이다.

> 스스로 모든 것에 관해 생각할 수 있는 사람이 가장 훌륭한 사람이며,
> 훌륭한 이야기를 듣고 따르는 사람 역시 훌륭한 사람이며,
> 스스로 생각하지도 않을 뿐더러 다른 사람의 이야기를 듣고
> 마음에 새기지도 않는 사람은 진정 쓸모없는 사람이다.

참고로, 여기서 '원리'라고 번역한 '아르케'라는 단어는 그 일차적인 의미는 '시작' 또는 '근원'인데, 실제로 사용되는 의미는 상당히 광범위하다. 우선, 헬라스 사람들의 사고방식 속에는 무언가에 의한 시작된다는 것은 곧 그것에 의해 지배된다는 것으로 인식되었던 것 같다. 그래서 아르케의 다른 뜻으로는 '지배', '권력'과 같은 의미가 있다. 또한 자연물에 관한 논의에 있어서는 어떤 사물의 근원이 되는 물질, 즉 '원소'라는 의미가 있다. 그래서 흔히 헬라스 자연학의 4대 원소로 물, 불, 흙, 공기를 열거할 때, 거기서 원소라는 의미로 사용되는 단어도 아르케이다. 또한 논리적인 추론에 있어서는 의심할 수 없는 기본적인 전제에 해당하는 것을 아르케라고 부르기도 한다. 즉, '쏘끄라떼스는 죽을 것인가?'라는 문제에 대한 추론에서, '모든 사람은 죽는다. 그런데, 쏘끄라떼스는 사람이다. 그러므로 쏘끄라떼스는 죽는다'라는 과정을 거쳤다면, '모든 사람은 죽는다'는 명제는 추론의 '시작'이 되는 '의심할 수 없는 기본적인 전제'인데 이러한 것들 역시 아르케라고 불리는 것이다.

하지만 어떤 의심할 수 없는 기본적인 전제는 단어의 정의가

아닌 바에는 어떤 다른 추론에서 도출되는 결론일 수밖에 없다. 예를 들자면, '철수도 죽었고, 영희도 죽었다. 그들은 모두 인간이다. 그러므로 모든 인간은 죽는다'라든가 혹은 '죽지 않은 인간은 한 명도 없다. 그러므로 모든 인간은 죽는다'라는 식의 추론을 통해 도출되는 것이다. 따라서 그러한 원리는 궁극적으로 감각에 의해 인식되는 개별적인 현상들로부터 추론을 통해 얻어낼 수밖에 없을 것이다.

그런데 앞에서도 강조했던 바 있듯이 어떤 것이 좋은 것인가의 문제는 감각에 의해 인식되는 개별적인 현상들로부터 추론에 의해 얻어내기에는 너무도 복잡한 동시에 가변적인 것 같다. 그렇다고 해서 '조건 없이', 즉 상대적이고 가변적이지 않은 것으로서 좋은 것이 어떤 것인지를 파악하고자 한다면 결국은 신이라든가 이데아라든가 하는 절대적인 존재를 원리로 받아들일 수밖에 없게 될 것 같다.

여기서 아리스또뗄레스는 '우리에게 알려진' 것들을 원리로 삼아야 한다고 생각하게 된다. 그리고 그가 말하는 '우리에게 알려진' 것들이란 우리의 자연적인 감각을 통해 감지되는 것들이 아니라 습관화의 과정을 통해 후천적으로 얻어진 좋은 것들에 대한 선입견을 말한다.

그렇다면, 만일 어떤 사람이 보편적인 교육을 통해 그러한 원리에 해당하는 것들을 습관화하지 못했다면 그 사람과는 좋은 것에 관한 토론을 계속할 수 없다는 것일까? 위에서 보다시피 그 질문에 대한 아리스또뗄레스의 대답은 그러하다는 것이다. 그리고 그러한 아리스또뗄레스의 생각은 앞서 '(5) 정치학의 한계'에서 이야기한 바 있듯이 젊은이들은 정치에 대한 논의에 자격이 없다는 언명에서도 드러나고 있다.

실은 나는 그 시대의 보편적 교육을 받은 사람이 아닌지라 아리스또뗄레스가 전제로서 수용해야 한다고 하는 것들 중 일부는 수용할 수가 없다. 예를 들어 전쟁터에 나가 죽음을 두려워하지 않는 것이 훌륭한 것이라는 전제(책의 다른 부분에서 그러한 것이 보편적으로 받아들여지는 전제들 중의 하나로 언급된 바가 있다)는 동의하지 못 한다. 하지만, 다행히도 그런 부분은 많지 않고 이천 삼백여 년이 지난 오늘날 이곳 대한민국의 보편적 교육도 그 당시의 상식과 크게 어긋나지 않는 것 같다.

(8) 네 가지의 좋은 것들

[1-4-4]에서 아리스또뗄레스는 행복에 관한 기존의 주장들을 살펴보자고 하였다.

> [1-5-1 ~ 1-5-8] 줄거리에서 잠시 비껴나갔던 지점으로 다시 돌아가서 이야기를 계속하기로 하자. 사람들의 삶을 살펴보면, 좋은 것 또는 행복이 무엇인가에 관해 대다수의 속된 사람들은 그것이 쾌락이라고 생각하는 것 같다. 그래서 실제로 그들은 쾌락적인 삶을 좋아한다. (삶의 대표적인 유형으로 세 가지가 있다. 이는 앞서 언급한 쾌락적인 삶, 정치적인 삶, 그리고 학문적인 삶이다) 이러한 대중의 생각은 완전히 노예적인 것이라고 생각된다. 가축의 삶을 선택하는 것이기 때문이다. 다만 높은 권세를 가진 사람들 중 다수가 싸르다나빨로스와 공감한다는 점에 근거해서 그들 자신의 생각을 합리화하는 것이다.
>
> 한편 고상하고 실천적인 사람들은 명예가 좋은 것이라고 생각한다. 정치적인 삶의 목적은 바로 이 명예라고 말할 수 있기 때문이다. 하지만 명예는 우리가 탐구하는 좋은 것에 비해 피상적인 것인 듯하다. 왜냐하면 명예란 명예를 부여받는 사람, 즉 존경받는 사람보다는 명예를 부여하는 사람, 즉 존경하는 사람이 누리는 어떤 것이라고 생각되는 데 반해서, 좋은 것은 그것을 소유한 사람에게 고유한 어떤 것이고 그 사람으로부터 떼어낼 수 없는 어떤 것이라고 믿기 때문이다. 또한 사람들이 명예를 추구하는 목적은 자기 자신이 좋은

사람이라고 믿기 위함인 것 같다. 사람들은 분별 있는 사람들이나 자신에 대해 아는 사람들로부터 존경받기를 원하며, 자신의 덕에 관해 존경받기를 원하기 때문이다. 그러므로 덕이 명예에 비해 더 좋은 것임이 분명하다. 정치적인 삶의 목적이 명예가 아니라 덕임은 누구라도 쉽게 알 수 있을 것이다.

하지만 덕이라는 것 역시 충분한 결론을 제시하지 못하는 것 같다. 덕을 갖춘 사람이 잠든 상태일 수도 있으며, 평생 그 덕을 발휘하지 못할 수도 있다고 생각되기 때문이다. 더욱이 덕을 갖춘 사람이 고통을 겪을 수도 있으며 커다란 불운을 겪을 수도 있다. 주장을 고집하려는 의도가 아닌 바에는, 그러한 비참한 삶을 사는 사람을 행복한 사람이라고 볼 수는 없을 것이다. 그러나 이 문제에 관해서는 대중적인 토론에서 충분히 다루어졌으므로 여기서는 생략하기로 하자.

세 번째 삶의 유형은 학문적인 삶인데, 이에 관해서는 이후에 연속되는 논의에서 살펴볼 것이다.

한편 돈벌이를 위한 삶은 모종의 강압적인 삶이라고 할 수 있으며, 부가 우리가 찾고자 하는 좋은 것이 아님은 분명하다. 돈이란 다른 어떤 것을 위해 쓰이는 것이기 때문이다. 그러므로 돈보다는 앞서 언급한 목적들이 더 합당하다고 할 수 있을 것이다. 그것들은 그 자체로 사람들이 좋아하는 것들이기 때문이다. 그러나 그것들 역시 우리가 탐구하는 '좋은 것'이 아닌 듯하다. 하지만 그것들에 관해서는 이미 많은 문제들이 제기되었으므로, 그 정도로 일단은 마무리하기로 하자.

아리스또뗄레스는 많은 사람들이 추구하는 좋은 것 중에서 대표적인 것으로 네 가지, 즉 쾌락, 명예, 학문, 돈을 열거하고 있다.

쾌락을 추구하는 것에 관해서는 노예나 가축의 삶과 다를 바 없는 것으로 표현하고 있다. 이 책에서 쾌락(이것은 곧 '하고 싶은 것'을 대변한다)에 대한 아리스또뗄레스의 언급으로 사실상 최초인데, 그 거부감의 강도가 매우 높다. 그리고 그 거부감에 대해 나는 거부감을 느낀다. 하지만 이에 대한 논의는 좀더 지켜보아야 한다. 쾌락에 관한 이야기는 아직 갈 길이 멀기 때문이다. 참고로, 싸르다나빨로스라는 사람은 앗시리아의 왕이었다고 알려진 신화적 인물로서 육체적인 쾌락을 찬양하였다고 알려진 인물이라고 한다.

명예나 돈에 대한 아리스또뗄레스의 이야기는 그것들은 그 자체가 목적이 아니고 다른 목적, 즉 명예의 경우에는 덕, 그리고 돈의 경우에는 돈으로 사고자 하는 어떤 것을 위한 것이므로 그 자체가 좋은 것이라고 하기에는 부족하다는 것이다. 그리고 덕에 관한 언급에서는 덕이 좋은 것이기는 하지만 덕을 가지는 것 자체만으로는 불충분하다는 의미를 함축하는 것으로 생각된다. 한편, 돈으로 살 수 있는 것들은 좋은 것의 반열에 오를 만한 것이 못된다고 여기고 있는 듯하다.

하지만 요즘 시대에는 돈에 관한 아리스또뗄레스의 생각에 공감하지 않는 사람들이 많은 것 같다. 개인적으로 나는 아리스또뗄레스의 생각에 공감하는데, 많은 사람들이 그런 나를 이상한 사람이라고 여기기 때문이다. 그래서 아리스또뗄레스와 내가 공감하는 돈에 관한 가치관에 대해 잠시 부연해 둘까 한다.

돈을 쌓아두기 위해 번다고 말하는 사람은 없다. 돈을 버는 목적은 모두 그것으로 맛있는 것을 사거나 좋은 집을 사거나 좋은 차를 사거나 의료서비스를 사거나 기타 그러한 것들을 사기 위함이다. 그런데 돈을 아주 많이 벌어서 지하실이나 은행에 쌓아 둔 사람들, 그래서 남은 인생의 기간 동안 아무리 열심히 무언가를 산다 해도 그것을 다 쓸 수 없는 사람들마저도 계속 돈 버는 일에 열중한다. 그리고 자본주의의 속성상 돈이 많은 사람들은 더 효율적으로 돈을 벌기 때문에 그런 사람들이 설혹 돈 버는 일에 열중하지 않는다 해도 오히려 돈이 부족한 사람들보다 더 많은 돈을 벌게 된다. 결국 그들은 좀 써도 될 만한 처지에 있음에도 불구하고, 그리고 나름대로 꽤 쓴다 할지라도 오히려 점점 더 쌓인 돈이 많아지게 된다. 그래서 쌓인 돈의 상당액을 써보지 못하고 죽음을 맞이하게 된다. 쌓아두기 위해 번 것은 아닌데 결국은 쌓아두게 되는 것이다.

그러한 일이 벌어지는 것에 대해 아마도 아리스또뗄레스는 그저 어리석기 때문이라고 생각한 것 같다. 하지만, 나의 견해로는 사람들이 쓰지도 못할 돈을 자꾸만 쌓아 나가는 데는 두 가지의 다른 중요한 이유가 있는 것 같다. 첫째는 그것이 많은 경우에 일종의 명예를 가져다주기 때문이다. 사실 명예란 덕이 있는 사람에게만 주어지는 것이 아니라 돈이 많은 사람에게도 주어진다. 돈을 쓰거나 은행에 쌓아두는 경우 그 돈은 실은 어떤 식으로든 다른 누군가에게로 흘러가게 되며, 그 돈이 흐르는 경로에 있는 사람들은 대개의 경우 그 돈이 흘러나온 사람을 존경하게 되기 때문이다. 또한 돈을 가지게 되면 대개의 경우 덕을 갖추게 된다. '곳간에서 인심 난다'거나 '의식이 족하면 예절을 안다'는 옛말처럼 보편적인 '좋은 사람'의 조건 중 일부는 돈이 없는 사람에게는 불가능한 것들이다. 그리고 돈이 많아지면 자신이 이전에 의도하였던 바가 아니라 할지라도 덕을 갖추는 일을 하게 된다.

하지만 그보다 더 중요한 이유라고 생각되는 것은 미신이다. 여기서 미신이란 무언가를 맹목적으로 '좋은 것'이라고 믿는 것을 의미한다(물론 그러한 믿음 중에서 실제로 좋은 것을 좋은 것이라고 믿는 것은 미신이라고 하지 않는다). 사람을 비롯한 많은 동물들은 무언가 진정으로 좋은 것을 유발하는 어떤 것을 발견하고 그것이 반복적으로 예외 없이 좋은 것을 유발하게 되면 그 어떤 것을 좋은 것이라고 믿게 된다. 그 어떤 것이 종소리이건 막대기 누르기이건 간에 상관없다. 그리고 그러한 믿음이 형성된 후에는 그것이 더 이상 좋은 것을 유발하지 않는다고 해도 한동안 그것을 추구한다. 헛되이 그것을 추구하는 기간은 그 믿음의 강도에 따라 다른데 어떤 것은 죽을 때까지 수십 년간 지속된다.

많은 경우 돈이 무척 많은 사람들이 돈벌이에 여전히 집착하는 것은 일종의 미신이다. 돈벌이를 통해 과거에 얻을 수 있었던 좋은 것을 이제는 돈벌이를 통해 얻을 수 없는데(돈벌이를 더 이상 하지 않아도 얻을 수 있는 것이므로 그것은 돈벌이를 통해 얻을 수 있는 것이 아니다), 여전히 돈벌이를 통해 얻을 수 있다고 생각하면서 계속 돈벌이를 하고 있는 것이다. 그러한 미신에 대해 아리스또뗄레스가 표현한 것처럼 한 마디로 어리석음이라고 말할 수도 있겠으나, 미신은 다른 종류의 어리석음과는 구별되는 특성이 있는 것 같다.

(9) 자급자족

앞의 이야기에 연결되는 아리스또뗄레스의 이야기는 실은 뿔라똔의 이데아 이론에 대한 반박이다. 하지만 앞서 말한 이유로 해서 (생물학자가 용의 생물학적 특성에 대해 이야기하는 우스운 모양이 싫어서), 그 부분에 대한 언급은 아예 빼고자 한다.

그 다음 이야기는 행복에 대한 부연 설명인데, 이 이야기는 '(6) 행복'에서 제시한 이야기와 크게 다르지 않다. 읽기에 지겹다면 그냥 넘어가도 무리가 없을 것이겠으나 일부 새로이 제시하는 근거도 있기는 하다.

> [1-7-1 ~ 1-7-8] 우리가 탐구하는 '좋은 것'에 관한 논의로 되돌아가서, 그것이 도대체 무엇인지 알아보자. 그것은 다른 행위나 다른 기예에서는 각각 다른 것인 듯하다. 의술이나 병법 또는 다른 것들에서도 마찬가지로 각각 다르기 때문이다. 그렇다면 그 각각에 있어서 좋은 것은 무엇인가? 어떤 하나의 것을 위해서 나머지의 것들을 행한다면, 아마도 그것이 바로 '좋은 것'이라고 할 수 있을 것이다. 의술의 경우에 그것은 건강이며, 병법의 경우에는 승리이며, 건축술의 경우에는 집이며, 다른 지식에 있어서는 각각 저마다의 다른 어떤 것이다. 이는 모든 행위와 선택에 있어서 그 목적에 해당하는 것이다. 그것을 위해서 나머지의 것들을 행하는 것이기 때문이다. 그러므로 모든 행위에 어떤 하나의 목적이 있다면 이것이 바로 행위에 있어서의 좋은 것이며, 만약 여러

가지가 있다면 그들이 바로 그에 해당하는 것일 것이다. 이로써 우리는 다른 과정의 논의를 통해 동일한 결론에 도달하게 되었다. 이제 이에 대해 좀 더 정확한 규명을 시도해야 할 것이다.

행위의 목적에는 여러 가지가 있는 것 같다. 그런데 이들 중 어떤 것은 다른 것 때문에 선택하는 것이다. 예를 들어 부는 다른 어떤 목적을 위해 추구하는 것이며, 피리 또는 기타 어떤 도구에 해당하는 것들은 모두 다른 목적을 위한 것들이다. 그러므로 여러 가지의 목적 모두가 궁극적인 것은 아니라는 사실은 분명하다. 하지만 가장 좋은 것은 어떤 궁극적인 것이라고 생각된다. 그러므로 만일 무언가 하나의 궁극적인 목적이 있다면 바로 이것이, 그리고 만일 여러 목적들이 있다면 그 중에서 가장 궁극적인 것이 우리가 찾고자 하는 것일 것이다. 그런데 우리는 다른 것 때문에 추구하는 것에 비해서 그 자체로서 추구하는 것을 더 궁극적인 것이라고 말한다. 또한, 때로는 그 자체로 추구하고 때로는 다른 것 때문에 추구하는 것에 비해서 항상 그 자체로서 추구하는 것을 더 궁극적인 것이라고 말한다. 그러므로 '그 자체로서 항상 바람직하면서 다른 것 때문에 추구하는 경우가 없는 것'을 무조건적으로 '궁극적인 것'이라고 말한다. 무엇보다도 행복이 바로 그러한 것이라고 생각된다. 우리는 항상 행복을 그 자체로서 선택하며, 어떤 경우에도 다른 무언가를 위한 수단으로 생각하지는 않기 때문이다. 그에 비하면 명예나 쾌락이나 지혜나 모든 덕은 그 자체로서 선택하기도 하지만 (우리는 그들로부터 어떤 다른 이득이 생기지 않는 경우에도 그들을 선택할 것이기 때문이다), 행복을 위해서, 즉 그들을 통해서 행복해질 수 있다는 생각에서 선택하기도 한다. 하지만 행복을 선택하는 것은 이들을 위해서가 아니며, 이들이 아닌 다른 어떤 것을 위한 것도 아니다.

자급자족의 특성에 대한 고찰을 통해서도 역시 행복이 가장 궁극적인 목적이라는 결론에 도달하게 되는 것 같다. 궁극적인 좋은 것은 자급자족의 특성을 갖는 것이라고 생각되기 때문이다. 자급자족이라는 표현은 고립적인 삶을 사는 사람뿐만 아니라, 부모와 자녀와 아내, 그리고 전체적으로 친지와 동료시민들에게도 사용된다. 인간은 본성적으로 사회적인 존재이기 때문이다. 하지만 그에 관해서 어떤 한계를 설정해야 한다. 부모의 부모로, 그리고 친구의 친구로 확장하다 보면 그 범위가 무한할 것이기 때문이다. 그러나 그 문제는 다음에 다시 살펴보기로 하자. 현재로서는, 자급자족의 특성을 가진 것이란 '독립적으로 존재하면서 삶을 바람직하며 어느 것에도 부족함이 없게 만드는 것'이라고 규정하기로 한다. 그런데 행복이 그러한 것이라고 생각된다. 행복은 다른 어떤 좋은 것과 더해지지 않은 채로 가장 바람직한 것이라고 생각된다. (어떤 좋은 것에 또 다른 좋은 것이 더해지는 경우, 더해지는 것이 아주 작은 것이라 할지라도, 그것은 분명 더 바람직한 것이다. 더해진 것은 더 높은 정도의 좋은 것이 될 것이며, 좋은 것들 중에서도 더 큰 것이 항상 더 바람직한 것이 되기 때문이다)

따라서, 행복은 어떤 궁극적인 것이고 자급자족의 특성을 가진 것으로서 행위의 목적이라고 생각된다.

참고로 '자급자족'이라고 번역한 '아우따르께이아'라는 말은 실은 '자족'의 의미만을 담고 있다. 즉, 아리스또뗄레스 자신이 자세히 부연한 바와 같이 자급자족의 특성을 가진 것이란 '독립적으로 존재하면서 삶을 바람직하며 어느 것에도 부족함이 없게 만드는 것'이라는 의미이다. 하지만 자족이란 말은 익숙치 않으므로 우리가 흔히 사용하는 표현 중에 비슷한 것으로 자급자족이란 표현을 차용한 것이다.

그리고 실은 아우따르께이아라는 표현에는 단순한 자족의 의미만이 담겨 있는 것이 아니라 그것이 매우 바람직한 것이라는 뉘앙스가 배어 있다. 실제로 '정치학'이라는 저술에서는 뽈리스, 즉 국가의 일차적인 목적은 자급자족에 있다는 점을 전제하고 있다. 인간이 사회를 구성하는 일차적인 목적이 바로 자급자족이라는 것이다. 그만큼 아리스또뗄레스에게 있어서 자급자족이라는 것은 어떤 완성된 것이 갖추어야 할 중요한 조건의 하나로 인식되고 있는 것 같다.

어찌 되었건 미리 이야기하였듯이 이 부분의 이야기는 앞의 논의들에서 별로 진전된 바가 없다. 이제 그 다음 부분에서 행복에 관한 본격적인 논의가 시작된다.

(10) 인간의 할 일

아리스또뗄레스는 여기서 자신의 이론의 핵심을 내보인다.

> [1-7-9 ~ 1-7-16] 행복이 가장 좋은 것이라는 주장에 이견이 없는 것으로 생각된다 할지라도, 행복이 무엇인지에 대해 좀 더 구체적으로 설명할 필요가 있다. 이 문제는, 인간이 할 일이 무엇인지를 파악함으로써 해결될 수 있을 것이다. 피리 연주가나 조각가 또는 다른 모든 기예가의 경우에서, 그리고 전체적으로는 어떤 할 일이나 행위가 있는 모든 사람들의 경우에서, 좋은 것 또는 잘 한다는 것은 바로 그 할 일에 있는 것 같다. 만일 인간에게도 어떤 할 일이 있다면 그러한 경우들과 마찬가지로 생각될 수 있을 것이다.
>
> 그렇다면, 목수나 신발 만드는 사람에게 어떤 할 일과 행위가 있는 데 비해 사람에게는 그런 것들이 없어서 하는 일 없이 지내도록 타고난 것일까? 아니면, 눈이나 손이나 발, 또는 전체적으로 신체부위 각각에 어떤 할 일이 있는 것과 마찬가지로 인간에게도 그 각각의 할 일들과는 다른 어떤 할 일이 있다고 보아야 할까? 그렇다면 인간의 할 일은 도대체 무엇일까?
>
> 사는 것은 심지어 식물들마저도 하는 일인데, 우리가 찾고자 하는 것은 인간에게 고유한 할 일이다. 그러므로 일단 영양섭취작용이나 성장작용은 제외하여야 한다. 그 다음으로는 감각작용을 생각해 볼 수 있다. 그런데 이것 역시 말이나 소나 모든 동물에 공통적인 것이다. 그렇다면 이성을 가진 부

분의 어떤 실천작용이 남게 된다(이성을 가진 부분 중에서 한 부분은 이성에 복종하는 부분이고, 다른 한 부분은 이성을 가지고 사유작용을 하는 부분이다). 그리고 이성적인 실천작용에도 두 가지 측면이 있다는 전제하에서 생각할 때, 인간의 할 일이란 그 둘 중에서 활동적인 작용이라고 보아야 할 것이다. 이성적인 작용이 의미하는 것은 주로 활동적인 측면이기 때문이다. 그러므로 인간의 할 일은 이성에 부합하는 정신의 활동, 혹은 이성 없이는 일어날 수 없는 정신의 활동이라고 할 수 있다.

그리고, 인간의 할 일과 훌륭한 인간의 할 일은 종류에 있어서 같은 것이라고 할 수 있다(끼타라 연주가의 할 일과 훌륭한 끼타라 연주가의 할 일은 같은 종류의 것이며, 일반적으로 다른 모든 경우에도 그러한 것과 마찬가지이다). 다만 훌륭한 인간의 경우에는 '할 일'이라는 표현에 '탁월한 덕'의 의미가 가미되어야 한다(끼타라 연주가의 할 일은 '끼타라를 연주하는 것'이고 훌륭한 끼타라 연주가의 할 일은 '끼타라를 잘 연주하는 것'인 것과 마찬가지이다). 그렇다면, 인간의 할 일은 모종의 생명작용이며, 이는 정신의 활동과 행위로서 이성을 동반하는 것이며, 훌륭한 인간의 할 일은 그러한 생명활동을 올바르게 잘 하는 것이며, 각각의 생명활동에 있어서 그것을 잘 하는 것은 그것에 고유한 덕에 부합되게 하는 것이라고 할 수 있다. 결론적으로, 인간에게 있어서 좋은 것이란 '덕에 부합되는 정신의 활동'이라고 할 수 있다. 그리고 덕에 여러 가지가 있다면, 그 중에서 가장 좋고 가장 궁극적인 덕에 부합되는 정신의 활동이 될 것이다.

또한 이러한 활동이 평생에 걸쳐 지속되어야 할 것이다. 한 마리의 제비가 봄을 만들 수는 없으며, 하루의 봄날을 봄이라고 할 수 없다. 마찬가지로 하루 또는 짧은 시간 동안 행복을 누린다고 해서 그것을 복되고 행복한 것이라고 할 수 없다.

이 부근에서 갑자기 아리스또뗄레스의 이야기가 비약적으로 진전되므로 우리는 조금 느긋하게 내용을 되짚어 볼 필요가 있다.

우선 인간의 할 일이 무엇인가라는 논의로 접어들게 된 배경부터 다시 살펴보자. 피리 연주가의 할 일은 피리 연주이고 좋은 피리 연주가란 피리 연주를 잘 하는 사람이다. 조각가의 할 일은 조각이고 좋은 조각가란 조각을 잘 하는 사람이다. 마찬가지로 사람이 할 일이 뭔가 있다고 하면 좋은 사람이란 그것을 잘 하는 사람일 것이다. 그러므로 좋은 사람이 어떤 사람인지를 규정하고자 한다면 사람의 할 일이 무엇인지를 알아야 하는 것이다.

그 다음에서 아리스또뗄레스는 인간을 포함한 생명체들이 가진 '할 일'에 영양섭취와 성장, 감각, 이성적인 활동의 세 가지가 있다는 전제하에서 논의를 진행하고 있다. 이러한 문제는 아리스또뗄레스의 다른 저작인 '영혼에 대하여'라는 책(잠시 후에 다시 이야기하겠지만 이 책에서 말하는 영혼, 즉 쁘쉬케란 '영혼'이라는 우리말 단어의 뜻과는 다르다)에서 자세히 다루고 있는 내용인데, 그 책에서는 영혼의 기능, 즉 생명체의 기능을 영양섭취, 감각, 욕구, 운동, 이성적 사고의 다섯 가지로 대별하고 있다. 그 중 영양섭취 기능은 가장 하등한 생물인 식물에서부터 동물과 인간에게까지 공통적으로 있는 기능이며, 감각과 욕구와 운동은 식물에게는 없지만 동물과 인간에게는 있는 기능이며, 이성적 사고는 모든 생물 가운데 유일하게 인간에게만 있는 기능이다. 따라서 위에 제시한 논의에서는 그와 같은 생명체의 기능들을 크게 식물에게만 있는 기능, 동물에게도 있는 기능, 그리고 인간에게만 있는 기능의 세 가지로 구분하고 있다.

그러한 사고방식은 얼핏 생각하면 생소하게 느껴질지도 모르지만 실은 현대인들에게도 상당 부분 익숙한 내용이다. 예를 들어, 인간 중에서 다른 기능들을 상실하고 오직 영양섭취 기능만이 남아있는 경우 '식물인간'이라고 표현하는 것, 그리고 인간 중에서 이성적 사고가 일시적 또는 장기적으로 결핍된 인간을 '짐승 같은 놈' 또는 'animal'이라고 표현하는 것은 그러한 사고방식과 일맥상통하는 것이다.

중요한 문제는, 여기서 아리스또뗄레스가 식물이나 동물에게도 있는 기능들은 '인간에게 고유한' 기능이 아니라는 점에서 '인간의 할 일'에서 제외했다는 점이다. 그것이 인간에게 고유한 기능이 아니라는 점은 물론 타당한 이야기이다. 그런데, 그렇다고 해서 그것이 인간의 할 일에 포함되어선 안 된다는 주장은 논란의 소지가 있다. 아리스또뗄레스의 주장에 따르자면 말의 할 일은 뛰는 것일 뿐, 먹이를 먹는 일은 말의 할 일에 포함되지 않는다는 이야기이다. 마찬가지로 피리 연주가의 할 일은 피리 연주이며, 그 이외의 활동은 피리 연주가의 할 일에 포함되지 않을 것이다.

만일 할 일이 여러 가지 있지만 그 중에서 가장 고유한 것,

즉 다른 생물이나 다른 사람에게는 해당되지 않는 할 일이 가장 중요하다고 주장한다 할지라도, 그 역시 논란의 소지가 있다. 피리 연주가가 밥도 먹고, 뭔가를 보기도 하고, 피리 연주를 하기도 하는데 그 중에서 피리 연주가 가장 중요한 할 일이라고 할 수 있을까? 만일 그 세 가지 활동 중 어느 하나에 지장이 생길 때 행복에 가장 큰 지장을 초래한다면 그것이 밥을 먹거나 뭔가를 보는 활동이 아니라 피리 연주 활동일까?

그러한 논란에 대해 지금 해답을 내린다는 것은 시기상조인 듯하므로 우선은 논란의 소지를 밝혀 두는 정도로 마무리하기로 하자. 다만 또 한 가지 언급해 둘 것은 아리스또뗄레스가 기본적으로 식물이나 다른 동물에 비해 인간이 질적으로 다른 생물이라는 선입견을 가지고 있다는 점이다. 만일 그러한 선입견이 없었다면 인간의 할 일들 중에서 식물이나 동물과 공유하고 있는 것들을 그렇게 쉽게 무시하지는 못했을 것이다. 만일 누군가가 인간을 포함한 모든 동물들에 비해 식물이 더 우월한 생물체라는 선입견을 가지고 있다고 가정해 보자(그런 생각을 가질 만한 근거도 있다. 사실 모든 동물들의 생존은 식물에 의존적이기 때문이다. 즉, 동물이 생존하기 위해서는 다른 동물이나 식물을 먹어야 하며, 다른 동물도 결국은 식물을 먹어야 한다. 하지만 식물은 태양이 발산하는 에너지에 의존해서 살아가므로 지구상의 다른 생물체에 의존하는 것은 아니다). 그런 선입견을 가진 사람은 인간의 기능 중에서 식물과 공유하고 있는 것이 가장 중요하다고 생각할 수도 있다.

인간이 식물이나 다른 동물에 비해 우월하다는 선입견은 동서고금을 막론하고 보편적인 것이므로 참이냐 거짓이냐를 떠나서 전제로 받아들일 수 있다고 주장할 수는 있다. 하지만 참이냐 거짓이냐를 떠나는 순간 거짓된 생각에 사로잡힐 위험은 감수해야 한다. 실제로 아리스또뗄레스의 경우, 이성적 활동이 인간의 가장 고유하고 중요한 기능이므로 그러한 기능이 결핍된 인간은 인간으로 취급하지 않는 태도를 보이고 있다. 그리고 그러한 기능이 결핍된 인간에는 미개인과 어린아이들과 노예들은 물론 심한 정신지체를 가진 경우나 치매에 걸린 경우 등등이 포함되어야 마땅할 것이다. 그런데 그런 사고방식이 잘못 발전하면 인간다운 인간이 노예를 물건 취급하는 것은 당연한 것이라는 생각에 이를 수도 있으며 유태인은 모두 없애야 한다는 히틀러의 생각이 명분을 얻을 수도 있다.

(11) 영혼과 정신

'이성을 가진 부분의 어떤 실천작용'이라는 대목부터 이야기를 계속해 보자.

우선 이성이라는 말에 대해 부연설명을 해두는 것이 좋을 것 같다. 여기서 이성이라고 번역된 헬라스 단어는 '로고스'인데, 이 단어의 원래 뜻은 '말'이다. 하지만 로고스라는 단어는 좀더 구체적으로는 '말이 되는 말', 즉 합리적인 말을 지칭한다. 개별학문의 영어 명칭에 흔히 접미사로 사용되는 -logy(예를 들면 physiology, geology)는 그 분야에 대한 합리적인 말이라는 뜻을 함축하는 것으로서 헬라스 단어 로고스의 뜻을 보여주는 예이다. 따라서 로고스라는 단어는 추상적인 의미로는 이성을 의미한다.

'이성을 가진 부분'이라고 표현한 것은 일차적으로는 앞에서 이야기한 영양섭취, 감각, 욕구, 운동, 이성적 사고의 기능들 중에서 이성적 사고를 담당하는 부분을 지칭하는 것이다(물론 그것은 어떤 신체부위를 말하는 것은 아니지만, 굳이 현대 생리학의 관점에서 환원론적으로 이야기하자면 대뇌피질의 연합중추 같은 것에 해당하는 것이라고 할 수 있을 것이다). 하지만 후에도 다시 언급되듯이 현재의 문맥에서는 욕구를 담당하는 부분(이성에 복종하는 부분이라고 표현한 것이 바로 그것이다)을 포함한 좀더 광범위한 개념이다.

한편, 그 다음 부분에서 이성적인 실천작용에도 두 가지가 있다고 말한 것은 '이성을 가지는 것'과 '이성을 발휘하는 것'의

두 가지를 의미하는 것이다. 이에 대해서 아리스또뗄레스 자신이 자세한 부연설명을 하지 않는 것은, 그 두 가지의 구분이 워낙에 아리스또뗄레스 사상 전반에 기본적인 전제로 깔려 있기 때문이다. 그것은 한 마디로 '뒤나미스'와 '에네르게이아'의 대비관계이다(뒤나미스는 현대 영어의 dynamic, 에네르게이아는 energy의 어원에 해당한다). 어떤 일이나 사물에 있어서 그것이 현실에 구현되어 나타나기 이전에 그것을 구현시킬 수 있는 잠재적인 능력(즉, 뒤나미스)이 있고, 그것이 비로소 구현될 때 활동 또는 현실태(즉, 에네르게이아)라고 부른다.

예를 들면 인간이 눈을 감고 있을 때에는 시각의 뒤나미스, 즉 잠재력을 가지고 있지만 실제적인 활동, 즉 에네르게이아는 일어나지 않는다. 그리고 눈을 떴을 때 비로소 시각의 에네르게이아가 일어나면서 우리가 무언가를 보는 것이 구현되는 것이다. 그와 마찬가지로 이성을 가지고 있더라도 잠을 자고 있다면 그것은 이성을 가지고 있는 것이기는 하지만 잠재력의 상태로 가지고 있는 것이고 깨어나서 무언가 사유작용을 하고 있다면 이성을 가지고 있으면서 그 이성이 활동을 하고 있는 것이다.

그리고 그 다음 부분에서 '이성에 부합되는 정신의 활동'이라고 번역한 것에 대해 좀 자세한 변명이 필요할 것 같다. 여기서 '정신'이라고 번역한 단어는 '쁘쉬케'이고 이에 대한 일반적인 번역은 영어로는 soul, 우리말로는 '영혼'이다(쁘쉬케라는 어원은 현대 영어에서도 psychology, psychiatry, 등의 단어에서 찾아볼 수 있으며, 심지어 우리말에서도 '사이코'라는 음역이 흔히 사용된다).

그런데 당시의 쁘쉬케의 개념은 '영혼' 또는 'soul'이라는 단어가 주는 선입견과는 다르다. 짐작컨대 아리스또뗄레스 시대에 쁘쉬케는 이미 오래전부터 광범위하게 쓰였던 단어로서 주로 '생명현상을 지배하는 존재 또는 원리(즉 생명의 아르케)'를 의미하는 일상적인 용어였던 것 같다. 그러므로 생명활동이 크게 영양섭취, 감각, 욕구, 운동, 이성적 사고의 다섯 가지로 대별될 수 있다면 쁘쉬케 역시 개념적으로 그 각각의 기능을 수행하는 다섯 부분으로 나눌 수 있다(물론 해부학적으로 머리, 가슴, 배, 또는 대뇌, 중뇌, 소뇌를 나누듯이 신체의 어떤 부위를 나누는 것과는 전혀 다른 차원의 구분이다). 그리고 이성적 사고를 담당하는 부분의 경우 그것을 지칭하는 보편적인 명칭이 '누스'였다. 이 누스라는 단어는 현대 우리말의 '정신'이라는 단어의 의미와 거의 일치한다고 할 수 있다.

한편, 그러한 쁘쉬케가 몸의 일부인가 혹은 몸과 구별되는 존재인가의 문제, 그리고 몸과 구별되는 존재라면 그것이 몸에서 분리되어 존재할 수도 있는가의 문제는 이미 당시에도 논란의 대상이었다. 예를 들어 '피타고라스의 정리'로 유명한 쀠타고라스는 쁘쉬케란 몸과 구별되는 존재일 뿐만 아니라 몸과 분리되어 존재할 수도 있으며, 더욱이 윤회, 즉 한 몸을 떠나 다른 몸에 깃들 수도 있다고 주장하였다. 반대로 원자, 즉 atom(헬라스 말에서는 아또마)의 개념을 처음으로 도입한 것으로 유명한 데모끄리또스는 쁘쉬케, 즉 생명의 아르케는 모종의 아또마이며 그것은 몸을 구성하는 아또마와 본질적으로 다르지 않은 것이라고 주장했다. 한편, 아리스또뗄레스의 경우, 쁘쉬케는 육체와 분리되어 존재할 수는 없으나, 그렇다고 해서 몸의 일부이거나 몸의 어느 부분이 나타내는 상태나 활동을 지칭하는 것은 아니라고 주장하였다. 즉, 분리될 수는 없다 할지라도 육체와 쁘쉬케는 다른 존재라는 것이다.

하지만 언제부터인가 쁘쉬케의 개념은 원래의 의미와는 약간 다른 것이 되었다. 즉, 쁘쉬케는 몸을 지배하는 어떤 존재로서 몸과는 구별되는 어떤 것이며, 영양섭취나 감각, 운동 같은 기능들은 쁘쉬케에 의해 일어나는 것이 아니라 몸의 어느 부분이 나타내는 것이라는 생각이 보편화되었다. 그리고 또 언제부터인가는 정신의 기능, 즉 이성적 사고 역시 몸의 어느 부분이 수행하는 기능이라는 생각이 보편화되면서, 어떤 사람들은 쁘쉬케는 정신과도 구별되는 다른 존재라고 생각하기도 했다. 그리고 그러한 의미를 갖게 된 쁘쉬케에 해당하는 단어가 바로 'soul' 또는 '영혼'인 것이다.

따라서 아리스또뗄레스에게서 언급되는 쁘쉬케는 '영혼'이라고 번역하기에는 다소 부적절한 면이 있다. 그러므로 그 시대의 보편적 개념에 맞게 '생명의 아르케' 정도의 의미로 파악하되, 앞서 말한 바 있듯이 여기서 아리스또뗄레스는 쁘쉬케 중에서도 다른 부분은 사실상 중요치 않게 생각하고 이성적 사고를 담당하는 부분, 즉 정신만을 주로 염두에 두고 있으므로 우리말로는 부족하나마 '정신'이라고 번역하는 것이 좋을 것 같다.

쁘쉬케에 대한 이야기는 그 정도로 하자. 다시 책의 내용으로 돌아가서, 결론적으로 인간의 할 일이란 정신의 활동 또는 이성적 활동이라고 할 수 있을 것이다. 그리고 인간에게 있어서 좋은 것이란 이성적 활동을 잘 하는 것, 즉 덕에 부합되는 이성적 활동이며, 좋은 인간이란 덕에 부합되는 이성적 활동을 하는 사람이라고 할 수 있을 것이다. 다시 말해서 행복한 사람이란 덕에 부합되는 이성적 활동을 하는 사람이라는 것이다. 그리고 또 한 가지 아리스또뗄레스가 추가하고 있는 행복의 조건은 그러한 활동이 잠시 동안 일어나는 것으로 충분치 않고 평생에 걸쳐 지속되어야 한다는 것이다.

이어지는 아리스또뗄레스의 이야기는 '(5) 정치학의 한계', 그리고 '(7) 습관화된 전제'에서 언급되었던 내용들이 또다시 비슷하게 반복되고 있다. 이에 대해서는 자세한 언급이 필요 없을 듯하므로 단순히 번역된 내용만을 소개하고자 한다.

> [1-7-17 ~ 1-7-23] 좋은 것에 대한 논의는 그 정도로 하자. 우선은 대략적인 윤곽을 잡고 이후에 다시 자세히 논의하는 것이 아마도 마땅한 순서일 것이기 때문이다. 윤곽이 잘 잡힌 경우, 그것을 발전시키고 구체화하는 일을 누구나 할 수 있는 일이며, 또한 그러한 일들에 있어서 시간은 좋은 발명가 또는 좋은 조수인 것 같다. 지식의 진보도 바로 그러한 과정을 통해 이루어졌다. 공백을 메우는 것은 누구나 할 수 있는 일이기 때문이다. 하지만 이전에 언급한 내용을 상기할 필요가 있다. 즉, 모든 문제에 대해 같은 정도의 정확성을 추구하려고 해서는 안 되며, 각각의 분야에 있어서 그것이 다루는 내용에 따라 탐구하고, 그것에 적합한 수준까지만 탐구하여야 한다. 예를 들어 목수와 기하학자는 각각 저마다의 방법으로 직각을 추구한다. 목수는 자신의 일에 소용이 되는 수준까지만 직각을 추구하지만, 기하학자는 진리를

추구하는 학자로서 직각이 무엇이며 어떠한 것인지를 탐구하는 것이다. 다른 일들에서도 그와 마찬가지로 각각에 적합한 수준의 탐구를 수행하여 쓸 데 없는 부수적인 일들이 많아지지 않도록 해야 한다. 또한 모든 문제에 대해 같은 정도로 이유를 따져서는 안 된다. 어떤 문제에 관해서는 사실을 올바르게 규명하는 것만으로 충분한 경우가 있다. 예를 들면 근본 원리에 관한 경우가 그러하다. 사실로서 첫 번째의 것이 바로 근본 원리이다. 근본 원리 중 어떤 것은 추론에 의해 알려지는 것이고, 어떤 것은 감각되는 것이며, 어떤 것은 모종의 습관화에 의해 형성되는 것이며, 또한 다른 것들은 각기 다른 방식으로 알려지게 된다. 그러므로 각각의 근본 원리를 탐구함에 있어 그것에 고유한 방식에 따라 탐구하고자 시도해야 한다. 또한 그들을 올바르게 규정하고자 노력해야 한다. 근본원리는 연결되는 탐구에 심대한 영향을 미치기 때문이다. 어떤 일에서나 시작은 반보다 큰 것 같다. 그리고 근본원리 자체를 통해 탐구하고자 하는 대상의 많은 부분이 규명되는 것 같다.

(12) 사리분별과 지혜

앞에서 행복에 대한 논리적인 규정을 시도하여 그 결론으로 행복은 덕에 부합되는 이성적 활동이라는 것을 제시하였다. 이제 아리스또뗄레스는 좀더 구체적으로 행복에 관한 기존의 이야기들과 앞에서 제시한 자신의 규정을 비교하고 그를 통해서 자신의 규정을 검증하고자 한다.

> [1-8-1 ~ 1-8-9] 보편적인 견해에 의하면, 좋은 것은 외부적인 것과 정신적인 것, 그리고 육체적인 것의 세 가지로 분류되며, 그 중에서 정신적인 것이 가장 주된 것이며 가장 좋은 것이다. 한편, 우리는 좋은 것이란 '정신에 관련된' 행위나 활동'이라고 규정하였다. 그러므로 보편적인 견해(이는 오랫동안 지속되어 왔던, 그리고 학자들로부터 인정받은 견해이다)와 우리의 규정은 서로 잘 부합된다. 또한 모종의 행위나 활동이라고 규정했던 것 역시 올바른 것이라고 할 수 있다. 모종의 행위나 활동은 외부적인 것에 포함될 수 없고 정신적인 것에 포함되기 때문이다. 또한 행복이란 잘 사는 것 또는 잘 실천하는 것이라는 규정 역시 보편적인 생각과 서로 잘 부합된다. 보편적으로 행복을 '잘삶' 또는 '잘함'으로 표현하기도 하기 때문이다.
>
> 또한 우리가 행복에 관해 파악한 모든 것을 기존의 견해 속에서 찾아볼 수 있는 것 같다. 행복이 무엇인가에 대해 혹자는 그것이 덕이라고 하고, 혹자는 사리분별이라고 하고, 혹자는 모종의 지혜라고 생각하기 때문이다. 또 혹자는 행복

이란 이들 모두 혹은 이들 중 어떤 것에 쾌락이 더해진 것이거나, 적어도 쾌락 없이는 있을 수 없는 것이라고 생각하기도 한다. 또 다른 어떤 사람들은 외부적인 행운을 포함시키기도 한다. 이러한 여러 견해들 중 일부는 많은 사람들로부터 오랜 동안 지지를 받고 있는 견해이며, 일부는 소수의 특출한 사람들로부터 지지를 받는 견해이다. 양쪽 모두가 전체적으로 틀린 견해라고 볼 수는 없을 것이며, 각각의 견해에서 적어도 일부는 맞는 부분이 있을 것이다.

행복이란 덕 또는 여러 덕 중 어떤 하나라는 견해는 우리가 규정한 내용과 일맥상통한다. 우리의 규정에는 '덕에 부합되는 활동'이라는 내용이 포함되기 때문이다. 하지만 가장 좋은 것이 덕의 획득, 즉 어떤 상태에 있다고 보는 것과 그 활용, 즉 어떤 활동에 있다고 보는 것은 작지 않은 차이가 있다. '상태'의 경우, 그것이 존재하지만 좋은 것을 전혀 유발하지 못할 수도 있다. 예를 들면 자고 있거나 또는 어떤 다른 방식으로 활동을 멈춘 경우에 그러하다. 그러나 '활동'의 경우에는 그런 일이 있을 수 없다. 활동이라고 하면 필연적으로 어떤 행위를 수행함을 의미하며, 어떤 행위를 잘 수행함을 의미하기 때문이다. 올림픽에서 가장 잘생기거나 가장 힘이 센 사람에게 상이 주어지는 것이 아니라 경기에 참여하는 사람에게 상이 주어지는 것 (경기에 참여하는 사람들 중 누군가가 우승하기 때문이다)과 마찬가지로, 인간의 삶에서도 행위를 올바르게 수행하는 사람들이 좋은 것들을 얻게 되는 것이다.

사람들이 좋은 것이라고 생각하는 것들은 여러 가지가 있는데 그들을 크게 구분해 보면 외부적인 것, 정신적인 것, 그리고 육체적인 것의 셋으로 나눌 수 있다. 여기서 외부적인 것이라고 하면 재물운이나 타고난 지위 같은 것을 말하고, 육체적인 것은 주로 쾌락을 말한다. 하지만 다른 많은 사람들 역시 그 두 가지가 아닌 정신적인 것을 행복의 조건으로 제시한다.

그리고 정신적인 좋은 것의 구체적인 예로 사리분별이나 지혜를 제시하고 있다. 이 중 지혜(헬라스 말의 쏘피아, 영어로는 wisdom)는 비교적 이해하기 쉬운 부분인데, 사리분별이라고 하는 것은 다소 생소하게 느껴질 것이므로 좀 부연하고자 한다. 사리분별이라고 번역한 헬라스 단어는 '프로네시스'(영어로는 일반적으로 prudence)이다. 쏘피아와 프로네시스는 모두 정신의 기능으로서 일종의 '앎'이라고 할 수 있다. 그런데 앎에 관한 능력이 뛰어나다고 하는 것에 여러 가지가 있다. 즉, 어떤 사람은 학문적인 활동에 있어서는 뛰어나지만 무엇을 해야 하고 무엇을 하지 말아야 할지를 잘 모르는 경우가 있고, 또 어떤 사람은 그 반대로 해야 할 것과 하지 말아야 할 것을 잘 알고 또 실천하지만 학문적인 활동을 남들보다 못하는 경우가 있다. 전자의 경우 지혜는 있으나 사리분별이 없다고 하고, 후자의 경우 사리분별이 뛰어나지만 지혜롭지 못하다고 한다. 그러한 의미에서 쏘피아는 '이론지', 프로네시스는 '실천지'라고 표현하기도 한다. 그리고 정확하게 대응하지는 않지만, 쏘피아는 '참인(true)' 것에 관련되는 능력이고 프로네시스는 '옳은(right)' 것에 관련되는 능력이라고 할 수 있을 것 같다(이는 이해를 돕기 위한 설명이며, 실은 쏘피아와 프로네시스를 포함한 모든 종류의 앎, 즉 이성적 활동은 공히 '참인' 것을 지향하는 것이다. 다만 프로네시스의 경우에는 행위의 옳고 그름과 관련된다).

앎에 관한 이야기가 나왔으니 그에 대한 부연설명을 해 두는 것이 좋을 듯하다. 쏘피아나 프로네시스 모두 그 대상은 다르지만 일종의 '앎에 관련된 능력'이라고 할 수 있는데, 그러한 능력은 지식의 양을 가지고 평가하는 것은 아니다. 배워서 갖게 된 것이든 경험을 통해 갖게 된 것이든 간에 지식 자체는 사실 인간의 정신적 능력을 표현하는 척도라고 할 수 없다. 아는 것이 많은 것과 지혜롭거나 사리분별이 있는 것은 다른 것이다.

어찌 되었건 여기서 제시된 행복에 관한 기존의 이야기들 중 행복은 정신적인 것에 있다거나, 행복은 지혜 또는 사리분별이라는 주장들은 대체적으로 행복은 모종의 이성적 활동이라는 규정과 서로 위배되지 않는다. 그런데, 행복의 조건으로 쾌락이나 행운을 포함시키는 사람들도 많이 있는데, 이러한 주장들을 쉽게 무시해 버릴 수는 없을 것 같다.

(13) 쾌락

행복의 조건으로 쾌락을 포함시켜야 한다는 주장, 즉 행복은 쾌락 없이는 달성될 수 없다는 주장에 관련해서 아리스또뗄레스는 다음과 같은 이야기를 내놓는다.

> [1-8-10 ~ 1-8-14] 또한 행위를 올바르게 수행하는 사람들의 삶은 그 자체로서 즐겁다. 왜냐하면 쾌락을 느끼는 것은 정신적인 것 중의 하나이고 각자가 쾌락을 느끼는 대상은 바로 그 사람이 좋아하는 대상이기 때문이다. 예를 들자면, 말을 좋아하는 사람에게는 말이, 연극을 좋아하는 사람에게는 연극이 쾌락의 대상이다. 마찬가지로 정의를 좋아하는 사람에게는 정의로운 행위가, 그리고 일반적인 차원에서 덕을 좋아하는 사람에게는 덕에 부합되는 행위가 쾌락의 대상인 것이다. 대다수의 사람들에서는 즐거운 것들이 서로 경쟁을 한다. 그들이 즐거워하는 대상이 본성적으로 즐거운 것이 아니기 때문이다. 그러나 고귀한 것을 좋아하는 사람들은 본성적으로 즐거운 것들에서 즐거움을 느낀다. 그리고 덕에 부합되는 행위들은 항상 본성적으로 즐거운 것들이다. 따라서 덕에 부합되는 행위들은 고귀한 것을 좋아하는 사람들에게 즐거운 것들인 동시에 그 자체로서 즐거운 것들이다. 그러므로 그러한 사람들의 삶에는 추가적으로 쾌락이 필요치 않으며, 그 자체 안에 쾌락이 포함되어 있다. 또한, 고귀한 행위를 즐기지 않는 사람은 좋은 사람일 수 없다는 사실에서도 그것을 알 수 있다. 정의로운 행위를 즐기지 않는 사람

을 정의로운 사람이라고 말할 수 없고, 너그러운 행위를 즐기지 않는 사람을 너그러운 사람이라고 할 수 없고, 다른 덕에 있어서도 마찬가지일 것이다. 그러하다면, 덕에 부합되는 행위들은 당연히 그 자체로서 즐거운 것일 수밖에 없다.

하지만 덕에 부합되는 행위들은 분명 동시에 좋은 것이고 고귀한 것이다. 그리고 훌륭한 사람이 올바르게 판단하기만 한다면, 가장 좋은 것이고 가장 고귀한 것이다. 훌륭한 사람이 어떤 판단을 하는가 하는 것은 앞서 이야기한 바와 같다. 그러므로 행복은 가장 좋은 것인 동시에 가장 고귀한 것이고 또 가장 즐거운 것이다. 델로스의 비문에 새겨진 이야기에서처럼 그것을 나누어서 이야기할 수는 없다.

가장 정의로운 것이 가장 고귀한 것이며, 건강이 가장 좋은 것이지만,
자신이 사랑하는 것을 얻는 것이 가장 즐거운 것이다.

그 모두가 가장 좋은 활동들에 있기 때문이다. 가장 좋은 활동들, 또는 그 중에서도 가장 좋은 하나의 활동이 바로 행복이라고 할 수 있다.

요컨대 '덕에 부합되는 정신의 활동'은 좋은 것이면서 동시에 즐거운 것, 즉 쾌락을 주는 것이기도 하다는 것이다. 연극을 좋아하는 사람이 연극에서 쾌락을 느끼듯이 덕에 부합되는 정신의 활동을 좋아하는 사람은 그러한 활동에서 쾌락을 느낄 것이라는 이야기이다.

그런데 쾌락과 관련하여 이 대목에서 생각해 볼 것들이 있다.

우선 앞서 '(8) 네 가지의 좋은 것들'에서 아리스또뗄레스가 쾌락에 대해 언급한 것을 상기해 보자. 거기에서 쾌락을 추구하는 삶은 '노예적인 삶' 또는 '가축의 삶'이라고 표현되었다. 그런데 위의 이야기에서 아리스또뗄레스는 진정으로 행복한 삶, 즉 덕에 부합되는 정신의 활동을 추구하는 삶이 쾌락을 주기도 한다고 말하고 있다. 그렇다면 일단 쾌락은 무조건적으로 나쁜 것이라고 할 수는 없다. 즉, 쾌락이라고 해서 모두 같은 종류의 것이라고 할 수 없다는 것이다.

'(8) 네 가지의 좋은 것들'에서 언급된 내용을 다시 한번 살펴보면, 그것은 '대다수의 속된 사람들'이 지향하는 쾌락이라고 기술되어 있다. 그리고 여기에서 이야기된 쾌락은 덕에 부합되는 정신의 활동에 동반되는 쾌락이다. 그러므로 쾌락에는 적어도 두 가지 다른 종류의 쾌락이 있고, 그 중 하나는 매우 천박한 쾌락인 반면, 다른 하나는 가장 바람직한 쾌락이라는 점을 분명히 알 수 있다.

그러한 두 가지 쾌락에 관련해서 아리스또뗄레스는 또 다른 구체적인 차이점을 제시하고 있다. 즉, 전자에 대해서는 '본성적으로 즐거운 것이 아닌 것'이라고 말하고, 후자에 대해서는 '본성적으로 즐거운 것'이며 '그 자체로서 즐거운 것'이라고 말한다. 또한 전자에 대해서 그러한 종류에 속하는 쾌락들은 '서로 경쟁을 한다'고 말하기도 한다(따라서 구체적인 언급은 없을지라도 후자의 경우에는 쾌락들이 서로 경쟁을 하지 않는다는 이야기를 함축하고 있는 것으로 생각된다).

하지만, 쾌락의 종류와 그들 간의 차이점에 대해서는 후에 자세한 이야기가 나오게 될 것이므로 여기서는 우선 쾌락이라는 단어를 단순하게 생각할 수 없다는 점을 언급해 두는 정도로 하자.

그런데 여기서 다음과 같은 의문을 제기할 수도 있다. 쾌락과 '덕에 부합되는 정신의 활동' 두 가지 중 어느 것이 좋은 것인가? 앞서 '(3) 좋은 사람'에서 제시한 이 책 전체의 서두에서 아리스또뗄레스 자신이 말한 바와 같이, A의 목적이 B를 위한 것이라면 B는 A보다 더 좋은 것이다. 그런데 덕에 부합되는 정신의 활동이 모종의 쾌락을 유발한다면, 그 활동의 목적이 쾌락(물론 여기서 쾌락이라 함은 일반적인 의미의 쾌락이 아니라 바람직한 쾌락에 한정해서 말하는 것이다)일 가능성을 배제할 수 없고, 만일 그 활동의 목적이 쾌락이라면 쾌락은 그 활동보다 더 좋은 것임을 부정할 수 없게 된다.

그렇다면 그 활동과 그에 따르는 쾌락 중 어느 것이 더 좋은 것인가의 문제는 그 활동을 하는 사람의 목적이 그 활동 자체인가 아니면 그 활동에 따르는 쾌락인가의 문제와 다름없다. 물론 어떤 사람이 그러한 활동, 예를 들어 어떤 정의로운 행위를 할 때 그 사람에게 '당신이 이런 행위를 하는 목적이 무엇인가?'라고 물으면 대부분 '정의를 위한 것이다'라고 대답할 것이다. 하지만 인간은 때로는 자신이 하는 행위의 목적을 제대로 알지 못하면서 그것을 행하기도 한다. 그러한 경우 그 목적을 알아볼 수 있는 방법은 다음과 같은 것이다. 즉, 그 행위로 인해 정의를 얻을 수도 있고 쾌락을 얻을 수도 있는 경우, 만일 그 목적이 정의라면 그 행위가 설혹 쾌락을 동반하지 않는다 할지라도 행할 것이다. 그리고 만일 그 목적이 쾌락이라면 그 행위가 쾌락을 동반하지 않는 경우에는 행하지 않을 것이며, 아마도 어떤 정의롭지 못한 행위가 그와 같은 쾌락을 동반한다면 그것을 행할 것이다.

그런데 안타깝게도 '고귀한 행위를 즐기지 않는 사람은 좋은 사람일 수 없다'는 이야기에서도 드러나듯이, 아리스또뗄레스의 주장을 따르자면 덕에 부합되는 정신의 활동에는 반드시 쾌락이 동반되어야 한다. 그 활동을 즐기지 않는다면, 다시 말해서 그 활동에 쾌락이 동반되지 않는다면, 그것은 진정한 의미의 '덕에 부합되는 정신의 활동'이라고 할 수 없는 것이기 때문이다. 따라서 그 행위가 쾌락을 동반하지 않는 경우란 있을 수 없다. 그리고 그러한 쾌락이 어떤 다른 활동들을 통해서도 얻어질 수 있는 것인지는 알 수가 없다. 그러므로 정의로운 사람이 정의로운 행위를 함에 있어 그 목적이 정의 자체인지 아니면 쾌락인지는 적어도 위와 같은 추론을 통해서는 규명할 수가 없다.

위에 언급한 '쾌락의 종류', 그리고 쾌락은 '목적'인가 아니면 '단순히 동반되는 것'인가의 문제는 후에 언급될 것이므로 여기서는 문제를 제기하는 정도로 해 두자.

(14) 신성한 운명

앞서 '(12) 사리분별과 지혜'에서 제시한 행복에 관한 보편적인 견해들 중 '덕에 부합되는 정신의 활동'이라는 규정에 포함되지 않은 것으로 '쾌락'과 '외부적인 행운'의 두 가지가 있었다. 그런데 이 중 쾌락은 실은 '덕에 부합되는 정신의 활동'에서도 얻어지는 것이며, 또 거기에서 얻어지는 쾌락이 실은 다른 천박한 쾌락에 비해 더 좋은 쾌락이라고 할 수 있다. 따라서 행복은 쾌락이라는 견해와 행복은 '덕에 부합되는 정신의 활동'이라는 규정은 서로 위배되지 않는다.

하지만 외부적인 행운의 문제는 좀 다르다. '덕에 부합되는 정신의 활동', 예를 들어 정의나 용기나 지혜, 또는 그에 부합되는 어떤 행위가 행운을 동반한다고 할 수는 없기 때문이다. 그렇다고 해서 외부적인 행운 없이도 충분히 행복할 수 있다는 주장은 무리한 이야기임에 틀림없다. 홍길동은 매우 훌륭한 인물이지만 타고난 신분의 한계 때문에 행복할 수 없었고, 그가 후에 행복해진 것은 그러한 신분의 한계를 극복하였기 때문이었다. 이에 대한 아리스또뗄레스의 이야기를 들어 보자.

> [1-8-15 ~ 1-9-3] 하지만 그렇다 해도, 앞서 말한 바와 같이 행복에는 추가적으로 외부적인 좋은 것들이 요구되는 것 같다. 그러한 것들을 갖추지 못한 경우에는 고귀한 행위를 하는 것이 불가능하거나 쉽지 않기 때문이다. 고귀한 행

위 중 많은 것들은, 마치 도구가 이용되는 것처럼, 친구나 부나 정치적 권력을 통해서 가능한 것이다. 또한 그러한 것들 중 어떤 것, 예를 들어 좋은 혈통이나 자손의 번성, 또는 미모가 결핍된 경우에는 복된 삶을 누릴 수가 없다. 외모가 매우 추하거나 혈통이 나쁘거나 외톨이에다가 자손도 없는 경우라면 매우 행복한 삶을 살 수는 없기 때문이다. 또한 자식이나 친구들이 매우 악하거나, 혹은 선한데 이미 죽었다면, 아마 그보다도 덜 행복할 것이다. 그러므로 앞서 말했듯이 그러한 외부적인 행운이 추가적으로 필요한 것 같다. 그래서 어떤 사람들은 행운과 행복을 같은 것으로 여기기도 한다.

그러한 점에서 또 다른 논란이 발생한다. 행복이란 배워야 할 어떤 것이거나 습관을 통해 얻어지는 것이거나 다른 어떤 훈련을 통해 얻어지는 것인가, 혹은 어떤 신성한 운명에 의해 좌우되는 것이거나 그저 운으로 주어지는 것인가의 문제이다. 만일 신으로부터 인간에게 주어지는 다른 어떤 것이 또 있다면, 행복 역시 신으로부터 주어지는 것임은 당연한 일인 듯하다. 인간적인 것들 중에 가장 좋은 것이라면 더더욱 그러하다. 하지만 이에 관한 논의는 아마도 다른 분야의 연구에 더 적절할 것 같다. 그러나 신의 선물이 아니라 덕이나 어떤 학습이나 훈련에 의해 주어지는 것이라 할지라도, 행복은 가장 신성한 것들 중 하나인 것으로 생각된다. 덕에 대한 상 또는 덕의 목적은 가장 좋은 것인 동시에 모종의 신성한 것이고 복된 것이라고 여겨지기 때문이다.

행복의 조건에는 외부적인 행운이 포함된다는 점은 부정할 수 없다. 외부적인 행운이 없다면 덕에 부합되는 정신의 활동을 하는 것이 어렵기 때문이다. 다만 외부적인 행운을 얻는 것 자체가 목적이 되는 것이 아니라, 외부적인 행운이 덕에 부합되는 정신의 활동을 위한 수단이 되는 것이므로, '행복을 위해서는 외부적인 행운이 필요하다'는 것은 '행복이란 덕에 부합되는 정신의 활동이다'라는 규정에 위배되지 않는다.

이제 여기서 행복에 관한 이야기가 전환점을 맞게 된다. 즉, '행복이란 무엇인가?'라는 질문에서 '어떻게 하면 행복할 수 있는가?'라는 문제로 접어드는 것이다. 그 문제의 핵심은 물론 '어떻게 하면 덕을 갖출 수 있을 것인가'의 문제가 되겠지만 덕을 갖춘다 해도 외부적인 행운이 없다면 행복할 수 없을 것이므로 '어떻게 하면 외부적인 행운을 얻을 수 있을 것인가'의 문제 역시 생각해 보지 않을 수 없다. 그런데 여기에 난점이 있다. 외부적인 행운은 사람의 능력으로 좌우할 수 없는 것이라는 생각이 들기 때문이다.

그래서 이야기의 흐름은 '외부적인 행운은 어떤 사람에게 주어지는가?'의 문제로 전환된다. 그리고 아리스또뗄레스에게 제일 먼저 떠오른 생각은 '외부적인 행운이 신에 의해 주어지는 것인가?'라는 것이었다. 이러한 생각이 먼저 떠오른 것은, '(2) 아리스또뗄레스'에서 언급한 바와 같이 아리스또뗄레스를 포함한 당시 헬라스 사람들에게 신의 존재란 당연한 것으로 받아들여지고 있기 때문이다. 그리고 대부분의 종교에서 제시하는 신의 특성 중 하나는 인간의 운명을 좌우할 수 있는 힘을 가진다는 점이다. 따라서 외부적인 행운이 인간의 능력으로 좌우할 수 없는 어떤 것이라면, 그것은 신에 의해 결정되는 것임은 당연할 귀결일 수도 있다.

하지만 '(3) 좋은 사람'에서 기술한 바와 같이 아리스또뗄레스는 다행스럽게도 '좋은 것', 즉 행복에 관련한 논의에서 신의 좋은 것과 인간의 좋은 것을 구별하고 있다(만일 그렇지 않았더라면 나는 아리스또뗄레스와 사귀게 되지도 않았을 것이다). 따라서 아리스또뗄레스는 '외부적인 행운이 신에 의해 주어지는 것인가?'라는 질문에 대한 대답을 회피하고 있다. 하지만, 그렇다고 해서 행복이 신에 의해 좌우되지 않는다는 이야기를 하지도 않는다. 만일 아리스또뗄레스가 여기서 '행복은 신에 의해 좌우되지 않는다'고 이야기한다면, 그것은 신이 인간의 운명을 좌우하지 못한다는 이야기가 될 것이다. 따라서, 아리스또뗄레스의 대선배이신 쏘끄라떼스가 그와 비슷한 이야기를 한 이유로 사형을 당했으며, 또 다른 선배이신 아낙사고라스 역시 일종의 신성 모독을 죄목으로 아테나이에서 추방당했던 점을 감안한다면, 아리스또뗄레스가 이런 애매모호한 태도를 보이는 것을 이해할 수 있을 것 같다.

어쨌든 일단은 행운, 또는 행복이 신에 의해 좌우된다는 가능성을 배제하고 논의를 진행시킬 수 있으리라. 그렇다면 행복(또는 좁은 의미로는 행운)은 모종의 습관화나 배움을 통해 얻을 수 있는 것이거나, 혹은 운으로 (즉 무작위적으로) 주어지는 것이다. 그런데 행운이란 것이 대개의 경우 운으로 주어진다는 것은 사실상 당연한 일인 것 같다. 우리말에서나 헬라스 말에서나 '행운(헬라스 말로 에우뛰키아)'이라는 말 자체가 좋은 '운(헬라스 말로 뛰케)'이라는 의미이기 때문이다. 하지만 만일 행복이 운에 의해 좌우된다면 '어떻게 하면 행복할 수 있는가?'라는 질문 자체는 무의미해진다. 그리고 우리는 '행복이란 무엇인가?'에 대해 말할 수는 있으나, 스스로의 노력으로 행복한 사람, 즉 좋은 사람이 될 수는 없을 것이다. 이제 다음의 내용에서 그러한 생각에 반대하는 아리스또뗄레스의 이야기를 들을 수 있다.

(15) 사필귀정

[1-9-4 ~ 1-9-11] 행복은 보편적인 것인 듯하다. 어떤 장애가 있는 경우가 아니라면, 누구라도 어떤 학습이나 노력을 통해 행복을 누릴 수 있기 때문이다.

그리고 그저 운으로 행복을 누리는 것보다 학습이나 노력을 통해 행복을 누리는 것이 더 좋은 것이라면, 당연히 그러할 것이다. 왜냐하면 자연적인 것들은 가능한 한 가장 아름다운 상태에 놓이고자 하는 본성을 가지고 있으며, 마찬가지로 인공적인 것들이나 다른 과정을 통해 생겨나는 것들 모두가 그러하기 때문이다. 특히 가장 좋은 생성과정을 통해 생겨나는 것이라면 더더욱 그러하다. 만일 중요한 것, 가장 아름다운 것이 운에 좌우된다면 그것은 매우 부조리한 일이 될 것이다.

행복에 대한 우리의 규정을 통해서도 이 문제에 해답을 얻을 수 있다. 우리는 행복이 모종의 '정신의 활동'이라고 규정한 바 있다. 그 이외의 좋은 것들 중 일부는 삶에 필수불가결한 것이며, 일부는 보조적인 것들로서 도구로서의 가치를 갖는 것들이다.

이러한 결론은 처음 부분의 논의와도 일맥상통한다. 처음 부분의 논의에서 우리는 정치의 목적이 가장 좋은 것이라고 상정하였는데, 정치가 가장 큰 역점을 두어야 할 일은 국민들을 선한 사람들, 고귀한 행위들을 실천할 수 있는 사람들로 만드는 것이다.

그러므로 소나 말이나 다른 동물들에 대해 행복하다는 표현을 쓰지 않는 것은 타당한 것이다. 그들은 인간과 달리 그러한 활동을 할 수 없기 때문이다. 같은 이유로 어린아이들도 행복하지 않다. 아직 나이가 어려서 그러한 행위들을 할 수 없기 때문이다. 어린아이들이 행복하다고 표현하는 것은 실은 미래에 대한 기대 때문에 축복하는 것이다. 행복이란, 앞서 이야기했듯이, 궁극적인 덕과 평생의 시간을 필요로 하는 것이기 때문이다.

그런데 평생의 시간 동안 많은 변화와 온갖 종류의 행운과 불운이 일어나므로, 서사시에 나오는 쁘리아모스의 경우와 같이 한때 가장 번창했던 사람이 노년에 심대한 재난을 겪게 될 수도 있다. 그처럼 불운을 겪고 비참한 종말을 맞은 사람을 행복하다고 할 수는 없을 것이다.

행복이 운에 의해 좌우되는 것이 아니라는 데 대한 아리스또뗄레스의 근거는, 첫째로 누구라도 행복해질 수 있다는 점, 그리고 둘째로 만물의 본성은 좋은 쪽을 향한다는 (그리고 행복이 운에 좌우되기보다는 학습이나 노력을 통해 얻어지는 쪽이 더 좋다는) 점이다.

하지만 설득력은 약한 것 같다. 우선 누구라도 행복해질 수 있는 잠재력을 가진다는 점은 당연한 이야기이지만, 누구나 행복하지는 않은 것이 현실이다. 더 행복한 사람과 덜 행복한 사람이 있다고 생각되는 것이다. 그리고 아리스또뗄레스 자신의 행복에 대한 규정에 의거할지라도 누구나 행복하다고 할 수는 없다. 행운이 누구에게나 같은 정도로 주어지지 않는 것은 물론이거니와, '덕에 부합되는 정신의 활동' 역시 누구에게서나 볼 수 있는 것은 아니다. '누구나 행복하지는 않지만, 누구나 행복할 수 있는 잠재력을 가지고 있다'는 것만으로는 행복이 운에 좌우되지 않는다는 근거가 되기에 충분치 않다.

그리고 만물의 본성이 좋은 쪽을 향한다는 이야기에 대해서도 좀더 생각해볼 필요가 있다. 실제로 이러한 낙관론은 아리스또뗄레스 사상 전반에 짙게 물들어 있는 일종의 선입견인데 (여담이지만 공교롭게도 '아리스또뗄레스'란 이름 자체가 의미하는 바가 바로 '가장 좋은 끝', 즉 'best end'이다), 우리에게 익숙한 '사필귀정'이라는 문구를 연상케 한다. 그리고 그것은 동양 사상계에서 오래된 논쟁 중의 하나인 '성선설'과 '성악설'과도 밀접한 관계가 있는 듯하다.

결론적으로 말하자면, 사람들은 'happy ending'이나 '사필귀정'을 좋아한다. 선량한 사람이 불행해지고 악당이 득세하는 결말의 영화는 사람들의 호응을 얻지 못한다. 참이냐 거짓이냐를 떠나서 보편적인 전제라고 볼 수 있다는 것이다. 하지만 이전에도 언급했던 것처럼 참이냐 거짓이냐를 떠나면 거짓된 선입견에 빠질 위험을 안게 된다. 따라서 적어도 진리의 탐구에 있어서는 '다들 그렇게 생각한다'는 것이 판단의 근거가 되어서는 안 된다.

또한 '만물의 본성은 좋은 쪽을 향한다'는 선입견을 버린다고 해서 '만물의 본성은 나쁜 쪽을 향한다'는 고통스러운 결론을 인정해야 하는 것은 아니다. 만물의 본성은 좋은 것도 나쁜 것도 아닐 수 있다. 아니, 그보다 더 근본적으로, 만물의 본성이 좋은 것인가 나쁜 것인가 아니면 좋지도 나쁘지도 않은 것인가를 물어야 할 이유가 없다. 우리가 그러한 것을 물을 수 있는 대상은 실은 인공적인 것들에 한정된다. 인공적인 것들은 어떤 좋은 것을 위해 만들어진 것이며, 따라서 본질적으로 좋은 쪽을 향한다.

인공적인 것들을 제외하고 자연적인 것들에 논의를 국한시켜

보자. 당시에 많은 사람들이 '자연적인 것들의 본성은 좋은 쪽을 향한다'는 생각을 가진 것은 또다시 종교적인 선입견에 기인한 바가 큰 것 같다. 앞에서 '대부분의 종교에서 제시하는 신의 특성 중 하나는 인간의 운명을 좌우할 수 있는 힘을 가진다는 점이다'라고 언급한 바 있는데, 대부분의 종교에서 제시하는 신의 특성 중 또 다른 하나는 '신은 절대적으로 좋다'는 것이다. 따라서 신이 하는 어떤 일이 있다면 당연히 그것들은 좋은 일이다. 그리고 자연적인 것들은 모두 신에 의해 만들어지고 변화하는 것이므로 좋은 쪽을 향할 수밖에 없다.

하지만 근거는 박약하다 할지라도 '행복은 운에 좌우되는 것이 아니다'라는 점을 부정할 이유는 없다. 그리고 부분적으로라도 행복은 운 이외의 요소들에 의해 좌우된다는 점은 거부하기 어려운 선입견이다. 우리는 때때로 노력에 의해 행복을 얻게 되는 경험을 하기 때문이다. 그러므로 일단 여기서 우리는 '행복은 전적으로 운에 좌우되지는 않는다'라고 생각해 두자.

그리고 아리스또뗄레스 역시 행복이 부분적으로는 운에 좌우된다는 생각에는 공감하고 있는 것 같다. 마지막 대목에서 예를 들고 있는 쁘리아모스의 예가 그것을 잘 보여주고 있다. 쁘리아모스는 앞의 '(3) 좋은 사람' 뒷부분에서 인용한 호메로스의 일리아드에 나오는 인물로서, 일리온(즉, 트로이)의 왕이며 헥또르의 아버지이다. 그 사람은 누구나 부러워할 만한 훌륭한 사람이었으나 아킬레우스와 오뒤세우스를 앞세운 아가멤논의 군대에 패하여 비참한 종말을 맞이하였던 것이다.

(16) 평생의 행복

그런데 여기서 또 다른 문제가 제기된다. 쁘리아모스의 경우 실은 훌륭한 사람인 데다가 행운을 누리기도 했었다. 일리온의 왕이었으며 헥또르와 같은 훌륭한 아들을 두기도 하였던 것이다. 그리고 그렇게 삶의 대부분을 살았지만 마지막에 짧은 기간 동안 극심한 불운을 겪게 되고 말았다. 그렇다면 쁘리아모스는 행복한 사람이라고 할 수 있을까?

사실 행복에 관한 논의 전체에서 그리 중요한 문제가 아닌 듯하지만, 아리스또뗄레스는 이 문제를 진지하게 다루고 있다. 아마도 '(10) 인간의 할 일'에서 제시한 행복의 규정 말미에 나오는 '평생에 걸쳐 지속되어야 한다'는 조건에 연연하고 있는 듯하다.

> [1-10-1 ~ 1-10-8] 그렇다면 누군가가 아직 삶을 모두 마치지 않았다면 그가 행복하다고 말할 수 없는 것일까? 쏠론이 말한 것처럼 '그 끝을 보아야' 하는 것일까? 만일 그러하다면 죽고 나서야 비로소 행복할 수 있는 것일까? 그런 주장은 물론 터무니없는 것이다. 더구나 행복이 일종의 활동이라는 전제에 입각해서 볼 때 더더욱 터무니없다. 죽은 사람을 행복하다고 표현하는 대신 (쏠론 역시 그러한 의미로 이야기한 것은 아니다), 죽은 사람은 악덕과 불운의 위험에서 벗어나기 때문에 그 사람에 대해서는 복되다는 말을 안심하고 할 수 있는 것이라고 주장한다 할지라도, 이 역시 논란의 소지가 있다. 살아있는 사람에게도 좋은 일이나 나쁜 일이 자기

도 모르는 채로 일어날 수 있듯이, 죽은 사람에게도 좋은 일과 나쁜 일이 있을 수 있는 것으로 생각되기 때문이다. 예를 들면 자녀나 그 자손들에게 명예나 불명예, 또는 성공과 불운이 있을 수 있는 것이다. 그런데 여기에도 또 다른 난점이 있다. 평생 복되게 살고 인생을 마감한 어떤 사람의 자손들에게 여러 차례의 변화가 일어나서, 그들 중 일부는 선하게 살면서 그에 합당한 삶을 누리는 반면 일부는 그 반대인 경우가 있을 수 있다. 그리고 그들은 그 조상으로부터 가까운 후대의 자손일 수도 있고 먼 후대의 자손일 수도 있을 것이다. 그렇다면 그 죽은 조상 역시 자손들의 변화에 따라 어느 시기에는 행복해지고 또 다른 시기에는 비참해지게 될 터인데, 그것은 납득하기 어렵다. 하지만 그 반대로 후손들에게 일어나는 일들이 조상에게 아무런 영향이 없다고 한다면 그 역시 이상하게 생각된다.

하지만 처음에 제기되었던 문제로 되돌아가야 한다. 그 문제에 대한 논의를 통해 앞에서 언급한 난점 역시 쉽게 해결될 수 있을 것이기 때문이다. 만일 그 끝을 보아야 한다는 말이 옳고 그래서 누군가가 죽은 후에서야 그가 복 받은 사람이라고 말할 수 있는 것이라고 가정해 보자. 즉, 그가 그 시점에 복되다는 의미로서가 아니라 과거에 그가 그러했다는 의미로 복 받은 사람이라고 표현한다고 가정해 보자. 실제로 행복한 그 시기에 그 사람을 행복하다고 하는 것이 옳지 않은 것이라고 한다면, 이는 이상한 일이 아닐 수 없다. 그런데 그런 주장을 하는 사람들은, 삶의 과정에서 일어나는 많은 변화들 때문에, 그리고 행복이란 무언가 고정적인 것이고 결코 쉽게 변하지 않는 것이지만 운이란 종종 같은 사람에게서도 원을 돌 듯 변해가는 것이라고 생각하기 때문에 아직 살아있는 사람을 행복하다고 부르기를 원치 않는다. 만

> 일 우리의 삶이 운에 따르는 것이라면, 같은 사람을 한 때는 행복하다고 부르다가 나중에는 비참하다고 부르게 되는 일이 자주 있을 것이기 때문이다. 이는 행복한 사람을 카멜레온이나 모래성 같은 것으로 나타내는 셈이다.

미리 언급한 바와 같이 이 논의 전반은 아마도 행복이 평생 지속되는 어떤 것이어야 한다는 선입견 때문에 파생된 것 같다. 더구나 어떤 사람이 죽고 난 후에 그 자손이 행복한가 아닌가 여부가 그 사람의 행복을 판단하는 기준이 된다고 하는 당시 사람들의 보편적인 선입견까지 더해져서 논의를 복잡하게 만들고 있다.

하지만 우리에게는 그 두 가지 선입견 모두 당연하게 받아들여지지 않는다. 설혹 행복이 전적으로 운과 무관하다 할지라도 '덕에 부합되는 정신의 활동'이 '평생에 걸쳐 지속되어야 한다'는 조건을 충족하기는 쉽지 않을 것 같고, 또 때때로 불행했을지라도 인생의 대부분을 행복하게 보냈다면 그것으로 그 인생을 행복한 인생이라고 부르는 데 있어 충분할 것 같다. 또한 그러한 사람의 자손이 큰 불행에 빠지게 될지라도 여전히 그 사람을 '행복한 사람'이라고 부르는 데 주저함이 없을 것 같다.

다음에 제시하는 아리스또뗄레스의 장황한 이야기 역시 결론적으로는 우리가 이미 가지고 있는 생각과 별 다를 바 없다.

[1-10-9 ~ 1-11-6] 아마도 운에 따른다는 것은 완전히 틀린 말인 듯하다. 잘 산다거나 잘못 산다는 것은 운에서 그 기준을 찾을 수 없는 것이고, 다만 앞서 언급한 바와 같이 추가적으로 행운을 필요로 하는 것이다. 행복을 좌우하는 것은 덕에 부합되는 활동이며, 그 반대의 활동은 불행을 초래하는 것이다.

오히려 앞에서 논의된 내용으로부터 행복에 대한 우리의 규정이 또 다른 근거를 갖게 된다. 인간의 다양한 활동들 가운데 덕에 부합되는 활동만큼 불변성을 보이는 것은 없다. 덕에 부합되는 활동은 지식에 비해서도 더 불변적인 것이라고 생각되기 때문이다. 그리고 그 중에서도 가장 명예로운 것들이 더 불변적인 것들이다. 행복한 사람들은 다른 어떤 활동보다도 바로 그러한 활동들 속에서 살아가며, 그러한 활동들을 가장 지속적으로 행하며 살아가기 때문이다. 이것이 바로 그러한 활동들에 관련해서 망각이 생기지 않는 이유인 것 같다.

우리가 찾고자 하는 불변의 어떤 것이 행복한 사람에게 존재할 것이며, 일생에 걸쳐 존재할 것이다. 행복한 사람은 항상, 혹은 적어도 다른 어떤 것보다도 우선적으로 덕에 부합되는 것들을 행위하고 생각할 것이기 때문이다. 그리고 그는 진정으로 좋은 사람이자 '흠잡을 데 없이 반듯한' 사람으로서, 그에게 주어지는 운을 가장 고귀하게, 모든 면에서 완벽한 태도로 받아들일 수 있을 것이다.

운에 따라 일어나는 일은 다양하고 그 정도에 있어 차이가 있는데, 행운이나 불운 중에서 사소한 것들은 삶에 별 영향을 미치지 못하는 반면, 크고 반복적인 일들은 삶을 더 복되게 만들거나 (행운은 본성적으로 삶을 더 아름답게 치장하는 특성을 가진 것이며, 행운을 누리는 것은 고귀하고 훌륭한 일이 될 것이기 때문이다), 반대로 복된 삶을 억누르고 고통스럽게 만들 것임에 틀림없다. 심각한 불운은 고통을 가져다주며, 많은 활동들을 방해하기 때문이다. 하지만 크고 반복적인 불운을 무감각함이 아닌 아량과 대범함으로 잘 견뎌낸다면, 이러한 불운 속에서도 고귀함은 빛을 발하게 된다. 또한 앞서 말한 바처럼 삶의 활동들이 인생을 좌우하는 것이라면, 행복한 사람이 비참하게 되는 일은 있을 수 없을 것이다. 그러한 사람은 어떠한 경우에도 추악한 짓을 하지 않을 것이기 때문이다. 왜냐하면, 진정으로 선하고 현명한 사람은 모든 운을 적절하게 받아들이면서 주어진 것들로부터 항상 가장 고귀한 행위를 행할 것이기 때문이다. 이는 좋은 장군이 주어진 병력을 최대한 활용하고, 신발 만드는 이가 주어진 가죽으로부터 가장 좋은 신발을 만들고, 다른 모든 기예가들 역시 그러한 것과 마찬가지이다. 그러므로 행복한 사람은 결코 비참해질 수 없을 것이다. 쁘리아모스의 경우와 같은 불운을 겪게 된다면 복되다고 할 수는 없겠지만, 그렇다 해도 흔들리거나 쉽게 변하게 되지는 않을 것이다. 행복이 쉽게 박탈되지는 않을 것이며, 박탈된다 해도 아무 불운에 의해서나 그렇게 되는 것이 아니라 크고 반복되는 불운에 의해서나 가능할 것이기 때문이다. 또한 그러한 일이 일어난다면 짧은 시간 안에 다시 행복해질 수는 없겠지만 언젠가 결국 다시 행복해지게 된다면 그는 그 과정에서 크고 고귀한 일들을 성취하게 될 것이다.

그렇다면 이제 우리는 행복한 사람이란 '궁극적인 덕에 부합되는 활동을 하는 사람으로서 외부적인 좋은 것들을 충분히 갖춘 사람'이라고 할 수 있을 것이다. 그리고 아마도 그에 부가적으로, 잠시 동안이 아니라 평생 동안 그렇게 살고 또 그에 어울리는 종말을 맞이하는 사람이라고 할 수 있을 것이다. 미래는 우리에게 불확실하고, 행복은 모든 면에서 목적이며 궁극적인 것이라고 여기기 때문이다. 그렇다면 우리는 살아있는 사람들 중에서 앞에서 말한 것들이 현재 존재하고 있고 또 앞으로도 존재할 사람들을 행복하다고 말할 수 있을 것이다. 그러한 문제들에 관한 논의는 그 정도로 하기로 하자.

자손이나 친구들의 행운이나 불운이 행복에 전혀 도움 되는 바가 없다는 주장은 너무 정나미 없을 뿐 아니라 일반적인 견해들과도 상반되는 것 같다. 하지만 생길 수 있는 행운이나 불운에 여러 가지가 있고, 다양한 차이를 보이며, 그들이 영향을 미치는 정도에도 차이가 있으므로, 그들 하나하나를 구분하는 것은 부질없는 일이 될 것이다. 다만 대별해서 개략적으로 살펴봄으로 충분할 것이다. 자신의 불운 중에서도 어떤 것은 중요하고 삶에 영향을 미치지만 어떤 것은 사소한 것과 마찬가지로 친구들의 모든 불운 역시 그러하다. 그리고 그러한 사건이 살아있는 사람에 관계되는 것인지 아니면 죽은 사람에 관계되는 것인지는 큰 차이가 있다. 그 차이는 비극에서 어떤 범죄나 끔찍한 사건이 이미 벌어지고 난 상황인 경우와 극중에서 일어나는 경우의 차이보다 더 큰 것이다. 우리는 그러한 차이에 대해서 고려해 보아야 한다. 또한, 이미 죽은 사람이 어떤 좋은 것이나 나쁜 것을 누릴 수 있는지에 대해서 생각해보는 것이 아마도 더욱 중요한 문제일 것이다. 위의 논의에 근거해서 볼 때, 만일 어떤 좋은 것이나 나쁜 것이 이미 죽은 사람에게 영향을 미친다 할지라도 그것은 적어도 그 사람에게는 사소한 것이라고 생각된다. 또한 만일 사소한 것이 아니라 할지라도 그것은 행복하지 않은 사람을 행복하게 만들거나 행복한 사람으로부터 행복을 빼앗아갈 수 있는 정도의 것일 수는 없다고 생각된다. 그러므로 친구들의 행운이나 불운이 이미 죽은 사람에게 모종의 영향을 미칠 수 있기는 하지만, 그것이 행복한 사람을 행복하지 않게 만들거나 그와 비슷한 어떤 영향을 미치지는 못하는 정도인 것으로 생각된다.

(17) 칭찬과 존경

지금까지 우리는 '좋은 것이란 무엇인가?'라는 논의에서 출발해서, '행복이란 무엇인가?'라는 논의를 거쳐 왔다. 여기서 다음 논의로 넘어가기에 앞서서 아리스또뗄레스는 잠시 '행복이란 어떠한 것인가?'에 관련된 이야기를 하고 있다. 구체적으로는 행복은 '칭찬할 만한' 것인가, 아니면 '명예로운' 것인가를 따지고 있다(이 부분의 전체적인 책의 전체적인 흐름과 관련해서 그다지 중요한 문제는 아니다).

참고로, '칭찬할 만한'(헬라스 말에서 '에빠이네또스')이라는 형용사와 '명예로운'(헬라스 말에서 '띠미오스')이라는 형용사가 어떤 의미인지 미리 생각해 보는 것이 좋을 듯하다. 우리에게 익숙치 않은 형용사들이기 때문이다. 에빠이네또스는 '칭찬할 만한', 또는 '바람직한' 정도의 의미이며, 띠미오스는 '명예로운', 또는 '존경할 만한', 또는 '찬사를 보낼 만한' 정도의 의미이다. 즉, 어떤 행위 또는 상태 또는 능력에 대해 다른 사람들이 평가하는 경우에 사용하는 형용사들인 것이다.

[1-12-1 ~ 1-12-8] 그러한 문제들에 대한 논의는 그 정도로 하고, 이제 행복이 칭찬할 만한 것들에 속하는 것인지 아니면 그보다는 명예로운 것들에 속하는 것인지에 대해 살펴보자. 행복이 잠재적인 어떤 것이 아님은 분명하기 때문이다.

모든 칭찬할 만한 것은 그것이 어떤 속성을 가지고 있고 무언가에 관련해서 어떤 관계를 가지기 때문에 칭찬을 받는다. 우리가 정의로운 사람이나 용기 있는 사람이나 모든 좋은 사람과 덕을 칭찬하는 것은 어떤 행위나 결과물 때문이다. 그리고 힘이 센 사람이나 달리기를 잘하는 사람 또는 그와 비슷한 어떤 사람을 칭찬하는 것은 그들이 타고난 어떤 속성을 가지고 있고 모종의 좋고 훌륭한 것에 대해 어떤 관계를 가지기 때문이다. 신들을 칭찬하는 경우에서 이는 분명히 드러난다. 신들을 우리 인간의 기준으로 평가한다는 것은 우스운 일이라고 생각되는데, 신들을 칭찬한다는 것은 바로 그러한 것이다. 앞서 말한 바와 같이 칭찬이란 어떤 기준에 비추어 생각하는 과정을 통해 이루어지는 것이기 때문이다. 그런데 칭찬이 만일 그러한 것이라면, 가장 좋은 것들에 대해서 칭찬할 만한 것이라고 표현할 수는 없다. 그보다 뭔가 더 대단하고 더 좋은 어떤 표현을 사용해야 할 것이다. 그리고 실제로 그러한 것으로 생각되는 것이 사실이다. 사람들은 신들을 칭찬한다기보다는 행복하다거나 복되다고 표현하고, 인간 가운데 가장 신과 같은 사람들에 대해서도 복되다고 표현하는 것이다. 그리고 이는 좋은 것들에 관해서도 마찬가지이다. 정의를 칭찬하듯이 행복을 칭찬하는 사람은 없다. 행복은 뭔가 더 신성하고 더 좋은 것이라고 여기고 복되다고 표현한다.

그러한 맥락에서, 에우독소스가 쾌락을 가장 좋은 것에 포함시켰던 것은 타당한 것으로 생각된다. 그의 생각에 의하면, 쾌락이 좋은 것에 속하는 것이면서도 칭찬의 대상이 되지 않는 것은 그보다 더 우월한 것이기 때문이다. 그리고 그러한 것은 신성한 것이나 좋은 것이라고 생각하였다. 왜냐하면 신성한 것이나 좋은 것이 바로 다른 모든 것들의 기준이 되는 것이기 때문이다.

칭찬은 덕에 해당되는 것이다. 고귀한 행위가 덕에 기원하는 것이기 때문이다. 한편, 찬사는 육체적인 것이든 정신적인 것이든 간에 어떤 업적에 대한 것이다. 하지만 이에 대한 자세한 고찰은 찬사에 대해 연구하는 사람들에게 더 어울리는 것일 듯하다. 다만, 앞의 논의로부터 우리가 분명히 알 수 있는 점은 행복은 명예로운 것이며 완전한 것이라는 것이다. 그러한 점을 시사하는 또 다른 사실은 행복이 행위의 근원이라는 것이다. 즉, 우리 모두가 하는 나머지의 모든 행위들은 행복을 위한 것이고, 모든 좋은 것들의 근원이며 이유가 되는 것을 우리는 명예로운 것, 신성한 것이라고 생각한다.

결론적으로, '행복이란 덕에 부합되는 정신의 활동'이라는 규정에서 덕이란 행복을 위한 수단에 해당하는 것으로서 칭찬할 만한 것이고, 행복은 궁극적 목적으로서 명예로운 것이라는 이야기이다.

(18) 정치가와 의사

이제 '덕에 부합되는 정신의 활동'이라는 행복의 규정에 대한 좀더 자세한 논의를 전개하고자 한다. 여기서 정신에 대한 구체적인 이야기들이 시작되는데, '(11) 정신과 영혼'에서 설명한 이야기들을 상기하여야 한다. 즉, 비록 '정신', 또는 '영혼'이라고 번역되고 있긴 하지만, '쁘쉬케'는 우리가 사용하는 단어들 속에서는 적당한 번역을 찾을 수 없다. 그 단어가 지칭하는 존재에 대한 개념이 우리에게는 사실상 없기 때문이다.

> [1-13-1 ~ 1-13-8] 행복이란 궁극적인 덕에 부합되는 정신의 활동이라고 정의하였으므로, 이제 덕에 대해 살펴보아야 한다. 그럼으로써 행복에 대해서 더 잘 알 수 있을 것이기 때문이다. 진정한 정치가의 할 일로 가장 중요한 것도 바로 이에 대한 연구라고 생각된다. 진정한 정치가는 국민들을 더 좋은 사람으로 만들고 법을 잘 따르는 사람으로 만들기를 원하기 때문이다(그 예로 들 수 있는 것이 끄레따나 라께다이몬의 입법가들, 또는 그와 비슷한 다른 사람들이다). 그리고 그러한 연구 자체가 정치의 영역에 포함되는 것이라면 우리의 탐구는 처음의 방향설정에 잘 부합하는 것이 될 것임이 분명하다.
>
> 우리가 살펴보고자 하는 덕이 인간의 덕임은 분명하다. 인간의 좋은 것, 그리고 인간의 행복에 대해 탐구해 왔기 때문이다. 그리고 우리가 인간의 덕이라고 말하는 것은 육체적인

> 것이 아니라 정신적인 것이다. 또한 행복은 정신의 활동이라고 규정하고 있다. 그렇다면, 눈이나 다른 어떤 신체부위를 치료하고자 하는 의사가 그 부위에 대해 잘 알아야 하는 것과 마찬가지로, 정치가는 정신에 관해 어떤 식으로든 잘 알아야 하는 것임이 분명하다. 더욱이 의술에 비해 정치가 더 명예롭고 좋은 것이라면 정치가는 그만큼 의사에 비해 더 잘 알아야 할 것이다. 훌륭한 의사일수록 인체에 대한 연구에 많은 노력을 기울인다. 그러므로 정치가 역시 정신에 관해 잘 알아야 하며, 정치를 위해 필요한 것들을 정치를 위해 충분할 정도까지는 잘 알아야 한다. 정신에 대해 깊이 연구하는 것은 아마도 필요 이상으로 수고로운 일이 될 것이기 때문이다.

인간은 정신, 즉 쁘쉬케와 육체로 구분된다는 전제하에서, 우리가 추구하는 행복은 쁘쉬케와 관련되는 것이라면, 육체에 관련되는 것은 건강이라고 볼 수 있다. 실제로 아리스또뗄레스는 눈에 보이지 않는 쁘쉬케에 대해 이야기하기 위해서 이처럼 육체의 경우와 대비해서 비유하는 방법을 자주 사용하고 있다. 그러한 비유의 하나로서 쁘쉬케의 좋음(즉 행복)을 추구하는 것이 정치이고 육체의 좋음(즉 건강)을 추구하는 것이 의술이다.

따라서 건강을 추구하기 위해 의사가 육체에 대해 잘 알아야 하는 것과 마찬가지로 행복을 위해 정치가는 쁘쉬케에 대해 잘 알아야 한다. 다만 의사가 건강을 추구하는 데 있어서, 육체에 대한 지식뿐만 아니라 진단의 방법 또는 치료의 방법에 대한 지식 역시 필요하고 사실상 전자에 비해 후자가 더 중요한 것과 마찬가지로, 정치가에게 있어서도 쁘쉬케에 대한 연구는 일차적인 것이라고 할 수 없으므로 필요한 만큼만 해야 한다.

하지만 의사가 아닌 사람들에게는 육체에 대한 지식이 필요하지 않다거나 정치가가 아닌 사람들에게는 쁘쉬케에 대한 지식이 필요하지 않은 것은 아니다. 우리 자신이 건강하기 위해서는 육체에 대해 잘 알아야 하며, 행복하기 위해서는 쁘쉬케에 대해 잘 알아야 할 것이다. 운전은 하지만 차에 대해서는 잘 모르는 사람들이 많지만 실은 정비공만큼은 아닐지라도 차에 대해서 잘 알게 된다면 운전을 더 잘 할 수 있다. 더욱이 그 목적이 운전 같은 것이 아니라 건강이나 행복이라면 육체나 쁘쉬케에 대한 앎이 우리에게 매우 큰 도움을 주리라는 것은 의심의 여지가 없다.

또한 우리가 가진 지적인 욕구란 것도 자동차보다는 우리의 몸이나 우리의 쁘쉬케에 대해 더 많이 끌리게 된다. 우리 자신에 관한 것인 만큼 더 많은 호기심을 가지게 되는 것이다. 그래서 의술이나 정치, 또는 개인의 건강이나 행복을 위한 수단으로서가 아니더라도 육체나 쁘쉬케에 대한 탐구는 모든 학문하는 사람의 주요 관심사였다.

육체에 관련된 학문에 관해 조금 부연을 해 보고자 한다. 흔히 많은 사람들이 인간의 육체에 관한 학문을 '의학'이라고 생각하지만 좁은 의미의 의학은 앞에서 언급한 '의술'이며 그 학문의 내용은 주로 진단과 치료의 기술이다(실은 의술은 학문이라기보다는 기술이다). 실제로 인간의 육체를 주된 연구 대상으로 하는 학문은 '생리학'이라고 하는 학문분야이다. 물론 넓은 의미의 의학은 의술과 생리학을 포함하지만, 의술은 기술의 영역에 포함되는 반면 생리학은 학문의 영역에 포함되므로 그 두 가지를 묶어서 의학이라고 지칭하는 것은 바람직하지는 않은 것 같다. 우리가 흔히 노벨의학상이라고 하는 것의 원래 명칭이 노벨 생리학 및 의학상인 것도 같은 맥락이다.

한편 쁘쉬케를 대상으로 하는 학문은 심리학(psychology)이다. 그런데 앞서 '(11) 정신과 영혼'에서 이야기한 것처럼 육체와 쁘쉬케의 구분은 사실 아리스또뗄레스의 시대에도 절대적인 것은 아니었으며, 또 근래에 접어들면서는 과거에 쁘쉬케의 기능이라고 생각되었던 것들 대부분이 실은 육체의 어느 한 부분의 기능이라는 생각이 보편화되면서 그와 같은 이분법적 사고가 크게 퇴색하게 되었다. 그래서 그간 전혀 다른 대상을 탐구하는 것으로 여겨졌던 심리학과 생리학은 점차 가까워지고 있다. 심리학자들은 생리학의 기법을 도입하기 시작했으며, 생리학은 그간 깊이 다루지 못했던 뇌와 신경계의 생리에 대해 점점 깊숙이 접근하고 있다. 실제로 이미 오래 전에 파블로프가 규명한 조건반사의 이론은 생리학인 동시에 심리학이다. 그리고 정신 의학(psychiatry)이 의학의 한 분야인 것과 마찬가지로, 원론적으로 심리학은 생리학의 한 분야라고 규정할 수 있다.

그러므로 만일 '쁘쉬케는 육체와 분리되어 존재할 수는 없으나, 그렇다고 해서 몸의 일부이거나 몸의 어느 부분이 나타내는 상태나 활동을 지칭하는 것은 아니다'라고 하는 아리스또뗄레스의 선입견이 거짓된 것이라면, 즉 쁘쉬케의 활동이란 몸의 어느 부분이 나타내는 활동이라고 한다면, 정치가가 하는 일과 다른 의사들이 하는 일은 근본적으로 다르지 않을 것이다.

(19) 비이성적이지만 이성적인 부분

이제 '덕에 부합되는 정신의 활동'이라는 규정에 대한 자세한 논의로서 쁘쉬케에 대한 이야기를 전개하고자 한다. 이 이야기는 '(10) 인간의 할 일'에서 제시된 아리스또뗄레스의 이야기에서 '이성을 가진 부분'이라고 지칭한 것에 대한 자세한 설명이다.

> [1-13-9 ~ 1-13-17] 정신에 관해서 외부의 강좌들에서도 일부 충분히 논의된 바가 있으므로 그를 참조하여야 할 것이다. 그러한 것들 중 하나는, 정신의 어떤 부분은 비이성적인 것이고 어떤 부분은 이성을 가진 것이라는 것이다(이 두 부분들이 몸의 여러 부위나 기타 분할가능한 것들의 경우와 마찬가지로 나누어질 수 있는 것인지, 아니면 원의 호에서 오목한 부분과 볼록한 부분처럼 떼어내서 생각할 수 없는 속성을 가진 것인지는 현재의 논의에 상관이 없다). 비이성적인 부분 중에서 또 일부는 모든 생물에 공통된 것이고 식물에서까지도 볼 수 있는 것이다. 즉, 영양섭취나 성장의 원인이 되는 부분을 말한다. 정신의 그러한 능력은 영양섭취작용을 하는 모든 생물에 부여되는 것이며, 심지어 태아에게도 있다. 그리고 그 부분은 태아의 그것이나 완전히 성장한 개체의 그것이나 동일한 것이다. 완전히 성장한 개체에게는 어떤 다른 능력이 존재하는 것이라고 보는 것보다는 태아의 능력과 동일한 것이라고 보는 것이 더 그럴 듯하기 때문이다. 그러므로 이러한 능력에 있어서의 덕은 모든 생물에 공통적인 것이고 인간에 고유하다고 할 수 없을 것 같다. 이러한 부분과 그것의 능력은 잠

자고 있는 상태에서 가장 활발히 활동하는 것으로 생각되는데 반해, 사람이 좋은 사람인지 나쁜 사람인지는 잠자고 있을 때에 가장 덜 드러나는 것이기 때문이다(그러한 이유로 사람들은 '일생의 반에 있어서는 행복한 사람과 비참한 사람의 차이가 없다'고 말하기도 한다). 잠자고 있는 동안에는 좋고 나쁨이 없다는 것은 옳은 이야기이다. 잠이란 정신의 휴식이고, 훌륭하거나 나쁘다는 것은 정신에 근거해서 말하는 것이기 때문이다. 잠자고 있는 동안에 어떤 변화가 경미하게나마 정신에 영향을 미쳐서 이로 인해 훌륭한 사람의 심상이 다른 사람의 심상에 비해 더 좋은 것이 될 수는 있겠으나 그것은 논외의 문제이다. 하지만 이러한 문제들에 관해서는 그 정도로 하고, 영양섭취작용을 하는 부분은 제외하여야 할 것이다. 그것은 인간적인 덕에는 해당되지 않기 때문이다.

하지만 그와 다른 것으로서 정신의 비이성적인 부분이 있는데, 이것은 실제로는 이성적인 과정에 참여하고 있는 것으로 생각된다. 자기통제를 하는 사람이나 통제불능인 사람과 관련해서 우리는 그들의 이성 또는 정신 중에서 이성을 가진 부분을 칭찬한다(그것이 그 사람들을 올바르게 그리고 가장 좋은 쪽으로 이끌기 때문이다). 그런데 그들 안에는 이성에 상반되는 본성을 가진 다른 어떤 것이 있어서, 그것이 이성과 싸우고 이성에 저항하는 것으로 생각된다. 모종의 마비가 있는 사람에서 어느 신체부위를 오른쪽으로 움직이려고 하는데 그 반대로 왼쪽으로 잘못 움직여지는 경우가 있는 것과 마찬가지로, 정신에서도 그러한 일이 일어날 수가 있는 것이다. 통제불능인 사람들의 충동이 이성에 반대되는 쪽을 향하기 때문이다. 하지만 신체에서는 잘못 움직여지는 것이 눈에 보이는 데 반해서 정신에서는 그것이 보이지 않는 것이다. 그렇다 해도 정신 안에도 뭔가 이성에 어긋나는 부분이 있어서 그것이 이성에 대립하고 그에 역행한다고 보아야 할 것이다(그것이 이성을 가진 부분과 어떻게 다른가는 현재의 논의와 상관이 없다). 그러나 앞서 말한 바와 같이 그것 역시 이성적인 과정에 참여하고 있는 것으로 생각된다. 자기통제를 하는 사람의 그것은 이성에 복종하기 때문이다. 또한 절제할 줄 아는 사람이나 용기 있는 사람의 그것은 아마도 더 복종적인 것 같다. 그들에서는 모든 부분들이 이성에 공명하기 때문이다.

위의 내용 중에서 앞쪽의 이야기는 '(10) 인간의 할 일'에서 제시한 아리스또뗄레스의 이야기와 다를 바 없다. 쁘쉬케의 기능 중에서 심지어 식물에게도 존재하는 그런 것을 배제하고 이야기하자는 것이다.

여기서 만일 쁘쉬케의 여러 부분들 중에서 행위를 좌우하는 것이 '이성을 가진 부분'이라면 이야기는 간단해질 수 있다. 즉, 이성적 사고가 판단하는 것이 그대로 행위로 반영된다면, '덕에 부합되는 쁘쉬케의 활동'이란 곧 우수한 이성적 사고와 그에 동반되는 행위라고 볼 수 있게 되며, 덕이란 다름 아닌 '우수한 이성적 사고', 즉 지혜나 사리분별을 의미하는 것이 된다. 실제로 앞의 '(12) 사리분별과 지혜'에서 나타난 행복에 관한 기존의 주장들 가운데 행복이란 곧 지혜 또는 사리분별이라는 주장은 그러한 배경에서 나온 것들이며, 그와 같은 주장을 한 사람으로서 대표적인 사람은 쏘끄라떼스이다.

하지만 사람들의 행위를 실제로 살펴보면 뭔가 다른 것이 있음을 알 수 있다. 아리스또뗄레스가 예시하는 '통제불능'의 경우가 바로 그 대표적인 예이다. 즉, 사람들은 경우에 따라서 이성적으로는 'A를 행하는 것이 좋다'고 판단하면서 실제로는 A를 하지 않거나 또는 엉뚱하게 B를 행하게 된다. 담배를 끊어야겠다고 생각하지만 실제로 끊지 못한다거나, 공부를 해야겠다고 생각하는데 실제로는 술집을 향하게 된다거나 하는 경우가 있는 것이다. 따라서 늘 그러하지는 않지만 때때로 이성에 반대되는 쪽으로 행위를 유발하는 어떤 것이 쁘쉬케 속에 있다고 볼 수밖에 없다.

그것은 때때로 이성에 반대된다는 점에서 '이성을 가진 부분'이라고 지칭한 부분과는 분명 다른 어떤 것이다. 그러므로 '영양섭취의 원인이 되는 부분'과 마찬가지로 '비이성적인 부분'들 중 하나일 것이다. 그런데, 그것은 '영양섭취의 원인이 되는 부분'처럼 항상 이성과 동떨어져 있는 것은 아니다. 왜냐하면, '통제불능'의 상황이 아닌 경우에는 이성이 판단하는 것에 복종하기 때문이다. 그래서 아리스또뗄레스는 그것은 비이성적인 것이지만 '이성적인 과정에 참여한다'고 표현하고 있다.

그런데 실은 여기에 논란의 여지가 내포되어 있다. 앞서 말한 그것 (바로 다음에 이야기하겠지만, '그것'이라고 지칭하는 것은 대개의 경우 '욕망을 나타내는 부분'이다)과 '이성을 가진 부분'이 때로는 상반된 방향으로 행위를 이끌어 가고, 때로는 일치되어 같은 방향으로 행위를 이끌어간다. 그런데, 그 두 행위 유발 인자가 일치되는 경우 '그것'이 이성에 복종하는 것이라고 표현할 수 있는 것인가?

실은 다르게 생각할 수도 있다. 그것과 '이성을 가진 부분'이 상반되는데 이성에 따라 행위하는 경우 (위에서 자기통제라고 표현한 경우)는 '이성을 가진 부분'이 그것을 방해하는 것이며, 그것과 '이성을 가진 부분'이 상반되는데 그것에 따라 행위하는 경우 (위에서 통제불능이라고 표현한 경우)는 '이성을 가진 부분'이 그것을 극복하지 못한 것이라고 볼 수도 있는 것이다. 그리고 그것과 '이성을 가진 부분'이 일치하는 경우는 '이성을 가진 부분'이 그것을 방해하지 않는 것이라고 볼 수 있다. 만일 이런 식으로 생각한다면 '그것이 이성에 복종한다'는 표현은 틀린 것이 된다.

사실은 위와 같은 다른 방식의 생각이 '그것이 이성에 복종한다'는 생각에 비해 좀 더 설득력이 있는 것 같다. '그것이 이성에 복종한다'는 생각은 결과적으로 '그것 역시 이성적인 과정에 참여한다'는 생각으로 발전하였으며, 다음 이야기에서 드러나듯이 결국은 그것을 '이성을 가진 부분'에 포함시킴으로써 결과적으로 '그것은 비이성적이지만 이성적이다'라는 모순적인 결론을 제시하는 것으로 생각되기 때문이다.

(20) 윤리

다음 이야기는 첫 번째 소책의 마지막 대목이다.

> [1-13-18 ~ 1-13-20] 그러므로 비이성적인 부분 역시 다시 둘로 나누어지는 것으로 생각된다. 그 중 식물적인 부분은 이성을 전혀 공유하지 않는데 비해 다른 한 부분, 즉 욕망 혹은 일반적인 의미에서 욕구를 나타내는 부분은 이성에 귀 기울이고 복종함으로써 모종의 방식으로 이성적인 과정에 참여한다 (이러한 방식은 아버지나 친구의 말에 복종하는 것과 마찬가지이며 수학적인 추론에서 보이는 방식과는 다른 것이다). 비이성적인 부분이 모종의 방식으로 이성에 복종한다는 사실은 훈계나 모든 상과 벌에 관해 살펴봄으로써도 알 수 있다.
>
> 만일 이 부분 역시 이성을 가진 것이라고 본다면, 이성을 가진 부분을 둘로 나누어 생각할 수 있을 것이다. 그 하나는 본연의 의미로 그 자신 속에 가지고 있는 부분이며, 다른 하나는 아버지에 복종하듯이 이성에 복종하는 부분이다.
>
> 그러므로 덕 역시 이 구분에 따라 나누어 생각할 수 있다. 즉, 덕의 일부는 지적인 덕이며 다른 일부는 성격적인 덕인 것이다. 지혜나 지능, 그리고 사리분별은 지적인 덕이며, 너그러움이나 절제는 성격적인 덕이다. 성격에 관해 이야기하면서 지혜롭다거나 지능이 뛰어나다고 말하지는 않으며 온화하다거나 절제를 갖춘 사람이라고 말하기 때문이다. 하지만 지혜로운 사람 역시 그 성질을 칭찬하기도 하는데, 어떤 성

질이 칭찬할 만한 것일 때 우리는 그것을 덕이라고 말한다.

앞서 '그것'이라고 표현했던 '욕망(또는 욕구)을 나타내는 부분'이 이성에 복종한다는 표현에 관한 논란은 일단 접어 두고 아리스또뗄레스의 주장을 따라가 보자. 행위를 좌우하는 별개의 요인으로서 욕망과 이성이 있으므로 '덕에 부합되는 쁘쉬케의 활동'이라는 규정에서 쁘쉬케 속에서 이 두 부분 각각에 대한 덕을 생각할 수 있다. 즉, 앞에서 말한 것처럼 '이성을 가진 부분'의 덕은 '우수한 이성적 사고', 즉 지혜나 사리분별을 의미하는 것이 될 것이며, '욕망을 나타내는 부분'의 덕은 '이성에 잘 복종하는 것'이라고 할 수 있을 것이다.

아리스또뗄레스는 이 '욕망을 나타내는 부분'의 성질을 '성격'이라고 번역된 '에토스'라는 단어로 표현하고 있다(이 성격이라는 단어는 이전에 '(5) 정치학의 한계'에 제시된 이야기 중 '나이가 젊은 것과 성격이 미숙한 것은 다를 바가 없다'는 표현 속에서 한번 등장한 적이 있다). 여기서 '에토스' 라는 단어에 대해 자세히 알아볼 필요가 있다.

이 단어에 가장 가까운 우리말 단어는 아마도 '성격', '습성', '인성', '인격' 같은 것이 될 것 같다. 그리고 그 단어에서 기원한 이 책의 제목, 즉 '에티까'(정확하게는 '에티꼰 니꼬마케이온'이다)는 '에토스에 관한 것들'이다. 그런데 시간이 지남에 따라 이 단어의 의미가 변하여, 결과적으로 그에 해당하는 영어 단어 'ethics'는 '성격의 덕에 관한 학문'이라는 의미에 가깝게 된다. 거기에 더해서, 이 단어가 동양으로 전해지면서 '윤리학'이라고 번역된다('윤리'라는 단어는 실은 동양에서 오래 전부터 쓰이던 단어로서,

그 단어의 '윤(倫)'이라는 글자의 의미는 '삼강오륜', '인륜'이라는 단어가 예시하는 바와 같이 어떤 '해야 할 것'을 의미한다). 즉 '인간이 마땅히 해야 할 것에 관한 학문'이라는 뜻을 갖게 된 것이다. 따라서 '성격에 관한 것들'이라는 원래의 의미와는 매우 동떨어진 것이 되고 말았다.

이전에 '(2) 아리스또뗄레스'에서 '윤리학'이라는 책 제목이 책의 내용을 제대로 반영하지 못한다고 언급한 이유 중 하나가 여기에 있다. '윤리학'이라는 말 자체의 의미가 영어의 ethics와 차이가 있으며, 설혹 '윤리'라는 말의 원래 의미를 무시하고 영어의 ethics를 생각한다고 해도 아리스또뗄레스가 말하는 '에토스에 관한 것들'이라는 의미와는 거리가 있는 것이다.

그리고 '에토스에 관한 것들'이라는 원래의 제목 자체도 책의 내용을 제대로 반영한다고 보기 어려운 점이 있다. 우리가 지금까지 보아왔듯이 이 책을 포괄하는 주제는 '좋은 것', 또는 '행복'이며, 그에 대한 논의가 진행되는 과정에서 성격적인 덕과 지적인 덕이 구분되었다. 따라서 '성격에 관한 것들'이라는 제목은 책 전체를 포괄하는 주제도 아닌데다가 두 가지 큰 구분 중에서 하나만을 반영하고 있는 것이다.

여기서 우리는 우리가 흔히 사용하는 '윤리'라는 용어에 대해 반성해 볼 필요가 있다. '윤리'라는 용어가 우리에게 불러일으키는 개념은 과거 어린시절부터 '바른생활', '도덕', '국민윤리' 등과 같은 제목으로 우리가 학교나 가정에서 배워왔던 것들이다. 이것이 바로 내가 서두에 이야기하였던 '해야 할 것', 또는 '하지 말아야 할 것'의 목록에서 큰 자리를 차지하고 있는 것들이다.

돌이켜보면 그러한 '윤리'의 내용들 중에는 실은 보편적이라고 할 수 없거나 심지어 거짓된 것들도 있었다. 예를 들어 공산주의에 대한 무조건적인 적개심이나 국가권력에 대한 무조건적인 복종을 고취시키는 윤리교육은 모든 시대 모든 국가에서 볼 수 있는 것이 아니므로 보편적인 것이 아니다. 70년대 국민학교(지금의 초등학교) 교실 칠판 위에 걸려 있던 박정희 대통령의 사진이나 교실 뒤에 붙어있는 '무찌르자 공산당', '때려잡자 김일성' 등등의 표어는 불과 30년 정도밖에 지나지 않은 지금의 정서나 상식으로 볼 때 공감하기 어렵다. 그런 것들은 참된 '해야 할 것'이 아니었던 것이다.

그런 것을 제외한 윤리교육의 내용 중에는 삼강오륜 같은 동양의 윤리(ethics의 번역으로서가 아니라 서양 사상의 도입 이전부터 쓰이던 용어로서의 윤리)에 기원한 내용과 서양의 학문인 ethics에서 기원한 내용이 섞여 있었던 것 같다. 그런데 우리나라에서도 거의 모든 사회제도가 서구화되고 학문의 대부분 영역도 서구 학문이 주류로 자리 잡게 됨에 따라 윤리가 의미하는 바도 동양의 윤리보다는 ethics에 가까워졌다. 그래서 실제로 나의 '해야 할 것'의 목록에서 하나의 큰 부분은 멀리 아리스또뗄레스의 에티까에 기원을 두고 있는 ethics에 근거하고 있었던 것 같다. 내가 지향했던 '훌륭한 사람'이란 곧 ethics가 지향하는 '성격의 덕'이었던 셈이다.

한편, 나의 '해야 할 것'의 목록에서 '성격의 덕'을 제외한 또 하나의 큰 부분은 '공부'였다. 그리고 공부의 내용들도 여러 가지 다른 성질의 것들이 있었다. 그 중 하나는 생계의 수단이었다. 집에서 밥을 만드는 방법을 배우거나 학교에서 실과나 상업이나 기술 과목을 배우는 것처럼 개인의 삶의 방편으로 직접적으로 필요한 것들도 있었고, 그렇지는 않다 할지라도 대학에 들어가고 직장을 가지는 데 필요한, 그래서 결국은 생계에 필요한 것들을 조달하는데 필요한 것들도 있었다. 그리고 크게 강조된 부분은 아니었을지라도 그러한 목적이 아니라 '학문' 자체를 위해 공부해야 한다는 것들도 있었다. 그것이 바로 아리스또뗄레스가 말하는 '지적인 덕'이었다.

그리고 이제 나이 마흔에 이르러 '왜 훌륭한 사람이 되어야 하는가?'라는 질문의 답을 탐구하는 데 있어서 아리스또뗄레스의 지금까지의 이야기는 내게 많은 도움을 준다. 즉, 훌륭한 사람이 된다는 것은 성격의 덕과 지적인 덕을 갖추는 것이다. 좋은 성격을 갖추고 공부를 잘하는 것인 셈이다. 그리고 덕이란 행복의 수단이고 그 자체가 궁극의 목적이 아니다. 궁극의 목적은 행복이다. '왜 행복해야 하는가?'는 물을 필요가 없다. 행복하게 산다는 것은 모든 인간이 지향하는 목적이다. 이러한 것들을 모르고 있다가 이제 알게 되었다고 말할 만한 것은 아니지만, 그것들에 관한 앎의 깊이가 달라짐을 느낄 수 있다.

2. 아리스또뗄레스 도덕론

(21) 프롤로그: 훌륭한 사람 만들기

처음에 이야기한 것처럼, 이제는 어느 새 '하고 싶은 것'을 하고 '하고 싶지 않은 것'은 하지 않으면서 살게 되었다. 물론 늘 그러지는 못하지만 많은 경우에 있어서 그렇게 살더라도 주변에서 누군가가 비난하지 않는다. 내가 하고 싶은 것은 대개 '해야 할 것'에 포함되기 때문이다. 그리고 그러는 사이에 나 자신에게는 '해야 할 것'과 '하고 싶은 것'의 구별이 모호해지게 되었다. 내가 하는 이 일이 원래부터 '하고 싶은 것'이었던 것인지, 혹은 '해야 할 것'이었던 것인지 스스로 분간하기가 어려운 경우도 종종 있는 것이다.

그리고 그러던 중에 큰 아이가 올해 초등학교 4학년이 되었다. 나는 이 아이가 훌륭한 사람, 즉 행복한 사람이 되기를 바란다. 그래서 몇 년 전 나는 한 동안 잊고 지내던 '해야 할 것'의 목록을 다시 만들었다. 처음 내가 딸에게 준 목록은, 1) 착한 아이, 2) 건강한 아이, 3) 똑똑한 아이였다. 착함이란 남에게 피해를 주지 않는 것, 그리고 가능하다면 남에게 도움을 주는 것이라고 가르쳤다. 그리고 혹시 그것들 간에 충돌이 생길 경우에는 우선순위에 따라 판단하라고 가르쳤다.

그런데 '해야 하지만 하고 싶지는 않은 것'은 늘 있기 마련이다. 그런 경우 나는 하고 싶은 것이 거짓임을 설명하거나 해야 함이 참임을 설명해 주고 싶다. 그런데 '하고 싶음'이 거짓일 수 없는 것 같다. '춥다'고 느끼는 것과 마찬가지로 그 느낌 자체는 의심의 대상일 수 없다. 설혹 지금 많은 사람들이 춥다고 느끼지 않는다 할지라도, 설혹 실제로 기온이 30도라고 할지라도, 만일 내가 춥다고 느낀다면 그것은 의심할 필요가 없다. 그래서 나는 늘 딸아이에게 '해야 함'이 참임을 설명해 주고 싶어 한다.

그런데 여러 해가 지나면서 보니 때로는 그런 항목들이 정말로 '해야 할 것'인지 딸에게 자신 있게 말하지 못하는 경우가 생기곤 했다. 아리스또뗄레스의 이야기처럼 그렇게 해야 훌륭한 사람이 될 수 있고 훌륭한 사람이 곧 행복한 사람이라는 설명을 하곤 하지만, 왜 꼭 그렇게 해야 행복해질 수 있는지 그렇게 하지 않고도 행복해질 수 있는 것은 아닌지에 대해 나 자신이 만족할 만한 답을 얻지 못하는 경우들이 있는 것이다.

나의 의문은 '어떻게 하면 행복해질 수 있는가?'로 귀결되는 것 같다. 즉, 'A를 하면 행복해진다'고 하면 그것은 곧 A가 '해야 할 것'의 목록에 들어야 할 이유가 되는 것이다. 그리고 이제 두 번째 소책으로 넘어가면서 아리스또뗄레스의 이야기 역시 자연스럽게 '어떻게 하면 행복해질 수 있는가?'에 관한 논의로 흘러들어가고 있다.

(22) 천성과 습관

이 책(이제 이 책을 윤리학이라는 제목으로 부르지 않아도 될 것 같다) 전체를 포괄하는 주제는 '좋은 것', 또는 '행복'이고 첫 번째 소책이 끝나면서 '성격과 성격의 덕', 그리고 '이성을 가진 부분과 지적인 덕'의 두 갈레로 내용이 나뉜다. 그런데 이 책의 제목이 '에티까'이듯이 실제로 '이성을 가진 부분과 지적인 덕'을 다루는 분량은 상대적으로 매우 적고, 많은 지면이 '성격과 성격의 덕'에 할애된다(그리고 뒤에 이야기하겠지만 그 두 가지가 완전히 별개의 것은 아니어서, '지적인 덕'의 일부는 '성격의 덕'에 관련된다).

이어지는 이야기에서 성격과 성격의 덕에 관한 논의의 시작으로서 '성격은 어떻게 형성되는가?'에 관한 내용이다.

> [2-1-1 ~ 2-1-3] 덕에 두 가지, 즉 지적인 덕과 성격적인 덕이 있는데, 지적인 덕은 대부분 배움으로부터 생겨나고 또 증대된다. 따라서 경험과 시간을 요하는 것이다. 하지만 성격은 습관으로부터 파생된다(성격이라는 단어가 습관이라는 단어로부터 약간의 변형을 거쳐 생겨난 것도 같은 이유이다). 이로부터 분명히 알 수 있는 또 하나의 사실은 성격적 덕 중 어떤 것도 우리에게 자연적으로 주어지지 않는다는 것이다. 자연적으로 존재하는 것들은 어떤 것도 습관에 의해 변할 수 없기 때문이다. 그러한 예로서, 돌멩이는 자연적으로 아래로 떨어지는데 이를 습관화에 의해 위로 솟아오르도록 만들 수 없다. 누군가가 돌멩이를 수만 번 위로 던진다 해도 위로 오

> 르는 습성을 갖게 되지는 않는 것이다. 마찬가지로 불이 아래로 내려가도록 만들 수 없고, 타고난 자연적 성향을 가진 그 어떤 것도 그와 다른 성향을 습관화할 수는 없다. 그러므로 덕은 자연적으로 타고나는 것도 아니고 타고난 본성에 위배되는 것도 아니다. 우리는 그것을 획득할 수 있도록 타고나는 것이며, 습관을 통해 그것이 완성되는 것이다.

성격은 습관에 의해 형성된다는 이야기이다. 얼핏 생각하면 익숙한 이야기인 듯하지만, 실은 아리스또뗄레스는 '성격은 습관에 의해 형성된다'는 것만을 이야기하는 것이 아니라 '성격은 타고나는 것이 아니다'라는 점도 단언하고 있다.

성격을 포함해서 인간이 가진 어떤 성질이 타고나는 것, 즉 선천적인 것인가, 아니면 습관이나 다른 어떤 훈련에 의해 형성되는 것, 즉 후천적인 것이냐의 문제는 상당한 중요성을 가진다. 이와 유사한 문제가 이전에 '(14) 신성한 운명'에서 잠시 언급이 되었던 적이 있다. 그 당시의 논의에서 아리스또뗄레스는 행복이 학습이나 습관 또는 다른 어떤 훈련에 의한 것인가, 혹은 신에 의해 주어지는 것인가, 혹은 그저 운으로 주어지는 것인가의 문제를 제기하였다. 그리고 신에 의해 주어지는 것이라는 점을 간접적으로나마 부정하였고, 그 이후의 행운에 관한 논의를 통해서 그저 운으로 주어지는 것도 아니라는 결론을 제시하였다.

하지만 신에 의해 주어지거나 운에 의해 주어지는 것이 아니라고 할지라도 그것이 반드시 모종의 습관에 의해 형성된다고 결론지을 수는 없다. 즉, 선천적인 요인에 의해 좌우될 가능성을 생각해 보아야 한다. 예를 들어 밥을 많이 먹으면 뚱뚱해진다고 하는 것은 분명 사실이지만 태어날 때부터 뚱뚱한 아이도 있다.

아리스또뗄레스는 '성격은 습관에 의해 변한다', 그런데 '자연적으로 존재하는 것들은 어떤 것도 습관에 의해 변할 수 없다', 그러므로 '성격은 자연적으로 존재하는 것이 아니다'라는 추론을 하고 있다. 하지만 여기서 '자연적으로 존재하는 것은 어떤 것도 습관에 의해 변할 수 없다'는 전제는 거짓이다. 아리스또뗄레스가 그 전제의 근거로 제시한 돌이나 불의 경우에는 분명 반복적인 훈련을 통해 어떤 본성을 변화시킬 수 없지만, 생물의 경우에는 습관화를 통해 본성을 변화시킬 수 있다.

돌이나 불의 예만으로 '자연적으로 존재하는 것은 어떤 것도 습관에 의해 변할 수 없다'는 명제를 수용한 아리스또뗄레스의 착각은 다소 놀랍다. 이후의 이야기들을 보더라도 아리스또뗄레스가 습관이란 것에 대해 많은 생각을 해본 것임에 분명한데 어떻게 그 똑똑하신 분께서 이런 단순한 문제를 착각할 수 있단 말인가?

더구나 심지어 이 책 안에서도 아리스또뗄레스가 '천성이 습관에 의해 변할 수 있다'는 점을 간접적으로 암시한 부분이 있다. 다음의 이야기가 바로 그것이다.

> [7-10-4중간] 하지만 습관도 천성과 비슷한 것인 만큼, 이것 역시 변하기 어렵다. 이에 대해 에우에노스는 다음과 같이 말한다.

그것은 오랜 시간에 걸친 훈련의 결과이니, 친구여,
인간에게 있어 이것은 결국 천성이 된다네.

여기서 습관이 천성과 비슷한 것이라는 아리스또뗄레스 자신의 이야기는 '천성이 습관에 의해 변할 수 있다'는 점을 직접 암시하지는 않지만 아리스또뗄레스가 인용한 에우에노스의 '습관은 천성이 된다'는 이야기는 곧 습관에 의해 천성이 변할 수 있음을 말하는 것이다.

또한 다른 책('기억과 상기에 관하여')에서는 아리스또뗄레스 자신이 '습관은 어느덧 천성이 된다', 또는 '반복에 의해 천성이 형성된다'는 말을 하고 있다.

'자연적으로 존재하는 것은 어떤 것도 습관에 의해 변할 수 없다'는 아리스또뗄레스의 생각이 착각이었음은 의심의 여지가 없다. 그것이 착각임을 입증할 증거들은 생리학이나 심리학 교과서에 널려 있다. 원숭이도 나무에서 떨어질 때가 있으므로, 아리스또뗄레스가 그런 착각을 한 점에 대한 질책은 그만두기로 하자.

하지만 '자연적으로 존재하는 것 중 어떤 것은 습관에 의해 변할 수 있다'고 해서 그것이 곧 '성격은 자연적으로 존재한다'는 것을 의미하는 것은 아니다. '성격은 습관에 의해 변한다'는 것은 분명 사실이기 때문이다. 다만 성격이 전적으로 습관에 좌우된다고 할 수는 없다는 것이다. 그리고 우리가 보편적으로 공감하고 또 과학적으로 입증된 바와 같이 성격은 일부 자연적으로 존재한다. 즉, 성격의 일부는 선천적으로 결정되는 것이다.

실제로 아리스또뗄레스 자신도 성격은 '타고난 본성에 위배되지 않는다'는 모호한 표현을 거쳐 '우리는 그것을 획득할 수 있도록 타고나는 것이며, 습관을 통해 그것이 완성되는 것이다'라는 결론에 도달한다. 이는 성격이 한편으로는 천성에 좌우되고 다른 한편으로는 습관에 좌우된다는 결론과 크게 다르지 않다.

하지만, 성격의 일부가 선천적 요인에 의해 좌우된다 할지라도 그 부분은 지금 당장은 나의 관심사가 아니다. 나는 궁극적으로는 '어떻게 하면 행복해질 수 있는가?'를 묻고 있으며, 여기서 '좋은 성격이 어떻게 형성되는가?'를 듣고자 하므로, 어차피 습관에 의해 좌우되는 부분에 대한 이야기를 계속하고 싶기 때문이다. 하지만 후의 논의에서 선천성과 후천성의 문제에 대해 다시 생각할 기회가 주어질 것이다.

(23) 행위가 성격을 만든다

앞에서 성격은 습관에 의해 형성된다고 이야기했다. '성격은 어떻게 형성되는가?'에 관한 이야기는 계속된다.

> [2-1-4 ~ 2-1-8] 또한, 우리가 타고나는 것들의 경우, 처음부터 그들의 잠재력을 갖추고 있다가 나중에 그 실제적인 활동을 나타내게 된다(이러한 사실은 감각작용의 경우에서 분명히 드러난다. 반복적으로 보거나 듣는 과정을 거쳐서 감각을 획득하는 것이 아니기 때문이다. 실제로는 그 반대로 이미 가지고 있음으로 해서 그것을 사용하게 되는 것이지, 사용하는 과정을 통해 갖게 되는 것이 아니다). 이와 달리 덕은 먼저 그것을 행함으로써 획득하게 된다. 이는 다른 기예들의 경우와 마찬가지이다. 집을 지으면서 건축가가 되고 끼타라를 연주하면서 끼타라 연주가가 되듯이, 어떤 기예에 있어서 우리가 배워서 행해야 할 것들을 실제로 행하면서 배우게 된다. 이와 마찬가지로 정의로운 행위들을 행하면서 정의로운 사람이 되고, 절제 있는 행위를 하면서 절제를 갖춘 사람이 되며, 용감한 행위를 하면서 용기 있는 사람이 되는 것이다. 국가에서 일어나는 일을 통해서도 그 증거를 찾을 수 있다. 입법가들은 국민들에게 어떤 습관을 형성함으로써 그들을 선하게 만든다. 모든 입법가들이 원하는 바는 바로 이것이며, 이것을 제대로 달성하지 못하는 입법가는 실패한 입법가가 된다. 그리고 정치제도가 좋고 나쁨은 바로 이것에 달려 있는 것이다.
>
> 또한, 어떤 행위들로부터, 그리고 어떤 행위들을 통해 덕이 형성될 때, 바로 그런 행위들을 통해 덕이 손상되기도 한

다. 이는 기예의 경우에도 마찬가지이다. 좋은 끼타라 연주가나 나쁜 끼타라 연주가나 모두 끼타라 연주로부터 생겨나는 것이기 때문이다. 건축가나 기타 모든 기예가의 경우도 마찬가지이다. 집을 잘 짓는 행위로부터 좋은 건축가가 되고, 잘못 짓는 행위로부터 나쁜 건축가가 되는 것이다. 만일 그렇지 않다면, 가르치는 사람이 필요하지 않고, 모든 사람이 날 때부터 좋은 기예가이거나 나쁜 기예가가 될 것이다. 실제로 덕의 경우에도 이와 마찬가지이다. 사람들 상호간의 교류 속에서 일어나는 행위들을 행하는 과정을 통해 어떤 사람은 정의로운 사람이 되고 또 어떤 사람은 정의롭지 않은 사람이 되는 것이다. 또한 위험한 상황에서 일어나는 행위들을 행하는 과정에서 겁을 내거나 용감하게 행하는 것이 습관화되면서 전자의 경우에는 비겁한 사람이 되고 후자의 경우에는 용기 있는 사람이 되는 것이다. 욕망이나 분노에 관련된 행위들의 경우에도 마찬가지이다. 혹자는 절제할 줄 아는 사람 또는 온화한 사람이 되고 혹자는 무절제한 사람 또는 성을 잘 내는 사람이 되는데, 이는 모두가 그러한 상황에 대처해서 어떻게 처신하는가에 좌우되는 것이다. 한 마디로 말하자면, 유사한 행위들에 의해 그와 유사한 성질이 생겨난다. 그러므로 좋은 활동을 행해야 한다. 우리가 하는 행위들이 어떠한 것인가가 우리의 성질을 좌우하기 때문이다. 그러므로 어린 시절부터 어떻게 습관이 드는가 하는 것은 작지 않은 차이를 유발한다. 그 차이는 매우 큰 것이다. 아니, 모든 것이 거기에 달렸다고 할 수 있다.

좋은 행위를 하면 좋은 성격이 형성되고 나쁜 행위를 하면 나쁜 성격이 형성된다는 이야기다. 즉, 어떤 것이 좋은 행위인지를 반복적으로 듣는다고 해서 좋은 성격이 형성되는 것이 아니라, 어떤 행위를 반복적으로 행함으로써 그 행위의 특성과 동일한 성격이 형성된다는 것이다.

그에 이어지는 이야기는 논의 진행에 관련된 부수적인 사항들의 언급이다.

> [2-2-1 ~ 2-2-5] 현재의 우리의 탐구는 다른 탐구들처럼 앎 자체에 목적을 둔 것이 아니므로 (우리는 덕이 무엇인지를 알기 위해 탐구하는 것이 아니라 좋은 사람이 되기 위해 탐구하는 것이다. 그렇지 않다면 우리의 탐구는 아무런 쓸모가 없을 것이다), 행위에 관한 것들을 살펴보아야 한다. 즉, 어떤 행위들을 행해야 하는지를 알아보아야 하는 것이다. 앞서 말한 바와 같이, 우리가 행하는 행위들이 우리의 성질이 어떻게 될지를 좌우하기 때문이다.
>
> 올바른 이성적 판단에 부합되도록 행위해야 한다는 것은 공인된 전제로 인정하기로 하자(올바른 이성적 판단에 관련하여, 그것이 무엇이며 그것이 다른 덕들과 어떤 관계가 있는지는 다음에 이야기하게 될 것이다).
>
> 본론에 앞서서, 행위에 관한 모든 이론은 개괄적이고 부정확하게 전개될 수밖에 없다는 사실을 인정하여야 할 것이다. 서두에서 언급한 바와 같이 논의의 재료에 맞추어서 이론을 추구하여야 하는 것이다. 그런데 행위와 관련된 것들이나 이로운 것들은 고정된 것이 아니다. 건강에 좋은 것들이 그러한 것과 마찬가지이다. 전체적인 이론이 그러하다면, 개별적인 행위들에 관한 이론은 그보다 더 부정확한 것이다. 개별적인 행위들은 어떤 기술이나 전통의 영역에 포함되지 않는 것이어서, 행위를 하는 사람 자신이 항상 그때그때의 상황에

적합한 것을 생각해야 하기 때문이다. 이는 의술이나 항해술의 경우에서와 마찬가지이다. 하지만 현재의 논의가 그러한 특성의 것이라 할지라도 우리는 어떻게든 그 논의를 잘 진행될 수 있도록 노력해야 한다.

(24) 중용

앞에서 성격은 습관에 의해 형성되며, 행위에 의해 획득되는 것이라고 이야기하였다. 이제 어떤 행위가 어떤 성격을 형성하는가에 대한 구체적인 이야기를 계속하기로 하자.

> [2-2-6 ~ 2-2-9] 먼저 성격은 부족함이나 과도함에 의해 손상된다는 점을 깨달아야 한다. (눈에 보이지 않는 것을 제시하기 위해 눈에 보이는 실례들을 이용해야 하므로) 이는 체력이나 건강의 경우에서와 마찬가지이다. 과도하거나 부족한 단련이 체력을 손상시키며, 마찬가지로 음식의 과잉이나 결핍은 건강을 손상시키는 데 반해서, 그들이 균형적인 경우에는 체력이나 건강을 생성하고, 증대시키며, 또 보존한다. 절제나 용기, 그리고 다른 덕들에 있어서도 마찬가지이다. 무엇이든 회피하고 두려워하며 어떤 것도 견뎌내지 못하는 사람은 비겁한 사람이 되며, 아무것도 두려워하지 않고 어느 것에든 맞서려고 하는 사람은 만용을 부리는 사람이 된다. 마찬가지로, 모든 쾌락을 탐닉하고 어떤 쾌락도 자제하지 못하는 사람은 무절제한 사람이 되며, 촌스러운 사람들처럼 모든 쾌락을 회피하는 사람은 무감각한 사람이 된다. 절제나 용기가 과도함이나 부족함에 의해 손상되고, 중용에 의해 보존되는 것이다.
>
> 덕의 생성과 증대와 손상이 동일한 행위들을 통해서, 그리고 동일한 행위들로부터 일어날 뿐만 아니라, 덕의 활동 역시 동일한 행위들 속에서 나타나게 된다. 좀더 눈에 보이는

다른 경우들, 예를 들어 체력의 경우에도 마찬가지이다. 체력은 많은 음식을 섭취하고 많은 운동을 함으로써 생겨나는 것인데, 이러한 일들을 가장 잘 할 수 있는 사람은 바로 체력이 강한 사람이다. 덕의 경우에도 마찬가지이다. 쾌락을 자제함으로써 절제를 갖춘 사람이 되며, 절제를 갖추게 되면 쾌락을 누구보다도 잘 자제할 수 있다. 용기의 경우에도 마찬가지이다. 두려운 것들을 우습게 여기고 견뎌내는 습관을 들임으로써 용기 있는 사람이 되며, 용기 있는 사람이 되면 두려운 것들을 누구보다도 잘 견뎌낼 수 있을 것이다.

이제 구체적인 성격적 덕이 구체적으로 어떤 행위에 의해 획득되는지를 이야기하고 있다. 우선 성격이 어떠하다고 이야기함에 있어서 지금까지는 '좋은 성격'과 '나쁜 성격'의 두 가지로 도식화해서 생각해 왔다면, 이제 '나쁜 성격'을 두 가지로 구분해 볼 수 있다. 용기라는 좋은 성격에 대응되는 나쁜 성격으로 두려움이 과도한 '비겁'이 있고, 두려움이 결핍된 '만용'이 있다. 또 절제라는 좋은 성격에 대응되는 나쁜 성격으로는 쾌락의 탐닉이 과도한 '무절제'가 있고, 쾌락의 탐닉이 결핍된 '무감각'이 있다.

따라서 좋은 성격, 즉 덕은 두려움이나 쾌락의 탐닉이 과도하지도 않고 결핍되지도 않은 경우이다. 이것은 동양의 '중용' 사상과 일치하는 것이며, 실은 그저 '적당한 것이 좋다'는, 어찌 보면 평범한 일반 법칙이다. 다만 아리스또뗄레스는 성격적 덕이 예외 없이 이러한 도식에 부합된다는 점을 새삼 강조하고 있다.

하지만 그것이 비록 평범해 보일지라도, 실제로 좋은 행위를 통해 좋은 성격을 형성하고자 하는 사람이 '적당한 것이 좋다'는 것을 좌우명으로 삼는다면 상당한 도움이 된다. 아마도 그러한 '좌우명의 힘'을 경험한 사람들을 많을 것이다.

아리스또뗄레스가 앞에서 '우리의 탐구는 다른 탐구들처럼 앎 자체에 목적을 둔 것이 아니다'라고 이야기한 것이 바로 그런 점이 아닌가 싶다. 즉, 우리의 궁극적인 관심사는 어떤 성격이 좋은 성격인가를 아는 것보다는 어떻게 하면 그런 성격을 획득할 수 있는가를 아는 것이며, 또 그보다는 실제로 그런 성격을 획득하는 것이다. 그런데 우리가 잘 알다시피 '담배가 해롭다'는 것을 아는 것으로는 담배를 끊을 수 없다. 누군가가 또는 무엇인가가 담배가 나쁘다는 이야기를 계속 해주고 담배를 피우면 벌을 주고 피우지 않으면 상을 주어야 한다. 그런 방법 중 하나가 바로 '좌우명'이라는 것이다. 종이에 써서 주머니에 넣고 다니는 것이든, 기억에 써두는 것이든 간에, '적당한 것이 좋다'는 좌우명은 몰라서 써두는 것이 아니다. 우리에게 이야기를 계속 해주는 사람의 역할을 하는 것이다.

책 역시 그러하다. 아리스또뗄레스의 에티까는 학문적 탐구인 동시에 좌우명이다.

하지만 나는 아직은 좌우명으로 삼기보다는 앎 자체에 목적을 둔 것으로 이야기를 계속 들어나가고 싶다.

(25) 아빠테이아

용기는 두려움의 과도함이나 부족함을 피함으로써 획득할 수 있고, 절제는 쾌락 추구의 과도함이나 부족함을 피함으로써 획득할 수 있다. 즉, '적당한 것이 좋다'고 할 때 '적당하다'는 것의 주어, 즉 덕의 대상이 되는 것은 용기의 경우에서는 두려움이고 절제의 경우에서는 쾌락 추구이다. 그렇다면 일반적인 차원에서 덕의 대상이 되는 것들은 어떤 것들인가? 그것은 아마도 두려움이나 쾌락 추구를 포괄하는 어떤 것, 즉 쾌락과 고통인 것 같다.

아마도 아리스또뗄레스도 앞의 이야기 속에서 쾌락과 고통의 문제를 떠올린 듯하다.

> [2-3-1 ~ 2-3-6] 성격의 지표가 되는 것은 행위에 동반되는 쾌락 또는 고통이다. 육체적인 쾌락을 자제하면서 그 자체에서 즐거움을 느낀다면 그 사람은 절제를 갖춘 사람이라 할 수 있고, 반대로 싫증을 느끼는 사람은 무절제한 사람이다. 그리고 공포스러운 것을 견뎌내면서 즐거워하거나 또는 고통을 느끼지 않는 사람은 용기 있는 사람이며, 고통을 느끼는 사람은 비겁한 사람이다.
>
> 성격적인 덕은 쾌락과 고통에 관련되는 것이기 때문이다.
>
> 즉, 우리는 쾌락 때문에 사악한 행위를 하며, 고통 때문에 고귀한 행위를 하지 않게 되는 것이다. 그러므로 쁠라똔이 말한 것처럼, 어린 시절부터 즐거워해야 할 일에 즐거워하고 고통스러워해야 할 일에 고통스러워하도록 어떻게든 훈련받

아야 한다. 올바른 교육이란 바로 그러한 것이기 때문이다.

또한, 만약 덕이 행위나 감정에 관련되는 것이고, 모든 감정이나 행위에는 쾌락이나 고통이 뒤따르는 것이라면, 이러한 사실 역시 덕이 쾌락과 고통에 관련된다는 주장의 근거가 된다.

그리고 또 다른 근거로서, 징벌 역시 고통을 통해서 이루어진다. 징벌은 모종의 치료인데, 치료라는 것은 본성적으로 병증과 반대되는 것들을 통해 이루어지기 때문이다.

또한, 이전에도 말했던 바와 같이, 어떤 정신적 성질이 특정한 것들에 의해 나빠지거나 좋아지게 된다면, 그 정신적 성질은 본성적으로 바로 그러한 것들을 대상으로 하고 그러한 것들에 관련된다. 그런데 인간이 사악해지는 것은 쾌락과 고통 때문이다. 쾌락이나 고통을 추구하거나 회피함에 있어서, 해서는 안 될 것을, 또는 해서는 안 될 시점에, 또는 해서는 안 될 방식으로, 또는 다른 오류들이 논리적으로 구분될 수 있을 만한 다른 어떤 식으로 추구하거나 회피함으로 인해 사악해지는 것이다. 그러한 이유로 혹자는 덕을 모종의 무감정이나 평정이라고 규정하기도 한다. 하지만 이는 옳지 않다. 왜냐하면, 무조건적으로 표현하면서, 적절한 방식과 그렇지 않은 방식, 또는 적절한 시점, 또는 기타 그러한 조건들에 대해서 언급하지 않고 있기 때문이다.

그러므로 덕이란 쾌락이나 고통과 관련해서 가장 적절한 것들을 행할 수 있는, 그러한 성질이라고 할 수 있을 것이다. 그리고 악덕은 그 반대의 것이다.

여기서 아리스또뗄레스의 이야기는 줄거리가 다소 오락가락하는 듯한 느낌을 준다.

우선 첫 대목은 '(13) 쾌락'에서 제시된 이야기와 유사한 내용으로서 '덕을 갖춘 사람은 그 덕에 부합하는 행위를 통해 쾌락을 느낀다'고 요약할 수 있다. 다만 '(13) 쾌락'에서 제시된 이야기에서는 '덕에 부합하는 행위가 쾌락을 유발한다'는 취지였던 것에 비해 여기서는 '덕에 부합하는 행위를 통해 쾌락을 느끼는 사람이라야 그 덕을 갖춘 것이라 할 수 있다'는 취지로 생각된다.

그 다음의 이야기들은 '성격적인 덕은 쾌락이나 고통에 관련된다'고 하는 것인데, 어떻게 관련되는 것인가에 관해 몇 가지 단편적인 이야기들을 나열하고 있다. 그 이야기들의 요지는 결론적으로 '쾌락을 추구하거나 고통을 회피함으로 인해 악덕이 초래된다'는 것이라고 파악된다. 이러한 생각은 이전에 '(8) 네 가지의 좋은 것들'에서 행복은 쾌락이라는 속된 사람들의 의견에 대해 '가축의 삶'이라고 비판했던 것과 일맥상통한다.

바로 그러한 생각이, 즉 '쾌락이 악덕을 초래한다'는 생각이 역사 속에 등장하는 수많은 금욕주의자들의 가장 중요한 근거였던 것 같다. 그래서 헬라스에도 이미 그러한 주장, 즉 쾌락이나 고통의 감정을 느끼는 것이 악덕의 근원이므로 그러한 감정을 느끼지 않는 모종의 경지, 즉 아빠테이아(무감정)가 곧 덕이며 행복이라는 주장을 하는 사람들이 있었다.

이 시점에서 '쾌락'과 관련된 개념들을 정리해 보고 나서 이야기를 계속하는 것이 좋겠다. 쾌락 또는 고통은 우리가 느끼는 어떤 것이다. 그러므로 일종의 감정(감정의 백과사전적 의미는 '생활체가 어떤 행동을 할 때 생기는 주관적 동요'이다)이라고 할 수 있다.

고통과 쾌락의 가장 비근한 예는 '배고픔'과 '포만감'(배고플 때 음식을 먹음으로 해서 생기는 좋은 느낌을 '포만감'이라고 해 두자)이다. 그리고 고통은 욕망을 유발하며 쾌락은 그 욕망을 감소시킨다. 배고픔으로 인해 식욕이 생기며 포만감은 식욕을 없애는 것이다.

그렇게 생각을 정리해 보고 나서 '성격'이 어떤 정신적 요소인지를 되짚어보면, '성격적인 덕은 쾌락이나 고통과 관련된다'는 것은 당연한 귀결임을 알 수 있다. 즉, '(20) 윤리'에서 논의한 바와 같이 우리의 행위를 좌우하는 요소로서 정신 안에 '이성을 가진 부분'과 '욕망을 나타내는 부분'이 있으며 그 중 '욕망을 나타내는 부분'의 덕이 '성격적인 덕'이다. 다시 말하자면 성격적 덕의 주체는 '욕망을 나타내는 부분'인 것이다. 그런데 욕망은 고통과 쾌락에 의해 좌우된다. 따라서 성격적 덕은 쾌락이나 고통과 관련된다.

그런데 여기서 한 가지 논란의 소지가 있는 부분은, 아리스또뗄레스는 쾌락이나 고통이 일종의 감정이라기보다는 어떤 감정에 의해 쾌락이나 고통이 유발된다고 생각하고 있다는 점이다(위의 이야기에서뿐만 아니라 책의 다른 곳에서도 그러한 언급이 있다). 즉 아리스또뗄레스에 의하면 어떤 감정에 의해 쾌락이 생길 수 있다. 따라서 기쁨의 감정이 쾌락을 유발하는 것이지 기쁨이 일종의 쾌락이라고 볼 수 없는 것이다.

쾌락이나 고통이 감정의 일종인가 혹은 감정에 포함되지 않는 별개의 어떤 것인가는 '감정'이라는 용어의 개념 정의와 관련된 문제이므로 논리적으로 따져볼 문제는 아니다. 이에 대해서는

'감정'이라는 것에 대한 이야기가 나올 때 다시 논의해 보기로 하자. 다만 그와 같은 아리스또뗄레스의 선입견이 차후의 논의에 배경이 되므로 감정이라는 단어가 처음 논의에 등장한 이 시점에 언급해 두고자 할 뿐이다.

앞의 이야기로 다시 돌아가서, 덕이란 아빠테이아, 즉 무감정이라는 주장이 나름의 근거를 가지고 있다는 점에 아리스또뗄레스도 부분적으로 공감하고 있는 것 같다. 하지만 그렇다고 해서 어떤 쾌락이나 고통도 느끼지 않는 것이 바람직하다고 할 수는 없다. '(13) 쾌락'에서 이야기가 나왔듯이 아리스또뗄레스는 쾌락에 여러 종류가 있고 그 중에서 나쁜 종류의 쾌락만이 피해야 할 것이라고 생각하고 있다. 오히려 어떤 쾌락(덕에 부합하는 정신의 활동에 동반되는 쾌락)은 가장 바람직한 것이라고 생각하고 있기도 하다.

따라서 성격적 덕이란 아빠테이아가 아니라, 적절한 쾌락을 추구하는 것이거나 쾌락을 적절한 방식으로 추구하는 것이다.

(26) 선택의 세 가지 이유

쾌락과 고통의 문제가 성격적 덕의 규명과 획득에 중요한 관계를 갖는다는 점에 대해 계속 이야기가 진행된다.

> [2-3-7 ~ 2-3-11] 다음의 논의를 통해서도 그러한 사실들에 대해 분명히 알 수 있게 될 것이다.
>
> 우리로 하여금 어떤 것을 선택하게 하는 것들, 그리고 어떤 것을 회피하게 하는 것들에는 각각 세 가지가 있다. 전자는 고귀함, 이로움, 쾌락이며, 후자는 그 반대의 것들인 천박함, 해로움, 고통이다. 이들 모두에 관련해서 좋은 사람은 올바른 태도를 견지하는 반면에 나쁜 사람은 어긋난 태도를 보이는데, 특히 그 중에서도 쾌락에 관련한 경우에 두드러지게 나타난다. 쾌락은 모든 동물에 공통된 것이며, 선택에 의해 일어나는 모든 행위들에 동반되는 것이기 때문이다. 왜냐하면 고귀함이나 이로움 역시 쾌락을 주는 것이라고 생각되기 때문이다.
>
> 또한, 쾌락은 요람에서부터 우리 모두와 함께 성장해 나간다. 그러므로 이처럼 우리의 삶에 깊숙이 배어있는 쾌락을 떨쳐내기는 어렵다.
>
> 또한, 사람에 따라 정도의 차이는 있을지라도 우리는 쾌락과 고통을 근거로 우리의 행위를 조절하게 된다. 그러므로 우리의 모든 연구는 쾌락과 고통에 관련되지 않을 수 없다. 쾌락이나 고통을 잘 느끼느냐 잘못 느끼느냐의 문제는 행위에 작지 않은 영향을 미치기 때문이다.

또한, 헤라끌레이또스가 말했듯이, 분기와 싸우기보다 쾌락과 싸우는 것이 더 어렵다. 그리고 더 어려운 것들에 관해서는 항상 기예와 덕이 생겨나게 된다. 어려운 것일수록 그것을 잘 하는 것이 그 만큼 더 좋은 것이기 때문이다. 그러므로 이것이 덕과 정치에 있어서 모든 연구가 쾌락과 고통을 대상으로 삼는 또 다른 이유이다. 쾌락과 고통을 잘 통제하는 사람은 좋은 사람이 될 것이며, 그렇지 못한 사람은 나쁜 사람이 될 것이기 때문이다.

덕은 쾌락과 고통에 관련되는 것이라는 사실과 덕을 생성하는 행위들에 의해, 그것이 어떻게 일어나는가에 따라서, 때로는 덕이 증대되기도 하고 때로는 손상되기도 한다는 사실, 그리고 덕을 생성하는 행위들이 나중에 덕이 발휘되는 대상이 된다는 사실에 대해 이야기하였다.

논의에 앞서 '분기(憤氣)'라고 번역한 '튀모스'라는 단어에 대해 잠깐 설명을 해 두어야겠다. 영어로나 우리말로나 이 단어는 흔히 'anger' 또는 '분노(憤怒)'라고 번역되지만 실은 그러한 뜻에 더 적합한 헬라스 말로 '오르게'라는 단어가 있다. '튀모스'는 전형적으로 전장에서 적에게 느끼는 분노이다. 그러므로 적어도 고대인들에게는 일반적인 분노와 다른 것이며, 그에 비해 가치 있는 것이라고 생각되었다. 따라서 그것은 '사기(士氣)' 또는 'fighting spirit'이라고도 할 수 있다. 흔히 쓰이는 말은 아니지만 '분기탱천'이라는 표현 속의 '분기'가 그에 적합한 듯하여 그렇게 번역하였다.

여기서 '우리로 하여금 어떤 것을 선택하게 하는 것들'로서 쾌락이 가장 중요한 것이라는 이야기에 대해 생각해 보자. 그 당시에나 지금에나 '왜 그런 행위를 하는가?'에 대한 대답으로 제시하는 것들은 대개 '고귀함', '이로움', '쾌락'이다. 즉, 그 행위가 훌륭한 것이기 때문에 하거나, 이득이 되기 때문에 하거나, 즐거움을 주기 때문에 하는 것이다(물론 그 중 한 가지가 아니라 두 가지 또는 세 가지 모두에 해당하는 행위들도 있다).

그런데 그 중에서 '이로움'을 위한 행위는 늘 그 뒤에 어떤 궁극적인 이유가 따로 있다. 이로움의 전형적인 예는 돈의 이득인데, 앞서 '(8) 네 가지의 좋은 것들'에서 언급했던 바와 같이 미신에 사로잡힌 경우를 제외한다면 돈이란 그 자체를 위한 것이 아니라 그 돈을 매개로 해서 얻을 수 있는 다른 어떤 것을 위한 것이다. 그리고 돈으로 얻을 수 있는 것은 결국 훌륭한 것이거나 즐거운 것이다.

그렇다면 선택의 이유는 고귀함과 쾌락 두 가지로 압축될 수 있을 것이다. 그리고 이 두 가지 선택의 이유는 늘 나의 머릿속을 맴도는 두 가지 행위의 이유, 즉 '해야 할 것'과 '하고 싶은 것'에 일치한다. '해야 할 것'을 하는 것은 훌륭한 사람이 되기 위함이며 '하고 싶은 것을 하는 것'은 쾌락을 얻기 위함인 것이다.

그런데 여기서 아리스또뗄레스는 '고귀함이나 이로움 역시 쾌락을 주는 것이라고 생각된다'는 이야기를 하고 있다. 여기서 앞서 이야기한 것처럼 이로움 이야기는 빼도 될 것이라고 본다면, 결국 아리스또뗄레스는 '고귀함 역시 쾌락을 주는 것이다'라는 이야기를 하고 있는 것이며, 모든 선택의 이유는 쾌락이라고 이야기하고 있는 셈이다.

따라서 우리는 앞에서 언급한 것처럼 쾌락에 여러 종류가 있음을 다시 한 번 상기하면서, '쾌락'이라는 단어가 의미하는 바가 때에 따라 다름을 알아야 한다. 즉 앞의 '(25) 아빠테이아'에서 아리스또뗄레스가 쾌락과 고통으로 인해 악덕이 초래된다고 이야기할 때와 지금 모든 선택의 이유는 쾌락이라고 이야기할 때에 쾌락이라는 단어가 의미하는 바는 다르며, 또 이전에 '(13) 쾌락'에서 덕에 부합되는 정신의 활동에 쾌락이 동반된다고 말했을 때에 의미했던 바는 또 다른 것이다.

결국 우리의 논의는 머지않아 그 여러 종류의 쾌락에 대한 이야기로 흘러가게 될 것이다.

(27) 훌륭한 행위와 훌륭한 사람

우선 쾌락에 대한 이야기는 다음으로 미루기로 하고 성격의 형성에 관한 이야기를 계속해 보자. 지금까지의 이야기의 요지는 성격은 습관에 의해 형성되는 것이며, 덕에 부합된 행위를 함으로써 성격적 덕을 획득하게 된다는 것이었다. 그런데 여기서 '어떤 사람이 덕을 갖춘 사람인지 아닌지는 단지 행위만으로는 알 수 없다'는 점이 드러나게 된다. 다음 이야기를 들어 보자.

> [2-4-1 ~ 2-4-6] 정의로운 일을 행함으로써 정의로운 사람이 되고 절제된 행위를 행함으로써 절제를 갖춘 사람이 된다는 이야기가 어떤 의미인가에 대해 의문이 제기될 수 있을 것이다. 누군가가 정확한 문법을 구사한다거나 맞는 음악을 연주하다면 그 사람은 문법가이거나 음악가임을 의미하듯, 만일 누군가가 정의로운 행위 또는 절제된 행위를 행한다면 그것은 그가 이미 정의로운 사람 또는 절제를 갖춘 사람임을 의미하는 것이기 때문이다.
>
> 하지만, 문법이나 음악과 같은 기예에 있어서도 그러하지는 않은 것 같다. 문법가가 아닌 사람일지라도 우연하게 또는 어떤 본보기기 주어진 상황에서 정확한 문법을 구사할 수 있기 때문이다. 그가 진정으로 문법가가 되는 것은 그 자신 속에 있는 문법능력을 발휘해서 정확하게 문법을 구사할 때이다.
>
> 더욱이 기예의 경우와 덕의 경우를 같다고 할 수도 없다.

기예에 의해 만들어지는 결과물은 그 속에 덕을 간직하고 있으며, 그 결과물이 어떤 속성을 가지도록 만들어지는 것으로 충분하다. 하지만 덕에 부합되는 행위들은 그 행위 자체가 어떤 속성을 가진다는 것만으로는 그것이 정의로운 행위라거나 절제된 행위라고 할 수 없으며, 행위자가 어떤 상태에서 행위를 하는가 하는 것 또한 중요하다. 그것은 첫째로는 행위자가 자신의 행위를 알면서 하는가이며, 다음으로는 선택에 의한 행위인가 그리고 자기 자신의 선택에 의한 행위인가이며, 셋째로는 고정되어 변치 않는 어떤 성질에 의해 일어나는 행위인가이다. 이러한 문제들 가운데 알면서 하는가의 문제를 제외한 나머지는 다른 기예의 경우에서는 고려대상에 포함되지 않는다. 하지만 덕의 경우에는 알면서 하는가 여부는 기껏해야 약간의 중요성을 가질 뿐이며, 다른 두 가지의 고려사항이 거의 모든 것을 좌우하게 된다. 정의로운 행위 또는 절제된 행위를 반복적으로 행하는 것으로부터 정의나 절제가 생겨나는 것이기 때문이다. 그러므로 누군가가 하는 행위가 정의로운 사람 또는 절제를 갖춘 사람이 하는 행위들과 유사할 때, 그 행위가 정의로운 행위라거나 절제된 행위라고 말할 수 있지만, 그렇다고 해서 그 행위를 하는 사람이 정의롭다거나 절제를 갖춘 사람이라고 할 수는 없으며, 정의로운 사람이나 절제를 갖춘 사람이 행하는 방식으로 행할 때에야 비로소 그렇다고 말할 수 있다.

따라서 정의로운 행위를 함으로써 정의로운 사람이 되고 절제된 행위를 함으로써 절제를 갖춘 사람이 된다는 말은 옳다. 그리고 그러한 행위들을 하지 않는다면 누구도 좋은 사람이 될 수 없다. 하지만 대다수의 사람들은 이러한 행위들을 행하지는 않고, 탁상공론에 의지해서 스스로 철학을 한답시고 자부하고 그를 통해 훌륭한 사람이 될 것이라고 생

> 각한다. 이러한 행태는, 병든 사람이 의사들의 말을 귀 기울여 듣고서는 정작 처방 받은 것들은 하나도 따르지 않는 것과 같다. 그러므로 그러한 병자가 건강해질 수 없는 것과 마찬가지로 공허한 철학만으로 정신의 덕을 이룩할 수는 없다.

아직 문법을 모르는 사람이 우연히 문법에 맞는 문장을 구사할 수 있는 것과 마찬가지로 아직 정의롭지 못한 사람이 우연히 정의로운 행위를 할 수도 있다(그리고 이처럼 우연히 덕에 부합되는 행위를 하는 것이 바로 그 덕을 획득하는 길이다). 그러므로 누군가가 정의로운 행위를 한번 했다고 해서 그 사람을 정의로운 사람이라고 할 수 없다. 누군가가 정의롭다고 이야기할 수 있으려면 그 사람이 일관성 있게 정의로운 행위를 해야 한다.

여기서 다시 한 번 행복과 덕에 관한 아리스또뗄레스의 이상주의적인 태도를 볼 수 있다. 즉, '(16) 평생의 행복'에서도 볼 수 있었듯이, 아리스또뗄레스는 '하루의 봄날을 봄이라고 할 수 없는' 것과 마찬가지로 일시적인 어떤 것을 덕이라거나 행복이라고 부를 수 없다고 고집하고 있다.

물론 어떤 성격, 예를 들어 정의로운 성격이 충분한 시간에 걸쳐 습관화가 이루어진 후에는 그것이 '고정되어 변치 않는 성질'이 되고 그에 따라 동일한 상황에서 늘 정의로운 행위를 보이게 될 것이라고 생각할 수 있다. 한편, 아직 충분한 습관화가 이루어지지 못한 미숙한 사람의 경우에는 동일한 상황에서도 때로는 정의로운 행위를 보이고 때로는 정의롭지 못한 행위를 보일 것이다. 따라서 전자의 정의로운 행위는 후자의 정의로운 행위와 분명 다른 점이 있다. 그리고 분명 전자는 후자에 비해 진정한 의미의 정의로운 사람이라고 할 수 있다.

그런데 실제로 훌륭하다고 누구나 인정하는 사람일지라도 때로는 그 덕에 어긋나는 행위를 하는 것을 종종 보게 된다. 그리고 과연 평생에 걸쳐 한 번의 실수도 없이 늘 덕에 부합되게 행위하는 사람이 과연 있을지에 대해 의심스럽게 생각한다. 아리스또뗄레스의 자격기준이 너무 비현실적인 것은 아닐까?

덕을 갖추었다고 생각되는 사람이 그 덕에 어긋나는 행위를 하는 경우는 아마도 대개의 경우 나쁜 종류의 쾌락에 이끌리는 경우일 것이다. 이것이 바로 '(19) 비이성적이지만 이성적인 부분'에서 언급된 통제불능의 경우이다. 결국 여기서도 논의의 난점은 쾌락의 문제로 귀결되는 것 같다.

하지만 쾌락의 문제는 좀 더 뒤로 미루어두기로 했으므로 우선은 나머지 이야기들을 계속해 보자. 아리스또뗄레스는 덕에 부합된 행위가 우연한 것이 아니라고 말할 수 있으려면, 그 행위가 변치 않는 성질에 의한 것이어야 한다는 조건 이외에도, 행위자가 그 행위를 알고 행하는 것이어야 하고, 자신의 선택에 의한 것이어야 한다는 조건을 제시하고 있다. 즉, 누군가가 동일한 상황에서 항상 정의로운 행위를 보인다 할지라도 그 사람이 자신의 행위가 정의로운 것임을 알지 못한다거나 선택의 과정을 거치지 않은 것이라면 그를 정의로운 사람이라고 할 수 없다는 것이다.

그러한 관점에서 볼 때, 예를 들어 누군가가 내게 돈을 주었다 해도 만일 그 사람이 돈의 가치를 모르는 사람이라면 그것은 그 사람의 너그러움이라고 할 수 없고 따라서 칭찬할 만한 것이라고 할 수도 없다(너그러움도 일종의 성격적 덕이다). 하지만 우리는 분명 그것을 고마워할 만한 일이라고 한다. 반대로 누군가가 내게 악행을 저질렀다 해도 만일 그 사람이 모르고 한 짓이라면 그것은 악덕이라고 할 수 없고 비난할 수도 없다. 하지만 우리는 분명 그에 대해 화를 낸다. 그러므로 우리가 누군가의 행위에 대해 고마워하거나 화를 내는 것은 그 사람을 칭찬하거나 비난하는 것과는 다르다.

(28) 감정

우리는 '(25) 아빠테이아'에서 쾌락과 고통에 관해 살펴보면서 그들이 사전적인 의미의 감정에 속함에도 불구하고, 아리스또뗄레스는 그것을 감정의 일종이라고 보지 않고 있음을 지적한 바 있다. 하지만 결국은 아리스또뗄레스 역시 성격적 덕이 감정에 관련됨을 기술하고 있다.

> [2-5-1 ~ 2-5-6] 그 다음으로, 덕이란 무엇인지를 살펴보아야 한다. 정신 안에서 나타나는 상태에는 세 가지, 즉 감정과 능력과 성질이 있으므로, 덕이란 아마도 이들 세 가지 중 어느 하나일 것이다. 감정이라고 하는 것에는 욕망, 분노, 두려움, 자신감, 부러움, 기쁨, 애정, 증오, 동경, 질투, 동정이 있는데, 일반적으로 말하자면 쾌락이나 고통이 따르는 것들이다. 능력이라고 하는 것은 위와 같은 감정들을 느끼는 것이 가능케 하는 어떤 것을 말한다. 즉, 어떤 능력에 의해서 분노나 고통이나 동정을 느끼는 것이다. 그리고 성질이란 위와 같은 감정들을 '잘' 느끼거나 '잘못' 느끼는 성향을 말한다. 예를 들어 분노와 관련해서, 분노를 느끼는 것이 너무 과격하거나 너무 미약하다면 그것은 '잘못' 느끼는 성향을 가진 것인 반면, 만일 그 두 가지 극단의 중간에 해당하는 정도로 느낀다면 그것은 '잘' 느끼는 것이다. 다른 감정들의 경우에도 마찬가지이다.
>
> 그 세 가지 중에서 감정이 덕이거나 악덕일 수는 없다. 어떤 사람의 감정을 두고 그 사람이 훌륭하다거나 나쁘다고

말하지는 않지만, 어떤 사람의 덕이나 악덕에 따라서 그 사람이 훌륭하거나 나쁘다고 말하기 때문이다. 또한, 어떤 사람의 감정에 근거해서 그 사람을 칭찬하거나 비난하지는 않지만 (두려움을 느끼거나 화를 내는 것을 가지고 누군가를 칭찬하지는 않는다. 그리고 화를 내는 사람이라고 해서 무조건 비난하는 것이 아니라 어떻게 화를 내는가에 따라 비난할 수도 있고 비난하지 않을 수도 있다), 어떤 사람의 덕이나 악덕에 근거해서 그 사람을 칭찬하거나 비난한다. 또한, 우리가 화를 내거나 두려움을 느끼는 것은 선택에 따라 그렇게 하는 것이 아닌데, 덕은 모종의 선택이거나, 혹은 적어도 선택이 없이는 성립할 수 없는 것이다. 또한, 감정의 경우에는 우리가 감정에 의해 모종의 동요를 겪는다고 말하는 데 비해서, 덕이나 악덕의 경우에는 우리가 덕이나 악덕에 의해서 모종의 동요를 겪는 다기보다는 어떤 성향을 가지게 된다고 말한다. 한편, 같은 근거로 덕이 능력이 아님을 알 수 있다. 어떤 감정을 느낄 수 있다는 것만으로 누군가가 선하다거나 악하다고 말하지는 않으며, 칭찬하거나 비난하지도 않는다. 또한, 감정을 느끼는 능력은 타고나는 것이지만, 선하거나 악하게 되는 것은 타고나는 것이 아니다. 그 점에 대해서는 이전에 이야기하였다. 그러므로 만일 덕이 감정이나 능력이 아니라면, 성질이라고 보아야 할 것이다. 이로써 덕이 감정, 능력, 성질 중 어느 영역에 속하는 것인지에 대해서 이야기하였다.

성격적 덕, 즉 다르게 표현하자면 '좋은 성격'이 일종의 감정 또는 감정을 느끼는 능력이 아님은 쉽게 이해할 수 있다. 결론적으로 좋은 성격은 '감정을 잘 느끼는 성질'이라고 할 수 있겠다. 따라서 감정에 어떤 것들이 있는지에 대해 연구하는 것은 좋은 성격의 덕목들을 알아보는 데 있어 중요한 기초 자료가 될 것이다.

그런데, 감정의 종류에 대한 이론은 생각보다 다양하다. 예를 들어 우리의 전통적인 상식에서는 흔히 희(喜, 기쁨), 노(怒, 분노), 애(哀, 슬픔), 락(樂, 즐거움)을 대표적인 감정으로 꼽는데, 실제로 학문적인 차원에서는 각 이론마다 차이가 있다. 예를 들어 성리학에서 말하는 사단칠정의 일곱 가지 감정은 희(喜, 기쁨), 노(怒, 분노), 애(哀, 슬픔), 구(懼, 두려움), 애(愛, 사랑), 오(惡, 미움), 욕(慾, 욕정)이며, 한의학에서 말하는 칠정은 희(喜, 기쁨), 노(怒, 분노), 우(憂, 우울), 사(思, 생각), 비(悲, 슬픔), 경(驚, 놀람), 공(恐, 두려움)이다. 한편, 아리스또뗄레스는 여기서 욕망, 분노, 두려움, 자신감, 부러움, 기쁨, 애정, 증오, 동경, 질투, 동정의 열한 가지 감정을 열거하고 있다.

사실 감정의 종류에 관련하여 심리학이나 생리학의 영역에서 오늘날에 이르기까지도 어떤 일치된 견해를 보이지 않고 있다. 이 분야의 가장 대표적인 연구 중의 하나는 1970년대에 Ekman 등이 다양한 문화권의 사람들을 대상으로 관찰한 결과로 내놓은 것인데, 이들 연구자들은 인간의 감정은 sad(슬픔), happy(행복), disgust(혐오), surprise(놀람), anger(분노), fear(두려움)의 여섯 가지로 나눌 수 있다고 결론지었다.

한편, 최근에 들어 감정에 대한 참신한 접근은 시도한 예로서 Rolls 등이 1990년대에 제시한 이론이 있다. 즉, 감정은 일단 크게 두 가지, 즉 좋은 쪽과 나쁜 쪽으로 나눌 수 있고, 두 가지 각각에서 다시 그 감정이 인간을 각성시키는 양상에 따라 구분될 수 있다. 물론 이 견해는 다분히 이론적인 것이어서 실제로 개별적인 감정 하나하나에 대해 적용하기 어려운 점이 있는 것이 사실이지만, 감정을 분류하는 데 있어 유용한 기준을 제시하는 한 예임에는 틀림없다. 왜냐 하면, 분류라는 작업 자체가 유용한 것이 되기 위해서는 한편으로 그 분류 안에 포함된 항목들이 서로 대등하고 배타적이어야 하며, 다른 한편으로 어느 항목에도 포함되지 않는 예가 없어야 하는데, Rolls 등의 이론은 그러한 점에 있어서는 상당히 우수한 측면이 있는 것이다.

그러한 측면에서 아리스또뗄레스가 제시한 열한 가지 감정을 다시 살펴보면, 분노, 두려움, 부러움, 증오, 질투의 다섯 가지는 나쁜 쪽의 감정으로 묶을 수 있고, 욕망, 자신감(여기서 아리스또뗄레스가 말하는 자신감이란 두려움에 반대되는 감정이다), 기쁨, 애정, 동경, 동정의 여섯 가지는 좋은 쪽의 감정으로 묶을 수 있다. 즉 전자의 감정들은 그것을 느끼는 사람에게 부정적인 동요를 유발하며 결과적으로 그 대상을 회피하거나 공격하도록 하는 것인 반면, 후자는 그 반대로 긍정적인 동요를 유발하며 결과적으로 그 대상을 추구하거나 보존하도록 하는 것이다.

그렇다면 전자의 감정, 즉 '그것을 느끼는 사람에게 부정적인 동요를 유발하며 결과적으로 그 대상을 회피하거나 공격하도록 하는 감정'은 한 마디로 '고통'으로 대변되는 반면, 후자의 감정은 '쾌락'으로 대변된다. 실제로 아리스또뗄레스 역시 그러한 점에 착안하여 그러한 감정들이란 '일반적으로 말하자면 쾌락이나 고통이 따르는 것들이다'라고 기술하였다. 다만, '(25) 아빠테이아'에서 제기한 논란, 즉 '쾌락이나 고통이 일종의 감정인가, 아니면 감정 자체와 별개이면서 감정에 동반되는 것인가?'의 문제와 관련해서, 여전히 아리스또뗄레스는 그것들 자체가 쾌락이나 고통인 것이 아니라 그러한 감정에 쾌락이나 고통이 따르는 것이라고 기술하고 있다.

3. 아리스또뗄레스 쾌락론

(29) 프롤로그: 쾌락주의에 관한 오해

좋은 성격에 대한 아리스또뗄레스의 총론적 논의는 이 대목에서 일단락된다. 지금까지의 논의를 통해서 논의의 목적과 기본적인 개념 정리가 마무리되는 것이다. 그리고 이후의 논의는 주로 각각의 성격적인 덕, 즉 용기나 절제나 정의 절제 등등에 관한 각론적인 이야기가 대부분을 차지하고 있다(2권의 나머지 부분과 3권, 4권, 5권). 그리고 한 개의 소책(6권)은 지적인 덕에 대한 각론적인 이야기를 기술하고 있으며, 또 한편으로는 두 개의 소책(8권과 9권)에서 개인적인 차원의 덕이라기보다는 사회적인 차원의 덕이라 할 수 있는 우정에 관해 기술하고 있다.

하지만 '(2) 아리스또뗄레스'에서 언급한 바 있듯이, 이 책을 포함한 아리스또뗄레스의 저작 대부분이 하나의 기획의도에 맞추어 일관성 있게 쓰인 것이 아니라 후대의 편집자들이 자신의 편집의도에 따라 관련된 이야기들을 묶어낸 것으로 추정되므로 전체적인 일관성을 기대하기에는 무리가 있다. 더욱이 아리스또뗄레스 자신의 이야기들 중에도 젊은 시절의 이야기와 노년기의 이야기 사이에는 분명한 견해 차이가 있는 경우들도 있다. 따라서 다른 시기에 나온 이야기이면서 같은 주제를 다루고 있는 이야기들인 경우, 아리스또뗄레스 자신의 이야기임에도 불구하고 서로 일치되지 않는 것들도 있다.

따라서 나는 이후의 이야기들에 대해서는 선대의 편집자들의 편집의도와 무관하게 나 자신의 편집의도에 따를까 한다. 나 자신의 편집의도란 바로 '훌륭한 사람'에 대한 근본적 질문, 즉 '해야 할 것'이라고 하는 것 (결론적으로 덕, 그 중에서도 특히 성격적 덕)과 '하고 싶은 것' (결론적으로 쾌락)에 관한 질문이다.

그런데, '해야 할 것'의 목록, 즉 용기라든지 정의, 절제 등등에 관한 구체적인 분석은 나의 주된 관심사가 아니다. 그러한 내용에 관해서는 이미 오래 전부터 학교와 집에서 수없이 많은 이야기들을 들어 왔고, 그 의미에 대해 나 나름대로의 가치관을 가지고 있으며, 실제로 아리스또뗄레스의 이야기를 들어 보아도 그리 새로울 것이 없는 듯하다. 하지만 지금껏 논의해 왔던 '좋은 것', '행복', '덕'에 관한 이야기들 중에서 가장 근본적인 문제이면서 속 시원히 의문을 해소할 수 없는 부분이 있다. 즉, '하지 말아야 할 것'이면서 '하고 싶은 것'에 속하는 것들, 즉 인간이 악덕에 빠지게 되는 원인이 되는 것에 관한 부분이다. 앞에서 여러 차례 언급되었던 바와 같이 그것은 '쾌락'에 관한 것이다.

이것은 결국 '왜 하고 싶은 것을 하면 안 되는가?'의 문제가 된다. 그리고 이것은 곧 그 동안 금욕주의나 성악설을 주장한 수많은 사람들이 이야기하는 쾌락의 해악에 관한 것이다. 그런데 우리는 지금까지의 논의 속에서 그와 관련된 궁극적인 연구 과제를 파악할 수 있었다. 즉, 그 동안 여러 차례 문제가 제기되었고, '(26) 선택의 세 가지 이유'에서 결론적으로 우리의 논의가 나아가야 할 방향이라고 생각되었던 쾌락의 종류에 관한 연구가 바로 그것이다.

따라서 이제 바야흐로 이 책의 주어진 순서에서 벗어나서 그 문제에 관한 이야기를 계속해 볼까 한다.

우선 그 전에 언급해 두고 싶은 점은, 우리가 덕이나 교육이나 정치에 관해 가지고 있는 기본적인 선입견 속에서 쾌락에 여러 종류가 있다는 점이 무시되는 경우가 많다는 것이다. 즉, 우리의 선입견 속에서 쾌락은 악덕의 원인이 된다는 사실은 매우 강하고 자리 잡고 있는 반면에, 바람직한 종류의 쾌락을 추구하는 것이 진정한 의미의 행복이라는 사실은 상대적으로 무시되고 있는 것 같다. 그로 인해 '쾌락주의'라고 하는 것은 올바른 교육을 받지 못한 사람들이 가지고 있는 생각이며 퇴폐적이고 바람직하지 못한 것이라는 선입견을 가진 사람들이 많이 있다.

하지만 실제로 역사상의 쾌락주의를 살펴보면 그러한 선입견은 오해임을 쉽게 알 수 있다. 지금 우리의 논의가 흘러온 과정에서도 드러나듯이, 쾌락에 관해 연구하는 학자들은 진정한 쾌락이 어떤 것일지를 알고자 한다. 그리고 그러한 탐구의 과정에서 대개의 학자들은, 흔히 사람들이 말하는 쾌락, 예를 들어 맛있는 음식이 주는 쾌락이나 성적 쾌락 같은 것은 실은 진정한 쾌락의 아주 작은 한 부분이거나 또는 오히려 고통에 속하는 것임을 알게 된다. 따라서 많은 쾌락주의자들은 실은 대중이 보기에는 금욕주의자라고 생각하게 되기 쉽다.

반대로 금욕주의자들은 피해야 할 쾌락이 어떤 것인지를 알고자 하며, 결과적으로 그러한 쾌락들을 배제하고 나서 남은 활동들을 하게 된다. 그런데 그 결과를 보면 그들은 쾌락주의자들이 '진정한 쾌락'이라고 부르는 것들을 추구하는 셈이 되곤 한다.

따라서 쾌락주의와 금욕주의는 성선설과 성악설처럼 서로 상반되는 주장을 하는 것이 아니다. 결국은 모두가 쾌락의 종류와 바람직한 쾌락에 대해 탐구하고 있는 것이다.

(30) 서로 다른 쾌락

행복과 덕에 관한 총론적인 논의에서 아리스또뗄레스 역시 쾌락의 문제에 계속 맞닥뜨리게 되지만, 직접적으로 그 문제에 관해 심도 있는 탐구를 진행하지는 않는다. 짐작컨대 아마도 이 논의를 시작한 시점에 아리스또뗄레스 역시 대중적인 선입견, 즉 쾌락은 악덕의 근원일 뿐이라는 선입견에 사로잡혀 있었던 것 같다.

하지만 우리가 보아 왔듯이 쾌락의 종류와 바람직한 쾌락에 대한 논의 없이 행복에 관한 규정이 완성될 수는 없다. 따라서 아리스또뗄레스 역시 이후의 논의 과정에서 여러 차례 쾌락에 관해 구체적인 논의를 시도하게 된다. 크게 보면 7권에서 통제불능에 관한 논의 과정에서 (통제불능에 대해서는 '(19) 비이성적이지만 이성적인 부분'에서 언급된 바 있으며, 그 이전에 '(3) 좋은 사람'에서도 7권의 일부를 미리 소개한 적이 있다) 한 차례 쾌락을 주제로 한 이야기가 등장하며, 그 후 책의 마지막 부분인 10권에서 이 주제에 관해 다시 자세히 다루게 된다.

우선 7권에 등장하는 쾌락에 관한 이야기부터 시작해 보자. 그런데 우리는 여기서 2권의 중간에서 7권의 중간으로 뛰어넘게 되므로 그 중간의 줄거리 중 필요한 부분에 대한 사전설명을 해 두어야 할 것 같다.

앞에서 언급했듯이 성격적 덕은 감정의 과도함이나 결핍을 피하여 중용을 취하는 것이다. 그리고 감정의 과도함이나 결핍이란 결국 모종의 쾌락을 지나치게 추구하거나 모종의 고통을 지나치게 회피함을 말한다. 그러므로 그러한 의미에서 가장 전형적인 성격적 덕은 '절제'라고 할 수 있고 (절제라는 것이 모든 종류의 쾌락을 대상으로 하는 것은 아니며 실제로는 주로 식욕과 성욕과 관련해서 이야기하는 것이다), 가장 전형적인 성격적 악덕은 '무절제'라고 할 수 있다 ('(24) 중용'에서 이야기한 바 있듯이, 무절제는 모종의 쾌락을 지나치게 추구하는 경우이다. 반면에 쾌락에 대한 추구가 결핍된 것, 즉 '무감각'이라고 표현하는 것 역시 악덕이지만 그런 경우는 비교적 드물다).

그런데 다른 한편으로 '(27) 훌륭한 행위와 훌륭한 사람'에서 언급했듯이 아리스또뗄레스에게 덕을 갖춘 사람이란 단순히 덕에 부합되는 활동을 하는 사람을 의미하는 것이 아니라 스스로의 선택에 의해 그러한 활동을 하는 사람을 의미한다. 따라서 스스로의 선택에 의해서가 아니라 모르고 그런 행위를 하는 경우는 악덕이 아니라 뭔가 다른 것으로 구별해야 한다. 그래서 그처럼 모르고 쾌락을 추구하는 경우를 무절제와 구별하여 통제불능이라고 지칭하는 것이다('(3) 좋은 사람'에서 소개한 7권의 서두 부분에 그러한 내용이 포함되어 있다).

이제 통제불능의 대상이 되는 쾌락(그러니까 이것은 무절제의 대상이 되는 쾌락과 일치하는 것이다)에 대해 이야기하면서 쾌락 일반에 관한 이야기가 등장하게 된다.

> [7-4-1 ~ 7-4-4] 다음으로, 구체적인 규정 없이 통제불능인 경우가 있는 것인지 아니면 모든 통제불능이 특정한 대

상의 규정을 필요로 하는 것인지, 그리고 만일 그러한다면 어떤 대상에 대한 것인지에 대해 논의해 보아야 한다. 자기 통제와 인내, 그리고 통제불능과 연약함이 모두 쾌락과 고통에 관련되는 것임은 분명하다. 그런데 쾌락을 유발하는 것들 중 일부는 생존에 필요한 것들이고, 일부는 그 자체로서는 바람직하지만 지나친 경우가 있을 수 있는 것들이다. 즉, 육체와 관련된 것들 (예를 들면 음식에 대한 것, 성교에 대한 것, 그리고 기타 신체적인 것으로서 일반적으로 무절제나 절제의 대상이 되는 것을 말한다)은 필요한 것이다. 한편, 필요하지는 않지만 그 자체로는 바람직한 것 (예들 들면 승리, 명예, 부 등과 같이 좋은 것이면서 동시에 쾌락을 주는 것을 말한다)도 있다. 이러한 대상들 각각에 관련하여 올바른 이성적 판단에 비해 지나친 경우에 대해 우리는 단순히 통제불능이라고 표현하지 않고 그 대상을 덧붙여서 '금전에 대한 통제불능', '이익에 대한 통제불능', '명예에 대한 통제불능', '분기에 대한 통제불능'이라고 표현하지만, 일반적인 의미로는 통제불능이라고 말하지 않는다. 즉, 그것은 일반적인 의미의 통제불능과는 다른 것이고, 단지 어떤 유사성에 근거하여 동일한 표현을 사용하는 것이다. 이는, 올림픽의 승자로 유명한 안트로뽀스라는 사람에 대해 안트로뽀스라고 부르는 경우와 일반적인 의미로 안트로뽀스라는 말이 사용되는 경우는 별로 다를 바가 없는 듯하지만 실은 분명 다르다고 보아야 하는 것과 마찬가지이다 (두 가지가 다르다는 것에 대한 다른 증거도 있다. 육체적인 쾌락과 관련된 통제불능은, 대상의 규정 없는 경우이든 또는 특정한 대상에 한정되는 것이든 상관없이, 단지 실수로서가 아니라 일종의 악덕으로 간주되어 비난받는다. 하지만 앞서 말한 두 번째 부류의 대상들에 관련하는 통제불능은 악덕으로 간주되지 않는다). 절제나 무절제의 대상이 되는 육체적인 쾌락과 관련하여, 스스로의 선택에 따라 지나치게 쾌락을 추구하거나 고통(예를 들면 배고픔, 갈증, 더위, 추위, 그리고 기타 촉각과 미각의 대상 모든 것)을 회피하는 것이 아니라 선택과 이성적 판단에 반하여 그런 행위를 하는 경우에 대해 우리는 통제불능이라는 표현을 사용한다. 이러한 경우 앞서의 경우처럼 그 대상을 덧붙여서 표현하지 않고 대상에 대한 규정이 없이 단순히 통제불능이라고 표현한다(이에 대한 또다른 증거로서, 우리가 연약함이라고 표현하는 것 역시 통제불능의 경우와 마찬가지로 육체적인 대상들에 관한 것이며, 앞서의 대상들에는 사용되지 않는다). 그리고 그러한 이유로 해서 통제불능과 무절제 그리고 자기통제와 절제를 같은 대상으로 귀결시키는데, 앞서 말한 대상들 중 어떤 것도 그 대상에 포함되지 않는다. 통제불능과 무절제는 같은 종류의 쾌락과 고통에 관련되는 것이기 때문인 것이다. 그러나 그 대상은 같다 할지라도 통제불능과 무절제는 그 양상에 있어 차이를 보인다. 즉, 무절제는 스스로의 선택에 의한 것인 데 비해 통제불능은 스스로의 선택에 의한 것이 아니다. 그러므로 강렬한 욕망으로 인해 과도한 쾌락을 추구하거나 경미한 고통을 회피하는 경우에 비해 욕망이 없거나 미약함에도 불구하고 그러한 행위를 하는 경우가 무절제에 더욱 부합되는 것이라 할 수 있다. 그러한 사람들에게 어린 아이들이 보이는 종류의 욕망이나 생존에 필요한 것들이 결핍됨으로 인해 발생하는 강렬한 고통이 더해진다면 어떤 일이 벌어지겠는가?

이 긴 이야기는 실은 쾌락을 주제로 한 것은 아니며, 주로 통제불능과 무절제의 차이점을 드러내고자 한다. 즉, 무절제가 스스로의 선택에 의한 것인 만큼 분명히 악덕에 속하는 것인데 비해 통제불능은 모종의 무지로 인한 것이므로 바람직하지 않다는 점에서 마찬가지라 할지라도 구별할 필요가 있다는 것이다.

그런데 흔히 통제불능의 대상이 된다고 여겨지는 쾌락에는 무절제의 대상이 되는 육체적 쾌락뿐만 아니라 다른 것들, 즉 승리, 명예, 부 같은 것들도 있다. 다시 말하자면 과도한 승부욕, 과도한 명예욕, 과도한 금전욕 같은 것도 일반적으로 일종의 통제불능이라고 생각되는 것이다.

여기서 모든 종류의 쾌락을 한 마디로 쾌락이라고 부르는 데 문제가 있음이 드러난다. 성적 쾌락에 대한 통제불능과 과도한 승부욕은 어딘가 다른 데가 있는 것이다.

(31) 돈과 명예

그래서 여기서 줄거리에서 다소 벗어나서 쾌락에 대한 논의가 전개된다.

> [7-4-5 ~ 7-4-6] 욕망이나 쾌락 중에 일부는 고귀하고 훌륭한 종류에 속한다(앞서 언급했듯이 쾌락 중 일부는 본성적으로 바람직하고, 일부는 그 반대이며, 일부는 그 중간이다). 예를 들면 금전이나 이익, 승리, 명예에 관한 것들이 그러하다. 그러므로 이들 또는 중간인 것들과 관련하여 사람들이 비난하는 것은 그러한 쾌락을 겪는다거나 추구한다거나 좋아한다는 이유에서가 아니라 그 정도가 지나치다는 이유에서이다(그러므로 본성적으로 고귀하고 좋은 것이라 할지라도 정도에 맞지 않게 추구하는 사람들, 예를 들어 명예, 또는 자식이나 부모와 관련하여 필요 이상으로 추구하는 사람들의 경우, 비록 이들이 좋은 것에 속하고 이들을 추구하는 사람들이 칭송받는다 할지라도 어쨌거나 지나침이 있다면 그들은 비난받는다. 만일 누군가가 니오베처럼 신들에 대항하여 싸우고자 하거나 또는 싸뛰로스처럼 부모를 지나치게 좋아한다면 그는 비난받는다). 앞서 말한 이유와 같이 이들 각각은 그 자체로는 본성적으로 바람직한 것에 속하므로 이들과 관련하여 그 어떤 것도 악덕이 아니다. 그들이 지나친 경우에만 그것이 나쁘고 피해야 할 대상인 것이다. 마찬가지로 그들과 관련한 것은 '통제불능'이 아니다. 통제불능이란 피해야 할 대상일 뿐만 아니라 비난받아 마땅한 것이기 때문이다. 다만 정신 상태의 유사성에 근거하여 사람들은 통제불능이란 용어를 그들 각각에 덧붙여서 말한다. 이는 '나쁜 의사'

> 나 '나쁜 배우'라는 표현에서처럼, 그 자체에 대해서는 나쁘다고 말하지 않는 것에 대해 '나쁜'이라는 표현을 덧붙이는 것과 마찬가지이다. 이러한 경우에 그들 각각이 나쁘기 때문이 아니라 비유적인 의미에서 나쁘다고 말하는 것이다. 이러한 뜻에서, 위에 말한 대상들 중에서 절제 또는 무절제의 대상이 되는 것에 관련해서만 자기통제 또는 통제불능이라고 간주하여야 한다. 예를 들어 분기에 관련해서는 유사성에 근거하여 자기통제 또는 통제불능이라는 표현을 사용하는 것이다. 그러므로 '명예에 대한 통제불능' 또는 '금전에 대한 통제불능'과 마찬가지로 '분기에 대한 통제불능'이라는 표현을 사용한다.

욕망이나 쾌락 중 일부는 바람직하며, 일부는 비난받으며, 일부는 가치중립적이다. 바람직한 욕망에는 명예욕, 승부욕, 금전욕이 포함되며, 중립적인 욕망에는 성욕이나 식욕 같은 것들, 즉 앞에서 육체적인 쾌락이라고 표현했던 것들이 포함된다 (비난받는 쾌락에 대해서는 아직 언급이 없다).

여기서 비로소 '(25) 아빠테이아', 그리고 '(26) 선택의 세 가지 이유'에서 예고했던 쾌락의 종류에 대한 구체적인 논의가 시작된 것이다. 그리고 일반적으로 무절제의 대상이며 따라서 악덕의 근원이라고 생각되는 육체적 쾌락에 관련해서, 그것을 '바람직하지도 비난할 만한 것도 아닌', 즉 '중립적인' 것이라고 구체적으로 표현하고 있다. 이것은 아빠테이아가 곧 덕이라는 생각에 반대했던 이전의 이야기와 일맥상통한다.

한편, 아리스또뗄레스가 바람직한 종류의 쾌락이라고 표현하는 대상인 명예나 승리나 돈의 경우에는, 그러한 대상들에 대한 아리스또뗄레스의 생각에 약간의 혼란이 있는 것이 아닌가 하는 생각이 든다. 앞서 행복에 관한 논의에서 (예를 들면 '(8) 네 가지 좋은 것들') 명예나 부에 관해 그것이 진정한 '좋은 것'이 아님을 이야기하던 분위기와는 다소 다른 듯하기 때문이다. 더구나 '(13) 쾌락'에서 '덕에 부합되는 정신의 활동'에 동반되는 쾌락만이 진정한 쾌락이고 나머지의 것들은 '본성적으로 즐거운 것이 아닌 쾌락', 즉 거짓 쾌락이라고 말하고 있었던 점을 상기해 보면, 명예나 승리나 돈에 의한 쾌락을 바람직한 쾌락이라고 규정하는 것은 이해하기 어려운 면이 있는 듯하다.

아마도 아리스또뗄레스는 육체적인 쾌락과 명예나 승리에 의한 쾌락은 다른 것이며, 적어도 전자에 비해 후자가 더 나은 것이라고 생각했던 것 같다. 그래서 육체적인 쾌락이 나쁜 것이라면 명예나 승리에 의한 쾌락은 중립적인 것이고, 육체적인 쾌락이 중립적인 것이라면 명예나 승리에 의한 쾌락은 좋은 것이라고 생각했을 것이다.

하지만 그 두 가지 종류의 쾌락에 대한 생각은 견해차의 여지가 있다. 실제로 역사에 기록된 쾌락주의자 중 대표적인 사람인 에삐꾸로스 (그는 아리스또뗄레스가 죽던 해에 열 살 전후의 나이였다)는 오히려 그러한 것들에 의한 쾌락을 육체적인 쾌락에 비해서 본질적으로 열등한 것, 즉 더 피해야 할 것으로 생각하였다. 그리고 우리가 잘 알다시피 많은 현명한 사람들이 돈과 명예에 대한 욕망을 피해야 할 욕망의 첫머리에 꼽곤 했다.

어찌 되었든 그 두 종류의 쾌락들 모두 공통적으로 지나칠 경우에만 나쁜 것이며, 적당한 경우에는 적어도 중립적이거나 혹은 오히려 바람직하다는 것에는 이론의 여지가 없는 것 같다.

(32) 자연스럽지 않은 쾌락

이제 다음에서 비난받을 만한 종류의 쾌락, 즉 나쁜 종류의 쾌락에 대한 이야기가 이어진다.

> [7-5-1 ~ 7-5-8] 위에서 말한 쾌락들은 자연스러운 것들로서, 이들 중 일부는 일반적이고 일부는 동물이나 인간의 특정한 부류들에서만 나타난다. 한편, 어떤 쾌락은 자연스럽지 않은 것으로서, 이들 중 일부는 장애로 인해 생겨나며, 일부는 모종의 습관으로 인해 생겨나며, 일부는 나쁜 천성으로 인해 생겨난다. 이러한 것들 각각에 상응하는 성질을 볼 수 있다. 먼저 야만적이라는 것은, 임신부의 배를 갈라 태아를 먹어치운다고 하는 인간, 흑해 연안의 종족들 중 날고기나 인육을 탐닉한다고 하는 인간들, 공동식사에 자신들의 어린아이들을 음식으로 제공한다고 하는 인간들, 또는 팔라리스에 관해 알려진 바와 같은 그런 인간들을 말하는 것이다. 그러한 쾌락들이 야만적인 것들이다. 한편 어떤 것들은 질병으로 인해 발생하기도 한다 (또한 미침으로 인한 경우도 있다. 자신의 어머니를 신에게 제물로 바치고 그 인육을 먹은 사람이나 자신의 종의 간을 먹었다고 하는 인간의 경우가 그 예이다). 또 어떤 병적인 것들은 습관으로부터 유래하기도 한다. 예를 들면 머리카락을 잡아뜯는 행태, 손톱을 물어뜯는 행태, 석탄이나 흙을 먹는 행태, 그리고 수컷끼리의 성교가 그러하다. 이러한 자연스럽지 않은 쾌락의 원인은 어떤 경우에는 타고난 천성에 있고, 어떤 경우에는 습관에 있다. 예를 들어 어린

시절에 받은 학대로 인해 나타나는 경우가 습관에 의한 경우이다. 천성적인 원인으로 나타나는 경우, 이러한 사람들을 통제불능이라고 할 수는 없을 것이다. 이는 여자가 성교에 있어서 능동적이지 않고 수동적이라고 해서 그를 비정상이라고 할 수 없는 것과 마찬가지이다. 또한 습관으로 인해 병적인 행태를 보이는 경우에 있어서도 마찬가지로 통제불능이라고 할 수 없을 것이다.

이러한 것들을 악덕의 일종으로 포함시킬 수 없음은 야만을 악덕의 일종으로 볼 수 없는 것과 마찬가지이다. 또한 이러한 욕망을 극복하느냐 아니면 욕망에 지배당하느냐 하는 것은 일반적인 의미의 통제불능에 해당되는 것이 아니라, 유사성에 근거해서 사용되는 통제불능의 일종이다. 즉, 그러한 욕망에 대해 그 사람들이 보이는 양상은 분기에 대한 통제불능에서 보이는 양상과 유사한 것이다. 따라서 통제불능이라고 할 수는 없는 것이다. (정도의 지나침으로 인해 나타나는 다른 모든 경우, 즉 어리석음, 비겁, 무절제, 까다로움에 있어서도 일부는 야만적이고 일부는 병적이다. 천성적으로 쥐가 내는 소리에도 무서움을 느낄 정도로 겁이 많은 사람의 경우 그 비겁함은 야만적인 짐승이 갖는 비겁함과 유사한 것이며, 족제비를 무서워하는 경우는 질병에 의한 것이다. 그리고 어리석은 사람들 중에서 먼 곳에 사는 미개인들의 경우처럼 천성적으로 합리적인 추론을 할 줄 모르고 오로지 감각에만 의존하여 살아가는 사람은 야만적이라고 할 수 있으며, 간질이나 정신병을 앓는 사람들의 경우는 질병으로 인한 어리석음의 예이다.) 위와 같은 자연스럽지 않은 것들 중 일부에 있어서는 그러한 욕망을 때때로 갖게 되기는 하지만 그 욕망에 지배당하지 않는 경우도 있다. 예를 들어, 팔라리스가 어린아이를 잡아먹고 싶은 욕망 또는 변태적인 성욕을 느꼈으나 행동으로 옮기지 않았을 수도 있다. 다른 한편으로는 욕망을 가지게 될 뿐만 아니라 실제로 그 욕망에 지배당해서 행동으로 옮길 수도 있다. 그러므로 악덕 중에서 자연스러운 원인에 의한 것은 일반적인 의미의 악덕이라고 부를 수 있는 반면, 야만이나 병적인 원인에 의한 것은 '야만적' 또는 '병적'이라는 수식을 붙여서 지칭하고, 일반적인 의미의 악덕과는 구별하여야 하며, 마찬가지로 야만이나 병적인 원인에 의한 통제불능 역시 통제불능이라고 부르기는 하지만 이는 일반적인 의미의 통제불능, 즉 인간적인 무절제와 같은 맥락의 통제불능과는 구별되는 것이다.

앞의 두 가지, 즉 육체적인 쾌락과 돈이나 명예에 의한 쾌락은 자연스러운 쾌락으로 볼 수 있는 반면 일부의 쾌락, 대표적으로 변태 성욕 같은 것은 부자연스러운 것이다. 여기서 '부자연스럽다'고 표현하는 것은 드문 것을 말하는 것 같다. 즉, 자연스러운 쾌락은 인간이나 어떤 동물 종에 속하는 개체들의 대부분이 가지고 있는 것임에 비해 이러한 부자연스러운 쾌락은 매우 적은 개체들만이 추구하는 쾌락이다. 이러한 것들은 좀더 현대적인 표현으로 바꾸자면 '비정상적인' 것이라고 할 수 있다. 따라서 쾌락에 관한 일반적인 논의에서 중요한 문제라고는 할 수는 없을 것 같다.

논의의 줄거리에서 다소 벗어난 문제이긴 하지만, 여기서도 아리스또뗄레스의 생각에 이전과 다른 점 한 가지가 드러나는 것을 볼 수 있다. 즉, '(22) 천성과 습관'에서 언급하였던 아리스또뗄레스의 오류, 즉 '성격은 타고나는 것이 아니다'라고 하는 잘못된 주장에 대해 스스로 그와 상반된 실례를 제시하고 있다.

즉, 나쁜 성격 중 어떤 경우 (즉, 부자연스러운 욕망을 갖는 것)는 나쁜 천성에 기인한다는 것이다.

그래서 실제로 아리스또뗄레스는 오로지 습관에 의해 좌우된다고 이야기했던 성격적 덕에 있어서도 일부는 야만적인 요소, 즉 선천적인 요소가 있음을 언급하고 있다. 어리석음, 비겁, 무절제, 까다로움 등에 있어서도 일부는 야만적이라고 한 것이 바로 그것이다(물론 어리석음의 경우는 성격적 악덕이 아니라 지적인 악덕이라고 볼 수 있는데 아리스또뗄레스가 그것 역시 전적으로 습관에 의해 좌우된다고 한 것은 아니다).

당시의 헬라스 사람들은 그런 비정상적인 성격을 가진 사람들을 인간보다는 짐승에 가까운 존재라고 생각했다(야만적이라는 것은 바로 그런 뜻이다). 하지만, 그들이 야만인의 대표적인 예라고 보았던 소위 '미개인'들도 분명 그들과 아무런 질적인 차이가 없는 인간들이었으며 (그들이 미개인이라고 불렀던 사람들이 지금은 전세계의 문화를 주도하고 있다), 또 그러한 비정상적인 성격은 일부의 헬라스 사람들에게서도 볼 수 있는 것이었다. 따라서 그들이 모두 인간임을 인정한다면 성격의 일부가 천성에 기인한다는 점 역시 인정하지 않을 수 없다.

또한 아리스또뗄레스는 여기서 나쁜 성격 중 어떤 경우는 선천적인 것이 아니라 해도 습관이 아닌 다른 요인에 의해 생길 수 있다는 점 역시 언급하고 있다. 즉, 일부의 나쁜 성격은 질병에 의한 기인한다는 것이다. 이러한 생각은 지금 우리가 보기에는 너무도 당연한 일인 듯하지만, 그리 멀지 않은 과거까지도 마녀사냥이란 행태로 정신질환(정신질환의 일부는 아리스또뗄레스의 표현을 빌자면 병적인 원인으로 인한 성격 이상이라고 할 수 있다)을 대했던 서구의 관습을 감안하면 상당히 진보적인 발상이라고 할 수도 있을 것이다.

(33) 주인과 종

욕망과 쾌락에 관한 이야기를 계속하기에 앞서 잠시 '분기'(이 용어에 관해서는 '(26) 선택의 세 가지 이유'에서 설명한 바 있다)가 등장한다.

> [7-6-1 ~ 7-6-2중간] 분기에 대한 통제불능은 욕망에 대한 통제불능에 비해 덜 부끄러운 것이라는 점을 살펴보자. 분기는 이성에 따르기는 하되 제대로 따르지 못하는 것으로 생각된다. 이는 성미 급한 종이 주인의 명령을 다 듣기도 전에 방을 나가서 결국 명령대로 제대로 수행하지 못하는 경우, 또는 집을 지키는 개가 인기척만 듣고서는 주인의 친구인지 살펴보지도 않고 짖어대는 경우와 같은 것이다. 이와 마찬가지로 분기는 뜨겁고 성급한 성미로 인해 듣기는 하되 실제로 명령하는 바를 듣지는 못하고 복수를 향해 달려 나간다. 이성이나 심상에 의해 폭력이나 모욕이 가해졌다는 것이 분명해지면, 분기는 모종의 추론을 거쳐 이러한 것에 대해서는 맞서 싸워야 한다는 결론을 내리고서는 즉각적으로 행동을 나타낸다. 반면에 욕망은, 감각이 즐거운 것이라고 말하기만 하면, 향락을 위해 달려 나간다. 그러므로 분기는 모종의 방식으로 이성에 따르는 것인 반면, 욕망은 그렇지 않다. 따라서 분기에 비해 부끄러운 것이다. 분기에 대해 통제불능인 사람은 모종의 방식으로 이성에 의해 통제가 되는 것이라고 볼 수 있는 반면에 욕망에 대한 통제불능은 그렇지 않기 때문이다. 또한 여러 욕구 중에서도 자연스러운 욕

구에 따르는 경우가 상대적으로 덜 비난받는다. 모든 사람에게 공통적인 종류의 욕구에 대해서는 용서의 마음을 느끼게 되고 그 공통적인 정도에 비례해서 용서의 마음을 느끼게 되기 때문이다. 분기나 까다로움은 과도한 욕망이나 생존에 필요하지 않은 것에 대한 욕망에 비해 상대적으로 더 자연스러운 것이다.

앞에서도 이야기하였듯이 분기라는 것은 아리스또뗄레스에게는 다른 감정들, 예를 들어 분노나 기쁨이나 슬픔과는 조금 다른 차원으로 이해되고 있다. 실은 다른 감정들과 다르다기보다는 감정의 일종이 아니라고 생각하는 듯하다. 위에서도 나타나듯이 그 감정은 비교적 바람직한 것에 속하며, 설혹 지나친 경우에도 욕망이 지나친 경우에 비해서는 덜 나쁜 것이라고 생각된다. 이전에 그것이 '사기' 또는 'fighting spirit'와 유사한 의미라고 이야기한 바 있듯이, 요즘의 우리말 표현 중에서 그러한 의미의 '분기'와 유사한 것을 찾자면 '의협심'이나 '화이팅' 정도가 있을 것 같다.

그런데 여기서 주목할 만한 것은 행위를 좌우하는 정신의 부분들에 관한 것이다. 우선 '(19) 이성적이지만 비이성적인 부분'에서 논의된 것을 상기해 보자. 여기서 아리스또뗄레스는 행위를 좌우하는 정신의 부분으로서 '이성을 가진 부분'과 '비이성적이지만 이성에 복종하는 부분' (이것이 결국 '욕망을 나타내는 부분'임은 그 다음 이야기에서 드러난 바 있다)이 있음을 이야기한 바 있다. 그리고 우리는 욕망과 이성이 상반되는데 결국 이성에 따라 행위하게 되는 경우, 이것이 과연 욕망을 나타내는 부분이 이성을 가진 부분에 복종하는 것인지 아니면 이성이 욕망을 방해하는 것인지에 관한 의문을 제기한 바 있었다.

위의 이야기에서는 사실상 행위를 좌우하는 요인으로서 이성과 욕망 이외에 그에 대등한 또 하나의 요인인 분기를 포함시키고 있다. 그리고 분기에 의한 행위의 경우 이것은 어느 정도 이성에 따르는 것인 반면, 욕망에 의한 행위의 경우에는 이성에 전혀 따르지 않는 것이라고 구별하고 있다. 아리스또뗄레스의 비유에 의하자면 분기와 욕망은 모두 이성의 종인데 분기는 성질이 급해 주인의 이야기를 반만 듣고서 성급하게 행동에 착수하는 종이고, 욕망은 아예 주인의 이야기를 듣지 않고 제멋대로 행동하는 종인 셈이다.

그런데 욕망 중에도 바람직한 (적어도 그것이 지나치지 않은 경우에는 바람직한) 욕망도 있음을 감안한다면, 그리고 위의 이야기에서처럼 분기의 경우에는 비이성적인 것이지만 비교적 덜 나쁜 것이라고 생각할 수 있다면, 욕망과 이성의 상호관계에 대한 의문이 다시 한 번 떠오른다. 즉, 위와 달리 다음과 같이 비유할 수도 있지 않을까? '분기와 욕망과 이성은 모두 행위를 유발하는 요인으로서 세 명의 경쟁자들이다. 이성적 판단은 모종의 계산에 따라 가장 바람직하다고 판단되는 것을 추구하며, 욕망이나 분기는 각각 모종의 감각 또는 심상에 따라 가장 바람직하다고 판단되는 것을 추구한다. 그러다가 이성과 욕망, 또는 이성과 분기가 서로 다른 판단을 내세우는 경우에는 서로 싸우게 되는데

늘 어느 한 쪽이 이기는 것이 아니라 그때그때 상황에 따라 우열이 달라질 수 있다.'

실제로 위와 유사한 모델을 제시한 예로서 프로이드의 정신분석 이론을 들 수 있다. 물론 프로이드의 id, ego, superego는 욕망, 분기, 이성과는 상당히 다른 것이기는 하지만, id와 superego의 속성은 아리스또뗄레스가 말하는 욕망과 이성의 속성에 매우 흡사하다. 그런데 프로이드는 id가 superego에 복종하지 않는 것이 문제라기보다는 두 가지가 절충되지 못하는 것이 문제라는 식의 입장을 가졌다고 볼 수 있다.

그러한 문제와 관련해서 다음의 이야기를 참고할 만하다.

> [7-7-8] 한편, 통제불능에는 충동적인 경우와 나약한 경우가 있다. 나약한 경우란 어떤 것을 심사숙고하고서도 이에 따르지 못하는 경우이다. 이에 비해 충동적인 경우란 생각해 보지도 않음으로 인해 충동에 이끌리는 경우이다. 조금 전에 간지럼을 당한 사람은 다시 간지럼을 타지 않는 것과 마찬가지로, 일부 사람들은, 미리 감지하고서 자기 자신의 이성적 판단을 일깨우고 있는 상태에서는 쾌락이나 고통의 충동에 지배당하지 않기 때문이다. 성급한 사람이나 흑담질의 사람이 충동적인 유형의 통제불능의 가장 대표적인 경우이다. 성급한 사람은 그 급한 성질 때문에, 그리고 흑담질의 사람은 너무 열성적인 탓에 이성적 판단을 견지하지 못한다. 흑담질의 사람들은 환상에 휩쓸리기 때문이다.

'(30) 서로 다른 쾌락'에서 미리 설명한 바 있듯이 아리스또뗄레스에게 있어서 통제불능은 모종의 무지로 인한 것, 즉 이성적 판단이 제대로 되지 못한 결과로 욕망이 이성 대신 행위를 좌우하는 것이다. 그런데 위 이야기에 이르러서는 그와는 다소 다른 생각이 드러나고 있다. 즉, 이성적 판단이 이루어지지만 그에 따르지 못하는 경우가 있음을 언급하고 있는 것이다. 이는 이성적 판단이 이루어졌음에도 불구하고 욕망에 따라 행위하는 경우를 말하는 것이며, 이성과 욕망이 주인과 종의 관계라기보다는 대등한 경쟁자의 관계임을 암시한다고 볼 수도 있다.

한편 흑담질의 언급은 또 다른 의미에서 주목할 만한 점이 있다. 흑담질이란 말은 지금까지도 흔히 인용되는 헬라스 생리학 이론 중의 한 대목이다. 즉, 흔히 사체액설이라고 알려진 이 이론은, 인체에는 혈액, 점액, 담즙, 흑담즙의 네 체액이 있으며 그 중 어느 하나가 우세함에 따라 성격이나 체질이 결정된다는 생각이다(비록 원래의 뜻과는 매우 다른 것들이기는 하지만, 우리가 흔히 쓰는 다혈질이라는 표현이나 영어의 melancholy, 즉 흑담질이라는 표현은 모두 이러한 근원에서 유래한 것이다).

여기서 아리스또뗄레스는 그와 같은 생리학, 즉 자연학적인 이론을 결부시켜 설명하고 있는데, 이러한 태도는 '(18) 정치가와 의사'에서, 덕에 관해 탐구하기 위해 '영혼에 관한 연구'(결국 생리학을 의미한다)가 필요하다고 이야기했던 것과 일맥상통한다. 하지만 이전의 논의들 속에서 실제로 생리학적 이론을 적용했던 예를 찾기 어렵다는 점을 감안한다면 이러한 접근 방법의 변화는 주목할 만한 것이라고 볼 수 있다.

(34) 형이상학과 철학

'(29) 쾌락주의에 관한 오해'에서 간단히 소개한 바 있듯이, 이 책 전체의 구성은 총론에 해당하는 1, 2권 이후에 각론에 해당하는 3, 4, 5, 6권이 이어지고 7권에서는 일반적인 덕과 악덕에 비해 성질이 약간 다른 것인 자기통제와 통제불능에 대해 다루고 있다. 이러한 구성이 아리스또뗄레스 자신의 의도이든 혹은 후대의 편집자의 의도이든 간에 이 일곱 소책의 구성은 나름대로의 일관성이 있다. 그리고 여러 정황 근거로 볼 때 7권은 적어도 1, 2권에 비해서는 나중에 쓰인 것으로 보인다.

그런데 7권의 뒷부분에 이르러서 쾌락 자체를 대상으로 한 논의가 시작된다(쾌락이 논의의 주제가 되는 것은 책 전체에서 이 부분이 최초이다). 일찍이 '(8) 네 가지의 좋은 것들'에서 쾌락의 문제가 대두된 것을 감안할 때, 이 주제에 관해 7권의 말미에 이르러서야 본격적인 논의가 시작되는 것은 일면 의아하게 생각되기도 한다. 하지만 처음에 쾌락에 대해 아리스또뗄레스가 보였던 부정적인 선입견과 이후의 논의에서 쾌락에 대한 견해가 다소 수정되는 듯한 과정이 있었음을 감안할 때, 아마도 이 주제에 대한 본격적인 논의는 처음의 기획의도에 없다가 새로이 추가된 것이 아닌가 생각된다.

그래서 실제로 이야기를 들어 보면, 마치 중간의 내용을 무시하고 '(8) 네 가지의 좋은 것들'에서 제시된 이야기 전후에서 새로이 이야기를 시작하는 듯한 분위기를 느끼게 한다.

[7-11-1 ~ 7-11-5] 쾌락과 고통에 대해 알아보는 것도 정치학을 하는 학자들의 일들 가운데 하나이다. 개별적인 사물의 선악을 판단하는 데 기준이 되는 '목적'을 설정하는 것이 바로 이들 학자들의 몫이기 때문이다. 또한 쾌락과 고통에 대한 연구는 꼭 필요한 것들 중의 하나이기도 하다. 왜냐하면, 성격적인 덕과 악덕이 쾌락과 고통에 연관된 것임을 우리는 전제한 바 있으며, 또한 대다수의 사람들은 행복이 쾌락을 동반하는 것이라고 말하기 때문이다(이로 인해 복되다는 말이 즐거워한다는 말에서 유래한 것이다).

어떤 사람들에게는, 본질적인 것이든 우연적인 것이든 간에 쾌락은 어떤 것도 좋은 것이 아니라고 생각되기도 한다. 좋은 것과 쾌락을 주는 것은 같은 것이 아니기 때문이다. 또 어떤 사람들은 쾌락 중 일부는 좋은 것이지만 대부분은 나쁜 것이라고 생각한다. 한편 세 번째로, 모든 쾌락이 좋은 것이라 할지라도 쾌락이 가장 좋은 것일 수는 없다는 주장이 있다.

어떤 쾌락도 좋은 것이 아니라는 주장의 근거는 다음과 같다: 모든 쾌락은 어떤 자연적인 상태로의 변화과정으로서 감각 가능한 것인데, 변화과정이라는 것은 그 과정의 종착점과는 동일한 차원의 것으로 볼 수 없다. 이는 집을 짓는 과정과 완성된 집이 동일한 차원의 것일 수 없는 것과 마찬가지이다. 또한 절제하는 사람은 쾌락을 회피하며, 분별 있는 사람도 고통스럽지 않은 것을 추구할 뿐 쾌락을 추구하지는 않는다. 또한 분별적인 사려에 있어서 쾌락은 방해가 된다. 성교의 쾌락의 예와 같이, 더 즐거운 것일수록 그 방해의 정도는 더욱 심하다. 그러한 쾌락 속에서는 누구도 제대로 생각을 할 수 없다. 또한 어떠한 기예도 쾌락과는 무관하다. 그럼에도 불구하고 모든 좋은 것은 기예의 소산인 것이다. 또한 아이들과 짐승들은 쾌락을 추구한다.

한편, 모든 쾌락이 훌륭한 것이지는 않다는 주장의 근거는 다음과 같다: 어떤 쾌락의 종류들은 부끄러운 것이며, 불명예를 낳는다. 또한 어떤 쾌락은 질병을 유발함으로써 해를 끼친다.

한편, 쾌락이 가장 좋은 것은 아니라는 주장의 근거는, 쾌락은 목적이 아니라 과정이라는 것이다. 쾌락에 관한 기존의 주장들은 대략 위와 같다.

미리 이야기한 바와 같이 이 이야기의 첫 대목에서 아리스또뗄레스는 쾌락에 관해 본격적으로 학문적인 탐구를 시작하면서 그 탐구가 필요한 이유를 열거하고 있다. 이 이야기의 분위기는 마치 쾌락이란 천박한 사람들에게나 중요한 것이며 정치와 행복과 덕에 관해 연구하는 학자의 관심사가 아니라고 주장하는 사람들에게 변명하는 듯하다(적어도 '(8) 네 가지의 좋은 것들'에서 제시된 이야기만으로 보자면 아리스또뗄레스 자신 역시 그러한 주장을 하는 사람 중 하나였다).

그리고 늘 그러하듯이 어떤 주제에 관한 본격적인 논의는 일단 기존의 견해들을 검토하는 것에서 시작된다.

그런데 여기서 상반된 개념으로서의 '본질적인'과 '우연적인'이라는 표현이 처음 등장하므로 이에 대해 간단히 언급하지 않을 수 없을 것 같다. 우연적인 쾌락과 본질적인 쾌락이 지칭하는 것은 '(13) 쾌락'에서 천박한 종류의 쾌락과 고귀한 종류의 쾌락을 대비해서 이야기하면서, 전자를 '본성적으로 즐거운 것이 아닌 것'이라고 하고 후자를 '본성적으로 즐거운 것' 또는 '그 자체로서 즐거운 것'이라고 표현한 것과 같은 의미이다(실제로 거기에서 '그 자체로서'라고 번역한 것과 위에서 '본질적인'이라고 번역한 것은 하나의 헬라어 표현을 문맥과 편의에 따라 다르게 번역한 것이다).

'본질적인'과 '우연적인'의 개념은 아리스또뗄레스의 사상 전반에서 또 하나의 매우 중요한 기본 개념이다. 아리스또뗄레스의 저작으로 후대에 가장 많은 영향을 미친 것 중 하나인 소위 '형이상학'이라는 책이 다루는 가장 핵심적인 주제가 바로 이 두 개념의 차이를 밝히는 것이다. '형이상학'에서 '우연적인'이라는 단어가 처음 등장하는 대목(981a20)을 보면 다음과 같은 예로 그 개념을 설명하고 있다. 의사가 쏘끄라떼스라는 사람을 치료할 때, 의사가 치료하는 실제 대상은 쏘끄라떼스이지만 보편적인 의미에서 의사가 치료하는 대상은 인간이다. 다시 말하자면 의사는 인간을 치료하는데, 특정한 개별적 상황에서 그 대상이 '우연적으로' 쏘끄라떼스가 된 것이다. 만일 쏘끄라떼스가 피부가 희다면 의사는 피부가 흰 어떤 생물을 치료하는 것이 아니다. 즉 피부가 희다는 것은 인간의 본질이 아니다.

'형이상학'은 그러한 본질이 곧 어떤 존재의 실체라는 이론을 펼쳐나간다. 그리고 그 이론은 후대에까지도 '존재론', 또는 '형이상학'이라는 이름으로 철학의 핵심적인 위상을 차지하였으며, 지금까지도 '철학'이라고 하면 제일 먼저 본질론을 떠올리는 사람이 많다. 그리고 이 본질이란 단어를 우리가 거의 일상 용어로 사용하기도 한다. 하지만 본질의 개념을 사실상 쁠라똔의 이데아와 마찬가지로 치부하는 경향도 있다. '실존은 본질에 앞선다'고 하는 싸르뜨르의 유명한 이야기는 실은 아리스또뗄레스에 기원하는 이러한 본질론에 대한 반발이었다.

하지만 '본질'에 대한 논의는 그것만으로 이천 년 철학의 역사를 뒤돌아보는 무모한 작업이므로 여기에서는 가능하지도 바람직하지도 않다. 우선은 그저 우리가 일상적인 표현에서 파악하는 정도로 그 의미를 짐작하기로 하고, 앞서 말한 바와 같이 '본질적인'이란 '그 자체로서'라는 표현과 동일한 것이며, 적어도 쾌락에 관한 한 '자연적인 쾌락'과 '본질적인 쾌락'이 같은 것을 지칭하고 있다고 이해하기로 하자.

다만 형이상학이 철학의 본류라고 하는 일반적인 생각이 타당하지 않음을 지적해 두고 싶다. '철학'이란 지금의 영어 표현 그대로 '필로소피아'라고 하는 헬라스 말에서 기원한 것인데, 애초에 그 표현은 지금처럼 학문의 한 분야를 지칭한 것이 아니었다. 실제로 위에서 '정치학을 하는 학자'라고 번역한 헬라스 원문 표현은 '뽈리띠께(정치)를 필로소피아하는 사람'이다. 즉, 필로소피아란 지금의 우리말 표현 중에 '학문', 그리고 흔히 철학자라고 번역되는 '필로소포스'는 '학자'라는 일반적 표현에 더 부합된다. 그런데 아리스또뗄레스가 형이상학, 즉 존재론이라는 학문을 '제일철학'이라고 부르기 시작하면서 그것이 철학이라는 단어의 의미를 제한하게 된 것이다.

(35) 자연적인 상태

이제 위에서 제시된 기존의 견해들에 관해 검증하는 과정이 전개된다. 먼저 첫 번째로 아리스또뗄레스는 어떤 쾌락도 좋은 것이라고 할 수 없다는 견해를 반박하고자 한다. 먼저 그러한 주장을 하는 사람들이 내세우는 첫 번째 근거, 즉 '쾌락은 모종의 변화과정인데 모든 변화과정은 어떤 목적을 향한 것이므로 그 자체가 목적이 아니다'라는 것에 대한 논의가 등장한다.

> [7-12-1 ~ 7-12-3] 그러나 다음의 논의를 통해 쾌락이 좋은 것 또는 가장 좋은 것이 아니라는 주장의 근거에는 오류가 있음을 분명히 알 수 있다. 우선, 좋다는 것이 두 가지로 사용되므로 (조건 없이 사용되는 경우와 어떤 대상에 국한해서 사용되는 경우), 사람의 천성이나 성질, 그리고 변화나 생성에 있어서도 그러한 두 가지 다른 용법이 있다. 나쁘다고 생각되는 것에 있어서도, 어떤 것은 무조건적인 의미에서는 나쁘지만 어떤 특정한 사람에게는 나쁘지 않고 오히려 바람직한 것일 수 있으며, 또 어떤 것은 누군가에게 진정으로 바람직한 것이라고 할 수는 없으나 특정한 상황에서 일시적으로 바람직한 것일 수 있다. 그와 같이 특정한 조건에서만 좋은 것은 쾌락이 아니면서 쾌락인 것처럼 보이는 것들이다. 예를 들면 환자의 치료를 위한 것으로서 고통을 동반하는 과정들이 그러하다.
>
> 좋은 것이라고 하는 것들 가운데 어떤 것은 '활동'이고 어

떤 것은 '상태'인데, 쾌락 중에서 자연적인 상태로 돌아가는 과정의 쾌락은 우연적인 의미의 쾌락이다. 욕망 속에서 실제로 쾌락을 주는 것은 자연적인 채로 유지되고 있는 상태와 본성의 활동이다. 쾌락 중 어떤 것, 예를 들어 통찰의 쾌락 같은 것은 고통과 욕망을 동반하지 않으면서, 즉 자연적인 상태로서 어떤 부족함이 없음에도 불구하고 발생하기도 하기 때문이다. 그러한 사실을 뒷받침하는 근거로서, 자연적인 상태를 향해 보충되고 있는 과정에서 경험하는 쾌락과 이미 완전히 자연적인 상태로 유지되고 있는 상황에서 경험하는 쾌락은 다르다. 완전히 자연적인 상태로 유지되고 있는 상황에서 즐기는 쾌락은 무조건적인 쾌락인 반면, 자연적인 상태에 비해 무언가 부족해서 보충되고 있는 과정에서 즐기는 쾌락은 상대적인 쾌락이다. 실제로 경우에 따라서 사람들은 시거나 쓴 맛의 음식에서, 자연적으로 쾌락을 주는 것이거나 무조건적으로 쾌락을 주는 것이 아님에도 불구하고, 쾌락을 느끼기도 한다. 그러므로 이러한 쾌락은 진정한 의미의 쾌락이 아니다. 쾌락을 주는 것들에 있어서도 서로 다른 여러 종류가 있는 것과 마찬가지로, 그들로부터 유래하는 쾌락 역시 서로 다른 여러 종류가 있는 것이다.

또한, 쾌락보다 더 좋은 다른 어떤 것, 즉 그 과정의 목적이 되는 어떤 것이 있다고 할 수는 없다. 쾌락은 과정이 아니며, 모든 쾌락이 어떤 발생과정을 동반하는 것이지는 않기 때문이다. 진정한 쾌락은 그 자체가 활동이며 그 자체가 목적이다. 그러한 쾌락은 무언가가 생겨나는 과정에서 유래하는 것이 아니라, 그 과정의 결과물을 활용하는 과정에서 유래한다. 모든 쾌락에 있어서 그 자체와 다른 어떤 목적이 있는 것이 아니라, 자연적인 상태의 완성을 향해 진행되는 과정에 기인하는 쾌락에 있어서만 다른 목적이 있는 것이다.

따라서 쾌락을 '어떤 감각되는 변화과정'이라고 표현하는 것 역시 옳지 않다. 즉, '변화과정'이라기보다는 '자연적인 상태에 있는 어떤 것의 활동'이라고 표현해야 하며, 또한 '감각되는' 것이라기보다는 '방해받지 않는' 것이라고 표현해야 할 것이다. 그리고 쾌락은 변화과정이라고 주장하는 사람들 중 일부는 쾌락이 진정으로 좋은 것이라는 근거에서 그러한 주장을 펴기도 한다. 이들은 '활동'이 일종의 변화과정이라고 생각하기 때문이다. 하지만 '활동'은 '변화과정'과는 다른 것이다.

아리스또뗄레스는 우선 구체적인 반박의 사전작업으로 쾌락이라는 개념을 다시 규정하고 있다. 그리고 여기서 '(13) 쾌락'에서 예고되었던 쾌락의 종류에 대한 아리스또뗄레스의 이론이 구체화된다. 즉, 쾌락에는 우연적인 쾌락과 본질적인 쾌락이 있으며 우연적인 쾌락은 쾌락이라고 부르지 말아야 한다는 것이다.

당시에 '본성적으로 즐거운 것이 아닌 것'이라고 표현했고 여기서는 '우연적인 쾌락'이라고 표현하는 것의 실제 예로 '환자를 위한 것으로서 고통을 동반하는 과정들'이 제시되어 있다. 더 구체적인 예로서 아마도 어깨가 결리는 사람에게 누군가가 세게 어깨를 주무르는 상황을 생각해 볼 수 있을 것 같다. 그럴 때 사람들은 '시원하다'라고 표현하곤 한다. 그런데 만일 어깨가 결리지 않는 사람을 똑같이 주무른다고 하면 그는 '아프다'라고 이야기할 것이다. 이러한 경우 어깨를 주무르는 것은 그 자체가 본질적으로 '시원한' 것이 아니라 특수한 조건, 즉 어깨가 결린 사람에게만 '시원한' 것이므로 시원한 것이라고 할 수 없다. 마찬가지로 어떤 즐거운 일이 몇몇 비정상적인 조건에 있는 사람에게만 즐겁고 대다수의 보통 사람들에게는 즐겁지 않다면 그것은 즐거운, 즉 쾌락을 주는 것이라고 할 수 없다.

일단 그런 쾌락, 즉 진정한 쾌락이 아니면서 특수한 조건하에서만 쾌락인 것이 있다는 전제를 인정하고 다음 이야기를 따라가 보자. 아리스또뗄레스는 자연적인 상태로 돌아가는 과정에서 경험하는 쾌락은 진정한 쾌락이 아니며, 진정한 쾌락은 자연적인 상태에서 일어나는 어떤 활동에서 경험하는 것이라고 이야기하고 있다. 예를 들자면 배가 고픈 것은 자연적인 상태가 아니다. 그리고 그러한 상태에서 음식을 통해 쾌락을 느끼는 것은 자연적인 상태, 즉 배고프지 않은 상태로 돌아가는 과정에서 쾌락을 경험하는 것이다. 그러므로 그러한 것은 진정한 쾌락이 아니다. 한편, 어떤 쾌락, 예를 들어 통찰의 쾌락(이것은 학문적 활동을 통한 쾌락을 말한다)은 어떤 부족함으로 인한 고통이 없는 상태에서 경험하게 된다. 이러한 것은 진정한 의미의 쾌락이다(사실 아리스또뗄레스는 거기서 한발 더 나가서 자연적인 상태로 돌아가는 과정에서 경험하는 쾌락이 실은 그 과정이 일어나고 있는 부분이 아니라 다른 부분에서 느끼는 것이라는 주장까지 내비치고 있다. 그러나 그에 대한 이야기는 일단 다음으로 미루기로 하자).

아리스또뗄레스의 견해에 의하면, 쾌락이 모종의 변화과정이라고 하는 주장은 바로 배고픈 상태에서 음식을 먹는 과정에서 경험하는 쾌락 또는 그와 유사한 쾌락을 두고 하는 말이다. 따라서 그런 주장은 실제로는 쾌락이 아닌 것을 쾌락이라고 착각한 데 기인하는 것이다. 반면에 자연적인 상태에서 경험하는 쾌락은 그러한 변화과정이 아니며 따라서 그 자체와 별개의 어떤 목적은 없다.

여기서 두 가지의 의문점을 언급해 둘까 한다. 먼저, '자연적인 상태'라고 아리스또뗄레스가 이야기하는 것에 대해 좀더 생각해 보자. 위의 이야기에 의하자면, 그것은 이론적으로 '모든 고통에서 벗어난 상태'를 말한다. 즉, 배고프지도 춥지도 않고 다른 어떤 욕망도 생겨나지 않는 상태를 말하는 것이다. 인간에게 그런 상태가 가능할까?

또 하나의 의문점은 학문의 쾌락 같은 것은 어떤 부족함이 선행하지 않는 상태에서 생겨난다고 하는 주장에 관한 것이다. 학문의 쾌락에 있어서도 실은 어떤 부족함이 있고 그것이 보충됨으로써 쾌락이 느껴진다고 생각되기 때문이다. 즉, 어떤 문제에 관해 호기심을 가진 사람은 그렇지 않은 사람에 비해서 그 호기심을 해소해 주는 학문적 활동에서 분명 더 큰 쾌락을 느낀다. 그러한 호기심과 학문의 쾌락 사이의 상호관계는 배고픔과 음식섭취의 쾌락 사이의 상호관계와 같은 것이 아닌가?

(36) 나쁜 것의 반대

어떤 쾌락도 좋은 것이라고 할 수 없다는 견해에 대한 반박으로서, 그러한 주장의 다른 근거들에 관한 이야기가 계속된다.

> [7-12-4 ~ 7-13-1] 쾌락 중 일부는 병을 유발하기 때문에 쾌락은 나쁜 것이라고 주장하는 것은, 건강에 좋은 것 중 일부는 재정에 악영향을 미치기 때문에 나쁜 것이라고 주장하는 것과 마찬가지이다. 이때 나쁘다는 것은 우연적인 의미에서 나쁜 것이며, 그 자체로서 나쁜 것은 아니다. 심지어는 통찰의 쾌락마저도 경우에 따라서는 건강을 해칠 수 있기 때문이다.
>
> 사리분별 또는 어떤 종류의 덕도 그 자체에서 기인하는 쾌락에 의해서는 방해받지 않는다. 그러한 것을 방해하는 쾌락이란 다른 것에서 유래하는 쾌락들이다. 실제로 통찰이나 배움에서 유래하는 쾌락은 오히려 통찰이나 배움을 더 잘 할 수 있도록 도와준다.
>
> 어떠한 쾌락도 기예의 소산이 아니라는 주장은 맞는 말인 듯하다. 기예는 어떤 '활동'을 위한 것이 아니라, 그 활동을 위한 '잠재력'을 위한 것이기 때문이다. 하지만, 향료제조술이나 요리는 쾌락을 위한 기예인 것으로 생각된다.
>
> 절제하는 사람은 쾌락을 회피한다는 주장과 분별 있는 사람은 고통스럽지 않은 삶을 추구한다는 주장, 그리고 아이들과 짐승들이 쾌락을 추구한다는 주장은 모두 같은 근거에서 반박할 수 있다. 앞에서 말한 바와 같이 무조건적인 의미의

> 좋은 것이 있고, 모든 쾌락이 그러한 의미의 좋은 것은 아니어서 일부의 쾌락은 단지 우연적인 의미의 좋은 것에 해당한다. 아이들이나 짐승들이 추구하는 쾌락은 바로 그러한 종류의 것이다. 그리고 분별 있는 사람이 추구하는 고통으로부터의 해방은 바로 그러한 것들에 관계되는 고통으로부터의 해방이다. 이러한 쾌락이란 욕망과 고통을 동반하는 육체적인 것이며 특히 그 정도가 지나친 것들이다. 무절제의 대상이 되는 것 역시 바로 이러한 종류의 쾌락이다. 그러므로 절제하는 사람은 그러한 쾌락을 회피할 뿐이다. 절제하는 사람에게는 그 나름대로의 쾌락이 있는 것이다.
>
> 한편, 고통은 악한 것이며 피해야 할 것이라는 점에 있어서는 데에는 이견이 없다. 고통 중 어떤 것은 무조건적으로 나쁘며, 다른 어떤 것은 활동을 방해한다는 점에서 나쁘다. 피해야 할 것에 반대되는 것은, 그것이 피해야 할 어떤 것이고 악한 것이라는 측면에서, 좋은 것이다. 그렇다면 쾌락은 좋은 것이어야 한다. 스뻬우시뽀스가 말한 바와 같이 과도한 것은 부족한 것에 반대될 뿐만 아니라 적당한 것에도 반대되는 것이므로 쾌락은 좋은 것일 수 없다는 주장은 타당하지 않다. 스뻬우시뽀스 자신도 아마 그 주장을 견지할 수는 없을 것이다.

결론적으로 아리스또뗄레스는 쾌락이 좋은 것이 아니라는 주장에 근거가 없음을 보여주는 동시에, 나쁜 것(고통)의 반대이므로 좋은 것일 수밖에 없다고 주장하고 있다. 참고로 스뻬우시뽀스(그는 쁠라똔의 조카로서 쁠라똔 사후에 아까데메이아의 학원장 자리를 물려받은 사람이라고 한다)의 주장에 관해서는 이후에 자세한 이야기를 들을 기회가 있을 것이다.

그런데 여기서 다소의 혼란이 발생한다. 마지막 대목에서 고통은 나쁜 것이고, 쾌락은 고통의 반대이므로 좋은 것이라는 이야기 속의 쾌락은 앞의 이야기와는 달리 통찰의 쾌락 같은 진정한 의미의 쾌락이 아니라 보편적인 쾌락, 즉 배고픔이 해소되는 과정의 쾌락 같은 육체적인 쾌락을 말하고 있다. 앞에서 아리스또뗄레스 자신이 말한 바와 같이 통찰의 쾌락은 어떤 고통이나 부족함이 없는 상태에서 경험하는 것이기 때문이다. 이 대목만 두고 보자면, 진정한 쾌락과 우연적인 쾌락 중에서 진정한 쾌락만이 좋은 것이라고 했던 앞의 이야기와는 달리 우연적인 쾌락 역시 좋은 것이라는 이야기가 된다.

그러한 혼란을 감안하고 이어지는 이야기들을 계속 들어 보자.

> [7-13-2 ~ 7-13-7] 쾌락 중 일부가 나쁜 것이라 할지라도 모종의 쾌락이 가장 좋은 것이라는 가설을 배제할 수는 없다. 이는 지식 중 일부가 나쁜 것이라 할지라도 모종의 지식이 최선의 것이라고 보아야 하는 것과 마찬가지이다.
>
> 각각의 성질에 그 나름의 방해받지 않는 활동이 있고, 그들 모두의 활동이 행복이거나 혹은 그들 중 어떤 요소의 활동이 행복이라는 전제에서 볼 때, 그 활동이 방해받지 않는 것이 가장 바람직한 것이라고 해야 할 것이다. 그런데 방해받지 않음이 바로 쾌락인 것이다. 따라서, 많은 종류의 쾌락이 나쁜 것이며 또 그 중 어떤 것은 무조건적으로 나쁜 것이라 할지라도, 모종의 쾌락이 가장 좋은 것이라고 생각할 수 있다. 그러한 이유로 모든 사람들이 행복한 삶이란 즐거운 삶이라고 생각하면서 쾌락을 행복의 조건으로 여기는 것이며, 이는 타당한 것이다. 어떠한 활동일지라도 방해를 받

게 되면 완전하게 될 수 없으며, 행복은 모종의 완성이라고 생각되기 때문이다. 그러므로 행복을 위해서는 부수적으로 육체적인 차원의 좋은 것들과 외부적인 좋은 것들, 그리고 운을 필요로 한다. 이들의 부족으로 인해 방해를 받지 않기 위해서이다. (극심한 고통이나 커다란 불운을 겪는다 할지라도 그 인품이 선하다면 그는 행복하다고 주장하는 사람들은, 의도적이든 그렇지 않든 간에, 말이 되지 않는 이야기를 하고 있는 것이다) 이처럼 운을 필요로 한다는 점 때문에, 어떤 사람들은 행운과 행복이 같다고 생각한다. 그러나 그렇지 않다. 행운마저도 지나친 경우에는 방해가 되기 때문이다. 아마도 이러한 경우에는 그것을 행운이라고 부를 수도 없을 것이다. 행운이라는 것은 행복과 연관되어서 규정되는 것이기 때문이다.

또한 모든 짐승과 사람이 쾌락을 추구한다는 사실은 쾌락이 가장 좋은 것임을 시사하는 소견이다.

많은 이들이 그렇다고 하는 것이 아무 것도 아닐 수는 없다.

물론 수많은 짐승과 수많은 사람들의 천성과 최선의 상태가 각기 다르기 때문에 그들 모두가 동일한 쾌락을 추구하는 것은 아니다. 그럼에도 불구하고 모두가 쾌락을 추구한다. 어쩌면 그들은 그들 스스로가 추구한다고 생각하거나 말하는 그 쾌락을 추구하는 것이 아니고, 실제로는 같은 쾌락을 추구하고 있는 것인지도 모른다. 모든 것은 날 때부터 뭔가 신성한 것을 가지고 있기 때문이다. 다만, 가장 자주 경험하게 되는 것이면서 또 모두가 예외 없이 경험하게 되는 것이 육체적인 쾌락이기 때문에 육체적인 쾌락이 쾌락의 대명사가 되어버렸다. 그러한 쾌락 이외에는 아는 것이 없기 때문에 다른 종류의 쾌락은 없다고 생각하는 것이다.

> 만일 쾌락과 활동이 좋은 것이 아니라면, 행복한 사람이 즐겁게 살 수 없을 것임은 분명하다. 좋은 것이 아니라면 무엇을 위해 쾌락을 필요로 하겠는가? 오히려 그의 삶은 고통스러운 것이 될 수 있다. 쾌락이 좋은 것도 악한 것도 아니라면 고통 역시 그러할 것이므로 고통을 피할 이유도 없는 것이다. 훌륭한 사람의 활동이 그렇지 못한 사람들의 활동에 비해 더 즐거운 것이 아니라면, 그의 삶 역시 더 즐거운 것일 수 없다.

이야기의 앞부분에서는 육체적인 쾌락, 즉 우연적인 쾌락은 행복에 부수적으로 필요한 조건 중의 하나라고 이야기하고 있다. 진정한 쾌락, 즉 통찰의 쾌락 같은 것이 방해받지 않기 위해서는 육체적인 쾌락이 전제되어야 하는 것이다.

여기서 우리는 구체적으로 쾌락(육체적인 쾌락)에 대한 아리스또뗄레스의 사고방식에 변화가 있음을 확인할 수 있다. '(19) 비이성적이지만 이성적인 부분'에서 제시된 이야기를 상기해 보자. 통찰의 쾌락 같은 것은 거기서 말했던 '이성적인 부분'이 하는 일이고, 육체적인 쾌락은 '때때로 이성에 상반되는 부분', 즉 '욕망을 나타내는 부분'이 하는 일이라고 볼 수 있다. 그리고 거기서는 욕망을 나타내는 부분이 이성적인 부분에 복종하는 것이 덕이라고 생각하고 있다. 다시 말해서 욕망이 채워지는 것, 즉 쾌락은 욕망을 나타내는 부분이 이성적인 부분에 복종하지 않는 것이며 그것은 곧 악덕의 근원이 되는 것이다. 그런데 여기서는 쾌락 덕택에 이성적인 부분의 활동이 방해받지 않을 수 있다고 이야기하고 있다. 쾌락은 악덕의 근원이 아니라 덕의 필요조건인 것이다.

이전에 행복의 규정했던 과정을 돌이켜보자. 아리스또뗄레스는 처음에 행복은 '덕에 부합되는 정신의 활동'이라고 규정한 후('(10) 인간의 할 일'), '외부적인 좋은 것'에 관한 논의('(14) 신성한 운명'부터)에서 그것이 곧 행복은 아니라 할지라도 행복을 위해 필요하다는 점을 인정하고 ('(16) 평생의 행복') 행복한 사람의 규정을 '덕에 부합되는 활동을 하는 사람으로서 외부적인 좋은 것들을 충분히 갖춘 사람'이라고 수정한 바 있다. 이제 쾌락에 관련해서도 같은 논리를 적용하여, 행복한 사람이란 '덕에 부합되는 활동을 하는 사람으로서 외부적인 좋은 것들을 충분히 갖추고 쾌락을 충분히 누리는 사람'이라고 수정해야 할 것 같다.

그런데 이야기의 뒷부분에 이르러서는 쾌락이 좋은 것을 위한 필요조건이 아니라 그 자체가 좋은 것이며 심지어 '가장 좋은 것'일 수도 있다고 이야기하고 있다. 특히 '많은 이들이 그렇다고 하는 것이 아무 것도 아닐 수는 없다'는 격언을 인용한 것은, '(8) 네 가지의 좋은 것들'에서 '좋은 것 또는 행복이 무엇인가에 관해 대다수의 속된 사람들은 그것이 쾌락이라고 생각하는 것 같다. 그래서 실제로 그들은 쾌락적인 삶을 좋아한다. 이러한 대중의 생각은 완전히 노예적인 것이라고 생각된다. 가축의 삶을 선택하는 것이기 때문이다'라고 이야기했던 것과 비교했을 때 사실상 정반대의 입장이다.

물론 쾌락이 가장 좋은 것일 수도 있다는 이야기를 하면서 아리스또뗄레스가 염두에 둔 것은 진정한 쾌락, 즉 통찰의 쾌락 같은 것이었다. 하지만 앞서 '고통의 반대이므로 좋은 것'이라고 했던 쾌락이 육체적인 쾌락이라고 생각되는 것과 마찬가지로, 실제로 '많은 이들이 그렇다고 하는' 쾌락은 육체적인 쾌락이다. 그래서 진정한 쾌락과 육체적인 쾌락 사이의 혼란은 다시 한번 분명히 드러난다.

그리고 그런 혼란에 대한 아리스또뗄레스 자신의 해결방안이라고 짐작되는 이야기가 등장한다. 즉, '많은 이들이 그렇다고 하는' 쾌락은 육체적인 쾌락이지만, 그들 스스로는 그렇게 생각한다 할지라도 실제로 그들이 추구하는 쾌락은 육체적인 쾌락이 아니라 진정한 쾌락일 것이라는 것이다. '실제로는 같은 쾌락을 추구하고 있는 것인지도 모른다'고 하는 이야기가 바로 그것이다.

(37) 심상

혼란이 있을지라도 계획했던 이야기는 계속된다. 이어지는 이야기는 '어떤 쾌락도 좋은 것이라고 할 수 없다'는 견해 다음으로 '쾌락 중 일부는 좋은 것이지만 대부분은 나쁜 것이다'라는 견해에 대한 아리스또뗄레스 자신의 비판이다.

> [7-14-1 ~ 7-14-2] 육체적인 쾌락과 관련해서, 일부의 쾌락(즉 좋은 종류의 쾌락)은 매우 바람직한 것이지만 육체적인 쾌락과 무절제의 대상이 되는 그러한 쾌락은 바람직하지 않다는 주장에 대해 살펴보아야 한다. 그들의 주장이 옳다면, 쾌락의 반대인 고통이 악한 것임은 납득하기 어렵다. 악함과 좋음은 서로 반대이기 때문이다. 그렇다면, 악하지 않은 것은 좋은 것이라는 측면에서, 필요불가결한 쾌락은 좋은 것이라고 할 수 있을까? 혹은, 어느 정도 좋은 것일 수 있다. 왜냐하면, 어떤 상태나 변화가 지나침이 있을 수 없다면 그로부터 기인하는 쾌락에도 지나침이 있을 수 없고, 그것에 지나침이 있을 수 있다면 그로부터 기인하는 쾌락에도 지나침이 있을 수 있을 것이다. 육체적인 좋음에는 지나침이 있을 수 있다. 나쁜 사람이 나쁘게 되는 것을 바로 이러한 지나침을 추구하기 때문이며, 필요불가결한 쾌락을 추구하기 때문이 아니다. 누구나 어떤 식으로든 맛있는 음식이나 술이나 성교를 즐긴다. 다만 그 정도가 적당하지 않은 것이다. 하지만 고통에 관련해서는 그와 다르다. 지나친 고통을 피하는 것이 아니라 무조건적으로 피하기 때문이다. 지나친 쾌락과

고통이 서로 반대되는 것은 아닌 것이다(다만, 지나친 쾌락을 추구하는 사람의 경우에는 앞의 두 가지가 서로 반대일 수 있다).

여기서도 육체적인 쾌락에 관련된 혼란은 계속되는 것 같다. 결론적으로 아리스또뗄레스가 제시하는 이야기는 '어느 정도 좋은 것이다'라는 것이며, 결국 지나치지 않은 육체적 쾌락은 좋은 것이라는 이야기이다.

'지나치지 않은 것이 좋은 것이다'라는 이야기는 이미 우리에게 익숙하다. '(24) 중용'에서 성격적 덕, 즉 '좋은 성격'은 과도함이나 부족함이 없는 것이라고 했었다. 그리고 '(28) 감정'에서 구체적으로 밝힌 바와 같이 그것은 감정의 과도함이나 부족함이 없는 것을 말한다. 그런데 위의 이야기에서는 쾌락 역시 과도함으로 인해 나쁜 것이며 적당한 경우에는 좋은 것이라고 이야기하고 있다. '적당해야 할 어떤 것', '적당할 때 그것이 바로 덕인 어떤 것'이란 욕망, 분노, 두려움, 자신감, 부러움, 기쁨, 애정, 증오, 동경, 질투, 동정 등과 같은 감정들이었는데 이제 쾌락이 그와 동등한 어떤 대상이 되고 있는 것이다.

그러한 발상 전환은 바로 우리가 '(25) 아빠테이아'에서 쾌락과 관련된 개념들을 정리하는 과정에서 제기했던 논란, 즉 '쾌락이나 고통이 감정의 일종인가, 혹은 감정에 의해 발생하는 별개의 어떤 것인가'의 문제와 연결된다. 즉, 아리스또뗄레스가 견지했던 입장은 '감정이나 행위에 쾌락이나 고통이 뒤따른다'는 것이었고, 사전적 의미의 감정(생활체가 어떤 행동을 할 때 생기는 주관적 동요)을 감안하자면 쾌락이나 고통은 일종의 감정이라고 보아야 하는 것이다. 그러한 논란을 감안하고 위의 이야기를 살펴보면 여기서 아리스또뗄레스는 쾌락은 감정의 일종이라는 점에 공감하고 있는 것으로 생각할 수도 있다.

여기서 '(25) 아빠테이아'에서 시작해서 '(28) 감정'에서 구체적으로 제시했던 쾌락과 고통에 관한 나 자신의 이야기를 이제 정리해 볼까 한다. 쾌락이란 '내가 무언가(X)로 인해 경험하는 것으로서 상대적으로 좋은 것'(고통은 '내가 무언가로 인해 경험하는 것으로서 상대적으로 나쁜 것')이라고 할 수 있고, 그 자체가 '나 자신 속에서 일어나는 어떤 것들(A)'에 속한다. 한편 감정이란 사전적 의미와 마찬가지로 '내가 무언가(Y)로 인해 경험하는 것'이고 (아리스또뗄레스가 열거한 감정의 종류들은 그러한 정의에서 벗어나지 않는다), 역시 그 자체가 '우리 자신 속에서 일어나는 어떤 것들(A)'에 속한다. 여기까지는 아마도 이론의 여지가 없을 것이다. 이러한 개념 규정만으로 쾌락과 감정은 둘 다 A에 속한다는 것은 일단 의심의 여지가 없다. 그리고 단어의 규정만으로 보자면 쾌락은 감정의 일종으로서 좋은 것이라고 할 수 있다 (이것이 바로 '(28) 감정'에서 내가 주장하였던 바이다).

하지만 아리스또뗄레스가 쾌락이 감정에 뒤따르는 것이라는 생각을 가지고 있고, 또 지금도 그런 생각을 가진 분들이 꽤 많은 듯하므로 논리적으로 그 두 단어의 관계를 한 번 따져볼 만하리라. 쾌락과 감정이 둘 다 A라는 개념에 포함된다면 (그 A를 지칭하는 단어는 없는 것 같다), 쾌락과 감정은 서로 공통부분이 없거나, 일부 공통부분이 있거나, 쾌락이 감정에 포함되거나, 혹은 감정이 쾌락에 포함된다. 그런데 일단 쾌락과 감정의 공통부분이 없다고 볼 수는 없을 것 같다. 예를 들어 '즐거움'이란 것은 쾌락이면서 동시에 감정이라고 인정된다 (즐거움은 사실상 쾌락과 동의어이다). 그리고 감정이 쾌락에 포함되는 것이 아님은 분명하다 (슬픔이나 분노가 쾌락이라고 할 사람은 없다). 따라서 쾌락이 감정에 포함되거나 혹은 적어도 쾌락의 일부는 감정에 포함된다고 할 수 있다. 그러므로 쾌락이 감정에 뒤따른다는 것은 잘못된 말이다. 그것은 즐거움이 즐거움을 유발한다고 하는 것과 다를 바 없는 것이다.

또 다른 접근 방식으로 다음과 같이 생각할 수 있다. X, 즉 쾌락을 유발하는 것은 어떤 것들인가? 몇 가지 쾌락의 예를 생각해 보자. 음식으로 인한 쾌락의 경우 X는 물론 음식 자체는 아니다. 음식을 먹었을 때 그로 인해 만족감을 느끼지 않는 경우에는 (예를 들어 이미 배가 부른 경우) 쾌락을 유발하지 않기 때문이다. 실제로 X는 음식으로 인한 만족감이다. 음식을 먹지 않더라도 그 만족감을 유발할 수 있다면 쾌락을 느끼기 때문이다 (이것은 실험적으로 입증된 사실이다). 어떤 행동에서 쾌락을 느끼는 경우, 예를 들어 착한 일을 함으로써 쾌락을 느끼는 경우에도 착한 일 자체가 X인 것은 아니다. 내가 무슨 일을 하는지 모르면서 그 일을 했다면 (예를 들어 누군가 다른 사람이 나의 몸을 움직여서 그 행동을 했다면) 그것은 쾌락을 유발하지 않기 때문이다. 실제로 X는 그 행동에 대한 나 자신의 인식이다. 만일 꿈속에서 내가 그 행동을 하더라도 쾌락은 유발될 것이다. 이와 같이 X, 즉 쾌락을 유발하는 것은 일반적으로 '무언가로 인한 나의 심상'이다 (흔히 쓰는 말은 아니지만 '심상'이란 감각 유발인자가 감각기관을 경유해서 우리 속에서 유발하는 어떤 것을 말한다. 아리스또뗄레스는 이 단어를 나와 같은 의미로 사용한다. 그 예가 '(19) 비이성적이지만 이성적인 부분', 그리고 '(33) 주인과 종'에 제시된 이야기 속에 있다).

한편 Y, 즉 감정을 유발하는 것은 어떤 것들인가? 누군가가 내게 욕을 하면 분노가 유발된다. 이때 Y는 욕 자체가 아니라 그로 인해 생기는 심상이다. 어떤 행동으로 인한 쾌락의 경우에서와 마찬가지로, 누군가가 내게 욕을 하더라도 어떤 이유로 그것을 듣지 못한다면 분노가 유발되지 않으며, 꿈속에서 누군가가 내게 욕을 해도 분노는 유발되기 때문이다 (꿈꾸다가 화를 내거나 울거나 웃는 일은 흔히 있다). 다른 여러 감정을 생각해 보더라도, 결국 Y는 '무언가로 인한 나의 심상'이다.

결론적으로 쾌락과 감정은 둘 다 '무언가로 인한 나의 심상'으로 인해 유발되는 것이다. 그렇다면, 감정이 쾌락을 유발한다는 것은 어떤 심상으로 인해 생긴 것(감정)이 또 다른 심상이 되어 쾌락을 유발한다는 것이다. 그런데 어떤 심상으로 인해 그와 다른 심상이 생긴다는 것은 결국 하나의 감각대상이 두 개의 다른 심상을 형성한다는 것이다. 그것이 논리적으로 불가능하다고 할 수는 없으나, 만일 그런 가능성을 인정한다면 우리의 인지기능 자체는 믿을 수 없는 것이 될 것이며 모든 학문적 활동의 전제가 붕괴된다. 즉, 사과라는 감각대상을 보고서 사과라는 심상과 배라는 심상이 동시에 생길 수도 있으므로 우리는 그것이 사과인지 배인지 판단할 수 없게 되는 것이다.

그러므로 우리는 쾌락은 감정의 일부이며, 마찬가지로 고통도 감정의 일부라고 생각할 수밖에 없다. 그리고 실제로 그렇게 개념 규정을 하고 나면 쾌락에 관한 지금까지의 이야기는 좀더 명료해질 것이다.

(38) 철회와 수정

결국 이 즈음에 이르러서는 쾌락이 악덕의 근원이라는 생각은 자취를 찾기 어렵다. 육체적인 쾌락을 포함해서 모든 쾌락은 (적어도 지나치지만 않다면) 좋은 것이다. 다만 육체적인 쾌락과 정신적인 쾌락은 그 종류가 다를 뿐이다. 그리고 아리스또뗄레스는 육체적인 쾌락도 좋은 것이긴 하지만 그보다는 정신적 쾌락이 더 좋은 것이라는 것에 대해서는 의심의 여지가 없다고 보는 듯하다.

그래서 이제 아리스또뗄레스가 반박하고자 하는 '거짓된 것'은 쾌락이 좋은 것이라는 주장이 아니라 육체적인 쾌락이 정신적인 쾌락보다 더 좋다는 주장이다(여기가 7권의 마지막 부분이다).

> [7-14-3 ~ 7-14-8] 참된 것을 말하고 나서, 아울러 거짓된 것의 원인이 무엇인지 말하는 것 역시 필요한 일이다. 이를 통해 확신을 가질 수 있기 때문이다. 어떤 이유로 인해 실제로는 거짓된 것이 참된 것처럼 보이는지를 설명함으로써 참된 것을 더욱 확실하게 믿을 수 있게 되는 것이다. 그러므로, 어떤 이유로 해서 육체적인 쾌락이 다른 것들에 비해 더 바람직한 것인 듯이 보이는지 설명해 보아야 한다.
>
> 우선, 쾌락은 고통을 제거해 낸다. 그런데, 과도한 고통을 겪는 경우에는, 그에 치료법으로서 과도한 쾌락을 추구하게 되는데, 이 때 일반적으로는 육체적인 쾌락을 추구하게 된다. 그러한 치료는 강도가 높은 것인데, 그러하기 때문에 더욱

추구한다. 그 반대되는 것에 반대되는 것이라고 생각되기 때문이다. (쾌락이 훌륭한 것이 아니라는 견해는 앞서 언급한 바 있듯이 다음과 같은 두 가지 이유에 근거를 두고 있다. 쾌락 중 일부는, 짐승의 경우처럼 타고난 것이든 혹은 나쁜 사람들의 경우처럼 습관에 의한 것이든 간에, 나쁜 본성에서 유래하는 행위이다. 한편 쾌락의 다른 일부는 부족한 것에 대한 치료법이다. 그런데, 부족한 것이 없는 상태로 유지되는 것이 부족한 것을 해소하는 과정에 비해 더 나은 것이므로, 부족한 것이 해소되는 과정에서 나타나는 쾌락은 우연적으로 훌륭한 것이다)

일부의 사람들이 강도 높은 쾌락을 추구하는 또 다른 이유는 그들이 다른 것에서는 즐거움을 느끼지 못한다는 것이다(어떤 사람들은 자기 스스로 갈증을 유발하기도 한다). 그런데 그러한 쾌락이 무해한 것이라면 반대할 이유가 없으나, 만약 유해한 것이라면 그것은 나쁜 것이다. 그러한 사람들은 즐길 만한 다른 것이 없는 것이다. 그리고 많은 사람들이 본성적으로 쾌락도 고통도 아닌 상태를 고통으로 받아들인다(자연학자들이 말하는 바에 의하면, 동물은 항상 어떤 수고스러운 일을 하고 있다. 그들의 주장에 의하면, 보는 것이나 듣는 것마저도 고통스러운 것이다. 다만 시간이 지남에 따라 적응을 하게 되는 것이다). 마찬가지로 어린 시절에는 성장활동 때문에 술 취한 사람과 비슷한 상태가 되고, 어린이는 항상 즐겁다. 한편, 흑담질의 사람들은 그 본성 때문에 항상 치료를 필요로 한다. 왜냐하면, 신경질적임으로 인해 몸이 지속적으로 흥분상태에 있고, 항상 강도 높은 욕구에 사로잡혀 있기 때문이다. 그런데 쾌락은, 그것이 강력하다면, 꼭 그 고통에 상반되는 종류의 쾌락이 아니라 다른 종류의 쾌락이라 할지라도 고통을 해소해 줄 수 있다. 그래서 흑담질의 사람들이 무절제하고 나쁜 사람이 되는 것이다.

한편, 고통과 연관되지 않는 종류의 쾌락에 있어서는 지나침이 없다. 이러한 쾌락은 우연적인 의미에서가 아니라 자연적으로 즐거운 것들에서 유래하는 것이다. 여기서 우연적인 의미에서 즐거운 것이라는 것은 치료에 쓰이는 것들을 말한다. 치료가 달성되는 것은 실은 치료받는 대상의 여러 부분들 중에서 건강하게 유지되고 있는 부분 어딘가가 어떤 활동을 하기 때문이며, 그 활동으로 인해 즐겁다는 느낌을 갖게 되는 것이다. 반면에 자연적으로 즐거운 것은 자연적인 상태에 있는 어떤 부분의 활동을 유발하는 것을 말한다.

어떤 것도 항상 쾌락을 유발하지는 않는다. 이는 우리의 본성이 단순하지 않고 뭔가 다른 것이 내재하기 때문이다(그로 인해 우리는 소멸적인 존재가 된다). 그래서 어느 한 쪽이 활동을 하면 이는 다른 쪽과는 상반된다. 만약 서로 평형을 이루게 된다면 그 활동은 고통스럽게 느껴지지도 않고 즐겁게 느껴지지도 않는다. 왜냐하면, 누군가의 본성이 단순하다면 어떤 하나의 행위가 항상 가장 즐거운 것이 될 터이기 때문이다. 신은 항상 하나의 단순한 쾌락을 즐기는 이유도 그와 일맥상통한다. 변화의 활동뿐만 아니라 변치 않음의 활동 역시 존재하는데, 진정한 쾌락은 변화 속에서보다는 정지된 상태에서 나타나는 것이기 때문이다. 시인들의 말을 따르자면, 모든 것의 변화가 달콤한 것은 모종의 악함 때문이다. 그러므로, 쉽게 변하는 인간이 나쁜 인간이듯이, 변화를 필요로 하는 본성 역시 마찬가지이다. 단순하지도 않고 훌륭하지도 않은 것이다.

결론적으로 아리스또뗄레스는 정신적인 쾌락(여기서는 '고통과 연관되지 않는 종류의 쾌락'이라고 이야기되고 있는데, '(35) 자연적인 상태'에서 이야기한 바와 같이 그것은 '통찰의 쾌락' 같은 정신적인 쾌락을 말한다)이 육체적인 쾌락에 비해 더 좋은 것임을 강조하고 있다.

그런데 여기까지의 과정을 거치면서 우리가 경험했던 혼란의 실체를 좀 더 명확히 해둘 필요가 있다. 우선 앞서 제시된 1권과 2권의 논의를 정리해 보면 다음과 같다: 좋은 것, 즉 행복은 '덕에 부합하는 정신의 활동'이다. 그리고 여기서 말하는 정신이란 '욕망을 나타내는 부분'과 '이성적 사고를 수행하는 부분'이다. 그러므로 덕에 부합하는 정신의 활동은 '욕망을 나타내는 부분'이 하는 활동과 '이성적 사고를 수행하는 부분'이 하는 활동으로 나뉘며, 그에 따라 덕 역시 성격적 덕과 지적인 덕으로 나눌 수 있다. 그 중 성격적 덕은 욕망을 나타내는 부분이 이성에 복종하는 것이다. 한편 성격적 덕은 습관에 의해 형성되는 것으로서, 감정의 지나침이나 부족함이 없는 것을 말한다.

그리고 7권에서 쾌락에 관한 논의를 통해 드러난 사실은 다음과 같다: '욕망을 나타내는 부분'이 경험하는 쾌락이든 '이성적 사고를 수행하는 부분'이 경험하는 쾌락이든 쾌락은 좋은 것이다. 그 중 성격적 덕, 즉 '욕망을 나타내는 부분'의 덕은 육체적인 쾌락을 지나침이나 부족함 없이 적절한 정도로 추구하는 것이다.

우리가 경험했던 혼란은 1권과 2권에서 쾌락이 악덕의 근원이라고 했던 것과 7권의 전반부에서 육체적인 쾌락은 진정한 쾌락이 아니라고 했던 것에 비교해서 그 뒤의 이야기들에서 육체적인 쾌락을 포함한 모든 쾌락이 좋은 것이라고 결론지은 것이 서로 상반되기 때문이었다. 이러한 혼란을 해소하기 위해서는 아마도 쾌락이 악덕의 근원이라는 것과 육체적인 쾌락은 진정한 쾌락이 아니라는 것을 철회하여야 할 것 같다. 그리고 아울러서 그러한 전제에서 파생된 결론들에 대해서도 수정을 가하여야만 할 것이다.

하지만 한편으로는 그런 방대한 작업을 시작하기에는 쾌락에 대한 논의 자체가 충분치 않다는 생각이 들기도 한다. 아리스또뗄레스에게도 그런 생각이 들었던 것인지는 모르겠으나 마지막 소책인 10권에서 쾌락에 대한 논의가 다시 등장한다. 7권에서의 내용과 중복되는 면도 많긴 하지만 그 이야기까지도 검토해 보는 것이 좋겠다.

(39) 참이어야 하는 것

10권에서는 그 서두에서 쾌락에 관한 논의가 시작된다.

> [10-1-1 ~ 10-1-4] 다음으로는 아마도 쾌락에 관해 논의해 보는 것이 적절할 것이다. 쾌락은 인간에게 가장 고유한 것이라고 생각되기 때문이다. 어린아이들을 교육하는 과정에서 쾌락과 고통을 이용하는 것도 그러한 이유이다. 또한 성격적인 덕에 있어서도 마땅히 즐거워해야 할 것에 즐거워하고 마땅히 싫어할 것을 싫어하는 것이 가장 중요한 것으로 생각된다. 왜냐하면, 쾌락과 고통은 삶의 과정 내내 연속되는 것으로서, 덕과 행복한 삶에 영향과 힘을 미치기 때문이다. 즐거운 것은 선택하고 고통스러운 것은 회피하는 것이다. 그러한 중요한 문제들을 지나친다는 것은 분명 있을 수 없는 일이다. 또한 쾌락과 고통의 문제는 많은 논란을 내포하고 있기도 하다. 어떤 이들은 쾌락이 좋은 것이라고 말하고, 다른 이들은 그와 반대로 나쁜 것이라고 말한다. 그들 중 일부는 아마도 쾌락이 나쁜 것이라고 확신하고 있는 듯하고, 일부는 우리의 삶을 위해 더 좋을 것이라는 생각으로 쾌락은 나쁜 것이라는 것을, 설혹 그것이 나쁜 것이 아닐지라도, 피력하고자 한다. 많은 사람들이 쾌락에 이끌리고 쾌락의 노예가 되므로, 그 반대쪽으로 사람들을 인도해야 한다고 생각하기 때문이다. 그렇게 함으로써 중간에 이르게 될 것이기 때문이다.

하지만 이러한 주장은 옳지 않다. 감정상태나 행위의 문제에 있어서 이론은 실제에 비해 덜 믿을 만한 것이기 때문이다. 그러므로 이론이 감각적인 실제에 부합되지 않는 경우, 그것은 무시당하며, 그 안의 참된 부분마저도 불신당하게 된다. 만약 쾌락을 비난하는 어떤 사람이 어느 날 모종의 쾌락을 추구하는 것이 관찰된다면, 그가 쾌락에 이끌린다는 사실은 그가 모든 쾌락이 바람직한 것이라는 생각을 가지게 된 것을 의미한다고 생각될 수 있을 것이다. 대다수의 사람들은 그 차이를 구분할 수 없기 때문이다. 그러므로 옳은 이론은 앎 자체를 위해서뿐만 아니라 삶을 위해서도 가장 중요한 조건인 것 같다. 이론은 실제에 부합할 때 가장 믿을 만하며, 그 이론에 동조하는 사람들로 하여금 그에 부합된 삶을 살 수 있도록 해 준다. 그에 대해서는 이 정도로 이야기를 마치기로 하고, 쾌락에 관한 기존의 이론들을 살펴보자.

'(34) 형이상학과 철학'에서 제시한 이야기를 돌이켜 보자. 거기에서와 똑같이 위의 시작 부분에서도 쾌락에 대한 논의의 필요성과 중요성을 이야기하고 있다.

'(29) 쾌락주의에 관한 오해'에서 미리 언급한 바와 같이 이 책 전체를 하나의 기획 하에 쓰인 것으로 볼 수도 없고, 같은 시기에 나온 이야기들이라고 보기도 어렵다. 그리고 '(34) 형이상학과 철학'에서 언급한 것처럼 7권 후반부의 쾌락에 관한 논의는 처음의 기획의도에 없다가 추가된 것으로 짐작되며, 그 이후의 논의 속에서 나타난 바와 같이 실제로 7권에서 전개된 쾌락에 관한 논의는 분명 1, 2권에서 전개된 이야기의 일부와 상반되기도 한다.

한편, 10권의 쾌락에 대한 논의는 7권의 그것과 분명 중복이다. 따라서 하나의 책에 둘 모두를 담고자 하는 것은 아니었을 것이고, 다른 시기에 쓰인 것을 아리스또뗄레스 자신이 아닌 다른 편집자가 하나의 책 속에 묶어 놓았을 것으로 짐작된다. 하지만 둘 중 어느 것이 나중의 것인지를 직접적으로 알 수는 없다. 다만, 1권에서 7권 전반부의 통제불능에 관한 논의까지는 비교적 일관된 흐름을 유지하고 있는 점을 감안하면, 7권의 후반부에 연결된 쾌락에 관한 논의까지는 비슷한 시기에 한꺼번에 쓰인 것으로 짐작된다. 그리고 내용으로 짐작컨대 10권이 1권부터 7권까지의 내용 전체보다 먼저 쓰였다고 짐작하는 것은 상당한 무리가 있다.

나의 짐작이 맞다면, 7권의 마지막 대목에서 언급한 바와 같이 아리스또뗄레스 자신이 쾌락에 대한 논의에 혼란의 소지가 있음을 느끼고 그 후 어느 시기엔가 그 문제를 다시 찬찬히 탐구하기 시작했을 것이다. 다만 쾌락에 관련해서 7권 전반부 이전의 논의에서 자신이 이야기했던 것들 중 적어도 일부는 쾌락에 대한 7권 후반부의 논의와 상충하므로, 7권 전반부 이전의 논의와는 가능한 한 독립적으로 쾌락의 문제를 다루고자 했을 것이다.

실제로 7권의 후반부에 나타난 논의에서 쾌락에 관한 연구의 필요성에 관해 '성격적인 덕과 악덕이 쾌락과 고통에 연관된 것임을 우리는 전제한 바 있으며'라고 이야기한 것이 있다. 이것은 2권의 내용('(25) 아빠테이아'와 '(26) 선택의 세 가지 이유'에 제시된 내용)과의 연결을 보여주는 것이다. 그리고 '정치'나 '목적' 등에 관해서도 언급하고 있는데 이들 역시 1권의 내용과의 연관성을 짐작케 한다. 그런데 그에 비해서 위의 이야기에서는 그러한 연결고리를 찾기 어렵다.

배경이 어찌 되었건, 위 이야기의 뒷부분에서는 쾌락이 나쁜 것이 아닐지라도 나쁜 것이라고 이야기해야만 한다는 생각을 가진 사람들을 거론하고 있다. 그 사람들의 생각은 '쾌락이 나쁜 것이 아니라고 이야기한다면 많은 사람들이 쾌락을 추구하는 삶을 살 것이고 그것은 사회에 해를 끼칠 것이다. 따라서 쾌락은 나쁜 것이어야만 한다'는 것이다.

그와 비슷한 논리를 펴는 사람들은 요즘도 흔히 볼 수 있다. 하지만 적어도 학문적 탐구는 그러한 이해득실의 문제가 아니다. 어느 것이 이익이 되는가를 생각하는 순간, 어느 것인 참인가를 묻는 학문적 탐구는 위협을 받게 된다. 실제로 학문적 탐구를 하는 학자, 예를 들어 'X는 A인가 혹은 B인가'를 탐구하는 사람이 있는데, X가 A일 경우에는 그것이 자신에게 이득이 되고 X가 B일 경우에는 해를 끼친다는 것을 그 사람이 알고 있다면, 그는 X가 A라고 결론 내리게 될 가능성이 높다(그런 학자들을 우리는 많이 보아 왔다). 또한 비교적 논리적인 학자가 의외의 실수로 잘못된 결론에 도달하는 경우들을 보면, 그 중 상당수는 그 잘못된 결론이 그 학자 자신에게 이득이 되는 경우이다. 학자들이 아닌 사람들의 경우라면 그러한 이해관계로 인한 잘못된 판단의 가능성은 더더욱 높다.

따라서 학자는, 아니 학자든 아니든 누구나 '무언가에 대한 이성적인 사고'에 있어서는 그와 관련된 자신의 '이해관계에 대한 생각'을 하지 않는 것이 바람직할 것이다. 하지만 우리의 '무언가에 관한 이성적인 사고'는 정도의 차이는 있을지라도 항상 우리와 어떤 이해관계를 가지며, 그것을 일부러 생각하지 않는 것은 어려운 일이다. 이처럼 자신과의 이해관계가 분명한 어떤 일에 관해 이성적인 사고를 해야 할 경우에는 자신의 논리에 대해 스스로 더 많이 의심하여야 한다.

한편, 아리스또뗄레스는 여기서 쾌락이 나쁜 것이라고 주장하는 사람들이 '실제'가 아닌 '이론'에 근거하고 있다는 점을 지적하고 있다. 즉 쾌락은 나쁜 것이라는 주장은 이론적인 전제에 근거한 것이고 쾌락은 좋은 것이라는 주장은 실제 경험을 전제로 한 것이다. 그런데 이론적인 전제에 근거한 결론과 실제적인 경험에 근거한 결론이 상반된다면 두 가지 전제 중 어느 한 쪽은 거짓이다.

여기서 아리스또뗄레스는 이론이 실제에 부합하지 않을 경우 그 이론을 의심하여야 한다는 이야기를 하고 있다. 사실 이 한 마디의 이야기는 생각보다 큰 의미를 담고 있다. '(11) 영혼과 정신'의 뒷부분에 제시된 이야기에서 아리스또뗄레스 자신이 비슷하게 언급한 바와 같이 논리적 사고의 출발이 되는 명제는 감각을 통해 얻어진 것이거나 습관화된 것이거나 선천적으로 존재하는 것이거나 혹은 그들로부터 추론에 의해 얻어진 것이다. 그런데 어떤 학자들은 학문적 탐구에 있어서는 감각을 통해 얻어진 것 이외에는 어느 것도 믿어선 안 된다고 생각하고 (대개의 자연학자들이 그러하다), 어떤 학자들은 감각에는 항상 오류의 가능성이 있으므로 타당하다고 생각되는 추론의 결론이 감각되는 사실에 상반될 경우 감각을 의심하여야 한다고 생각한다(혹자는 그래서 날아가는 화살은 실은 멈춰있다고 주장하기도 했다). 사실 쁠라똔의 이데아론은 후자의 성향의 대표적 예이며, 아리스또뗄레스 자신 역시 그러한 성향을 어느 정도 물려받은 사람이다(실제로 1권에서 여러 차례 언급한 바와 같이 아리스또뗄레스는 '습관화된 전제'를 수용하여야 한다고 주장하는 입장을 보였다). 그러한 아리스또뗄레스가 노골적으로 자연학자들의 성향을 보이고 있는 것이다.

(40) 에우독소스

여기서 아리스또뗄레스는 쾌락이 좋은 것이라는 견해로 에우독소스의 이야기를 인용하고 있다. 에우독소스는 '(17) 칭찬과 존경'에서 쾌락을 가장 좋은 것이라고 주장하는 사람으로 언급되었던 바 있다. 그는 쁠라똔의 제자 중 한 명이었다고 하는데, 쾌락에 대해서 쁠라똔이나 그 제자들의 보편적 견해와는 반대되는 견해를 가진 인물이었던 것이다.

> [10-2-1 ~ 10-2-4중간] 에우독소스는 쾌락이 좋은 것이라고 생각하였다. 그 근거는 모든 생물이, 이성적인 생물이든 비이성적인 생물이든 간에, 쾌락을 지향한다는 것이다. 어떤 경우에나 선택의 대상이 되는 것, 즉 바람직한 것이 좋은 것이며, 가장 바람직한 것이 가장 좋은 것이다. 모든 생물이 동일한 것을 향해 이끌린다는 것은 모든 생물에게 이것이 가장 좋은 것임을 의미하는 것이다(왜냐하면, 각각의 생물은 그 자신에게 좋은 것을 찾아내게 된다. 예를 들면 각각의 생물은 자신에게 적합한 음식을 찾아내게 된다). 모두에게 좋은 것, 그리고 모두가 지향하는 것, 그것이 좋은 것이다.
>
> 하지만 그의 이론이 인정받은 것은 이론 자체보다는 그의 우수한 인품에 기인한 바가 컸다. 그는 뛰어나게 절제적인 인품을 가진 것으로 생각되었기 때문이다. 그러므로 쾌락의 신봉자로서가 아니라 진리의 신봉자로서 이러한 이론을 주장하는 것이라고 생각되었던 것이다.
>
> 또한 그는 쾌락과 반대되는 것을 살펴볼 때에도 역시 쾌

락이 좋은 것임이 명확해진다고 생각했다. 고통은 그 자체로서 모든 생물에게 회피의 대상이므로, 그 반대의 것은 바람직한 것일 수밖에 없는 것이다.

또한, 다른 것 때문에, 또는 다른 것을 위해서가 아니라 그 자체로서 우리가 선택하는 것이 바로 가장 바람직한 것인데, 쾌락이 그러한 것이라는 점에 대해서는 이견이 없다. 아무도 '무엇을 위해서 즐거워하는가'라고 질문하지 않는다. 쾌락은 그 자체로서 바람직한 것이라고 생각되는 것이다.

또한, 쾌락이 다른 어떤 좋은 것, 예를 들어 정의로운 행위나 절제 같은 것에 더해지면 그것을 더욱 바람직한 것으로 만든다. 좋은 것을 더 좋게 만드는 것은 좋은 것일 수밖에 없다. 그런데, 이러한 주장은 분명 쾌락이 좋은 것들 중의 하나님을 입증하기는 하지만, 그렇다고 해서 다른 좋은 것보다 더 좋은 것임을 입증하는 것은 아닌 듯하다. 어떤 좋은 것이든 간에 다른 좋은 것에 동반될 때 그것은 더 바람직한 것이 될 것이기 때문이다. 오히려 쁠라똔은 그와 비슷한 이론에 근거해서 쾌락이 좋은 것이 아님을 주장하였다. 즐거운 삶이 사리분별을 동반하는 경우에 그렇지 않은 경우에 비해 더욱 바람직한 것이다. 만일 그렇게 복합된 것이 더 좋은 것이라면, 쾌락은 좋은 것이 아니다. 왜냐하면, 진정으로 좋은 것은 거기에 아무 것도 더해지지 않은 상태에서 더욱 바람직한 것이 되기 때문이다. 본질적으로 좋은 것이 동반될 때 더욱 바람직하게 되는 것은 어떤 것도 좋은 것이라고 볼 수 없음은 분명하다. 그렇다면 그러한 특성을 가진 것으로서 우리 역시 공유하는 것은 무엇인가? 우리가 탐구하고자 하는 것은 바로 그것이다.

여기서 아리스또뗄레스는 쾌락에 관한 기존의 의견들을 다룸에 있어서 이전과 좀 다른 방식을 취하고 있다. 이후에 이어지는 이야기에서 나타나겠지만 10권에서는 쾌락이 좋은 것이라는 견해와 쾌락이 나쁜 것이라는 견해의 두 가지를 다루고 있다. 7권에서 모든 쾌락은 나쁘다는 견해(그리고 그와 더불어 쾌락이 가장 좋은 것은 아니라는 견해)와 일부의 쾌락은 나쁘고 일부의 쾌락은 좋다는 견해로 나누어 비판한 것과는 비교되는 방식인 것이다('(34) 형이상학과 철학'). 짐작컨대 7권에서는 쾌락이라는 용어를 사용함에 있어 육체적인 쾌락은 진정한 쾌락이 아니라는 선입견을 가지고 있었던 것에 비해 10권에서는 좀더 자유분방한 자세로 논의를 시작하고 있는 것 같다.

쾌락은 모두가 지향하는 것이므로 좋은 것이라는 이야기나 고통이 나쁜 것이고 쾌락은 고통의 반대이므로 좋은 것이라는 이야기는 이전에도 언급된 바이다('(36) 나쁜 것의 반대'). 그런데 쾌락이 좋은 것이라는 주장의 또 다른 근거로 쾌락은 다른 것의 수단이 아니라 그 자체로 목적이라는 점을 이야기하고 있다. 이러한 점은 '좋은 것'과 '행복'에 관한 기초적인 논의 과정에서 무언가가 진정으로 좋은 것인가를 판단하는 중요한 기준이었다. 이 책 전체의 서두, 즉 '(3) 좋은 사람'에서 가장 기본적인 전제로 제시한 내용이 바로 그것이었다. 즉, 어떤 목적이 또 다른 목적에 예속된다면 궁극적인 목적이 수단적인 목적에 비해 더 좋은 것이라는 것이다. 그리고 실제로 '(8) 네 가지의 좋은 것들'에서 명예나 돈이 진정으로 좋은 것이라고 할 수 없는 근거는 그들이 모두 다른 어떤 것의 수단이기 때문이었다.

그러한 점에서 본다면, 쾌락은 다른 어떤 것보다도 좋은 것이라고 생각된다. '무엇을 위해서 즐거워하는가'라는 질문에 대한 대답은 없으며, 그것은 곧 쾌락을 수단으로 하여 우리가 달성하고자 하는 궁극적 목적은 없다는 의미이기 때문이다. 그리고 아리스또뗄레스가 이전에 가장 좋은 것이라고 규정했던 '덕에 부합하는 정신의 활동' 역시 쾌락을 유발하며, '(13) 쾌락'에서 논의한 바와 같이 그것이 쾌락을 목적으로 하는 것이 아니라고 할 수는 없다. 또한 7권에서 여러 차례 진정한 쾌락의 예로 제시했던 '통찰의 쾌락'의 경우에도, 만일 그것이 쾌락을 동반하지 않는다 해도 인간이 그것을 추구할 것이라고 생각되지는 않는다. 실제로 '(17) 칭찬과 존경'에서 쾌락이 가장 좋은 것이라고 하는 에우독소스의 의견에 대해 아리스또뗄레스도 그 타당성을 인정한 바 있다.

한편 마지막 문단에서 쾌락과 다른 좋은 것의 관계에 대한 논의는 논란을 야기한다. 어쨌든 이 대목에서 아리스또뗄레스는 쾌락이 가장 좋은 것이 아닐 수도 있다는 점을 이야기하고자 하는 것 같다. 쁠라똔의 사변적인 반론은 차치하고라도 아리스또뗄레스가 이야기하는 점, 즉 '쾌락이 다른 좋은 것에 더해질 때 그것을 더 좋은 것으로 만든다'는 사실이 곧 '쾌락이 가장 좋은 것이다'라는 것을 뒷받침하는 근거가 될 수 없다는 것은 분명 타당한 것이다.

결국 논의는 쾌락이 가장 좋은 것인가 아니면 그저 좋은 것들 중 하나일 뿐인가의 문제로 귀결되는 듯하다. 그리고 그 논의는 그 동안 여러 차례 언급된 바와 같이 쾌락의 여러 종류와 그들 간의 차이에 관한 것이다. 다만 그 동안 그 문제에 대해 아리스또뗄레스가 견지해 왔던 견해, 즉 육체적인 쾌락은 진정한 쾌락(또는 본질적인 쾌락 또는 바람직한 쾌락)이 아니라는 견해는 그 동안의 논의에서 그 근거를 의심하지 않을 수 없게 되었으므로 일단은 여러 종류의 쾌락에 대해 본질적인 차이가 있다는 전제를 갖지 않고 자유분방한 자세로 접근해야 할 것이다.

(41) 금욕주의에 대한 논박

앞에서 예고한 바대로 이어지는 이야기에서는 쾌락이 나쁜 것이라고 주장하는 사람들이 내세우는 근거를 하나하나 반박하고 있다.

[10-2-4중간 ~ 10-3-3] 한편, 모든 생물이 지향하는 것이 좋은 것이라는 주장에 반대하는 사람들의 이야기는 말이 되지 않는다. 모든 사람들에게 좋다고 생각되는 것을 좋은 것이라고 말하기 때문이다. 그러한 믿음에 반대하는 사람의 주장이 더 설득력을 가질 수는 없을 것이다. 만일 사고력이 없는 생물들만이 쾌락을 추구한다면, 그들의 주장이 의미를 가질 수 있을 것이다. 반면, 분별적인 사려를 가진 생물 역시 쾌락을 추구한다면, 그들의 주장은 의미를 가질 수 없다. 아마 열등한 생물들에게도 어떤 자연적인 것, 그들 자체의 본성보다 더 좋은 어떤 면이 있고, 그것이 그들 나름대로의 좋은 것을 지향하고 있을지도 모른다.

또한 쾌락과 반대되는 것에 대한 이론 역시 옳지 않다. 그들의 주장에 의하면, 고통이 악이라고 해서 쾌락이 좋은 것이라고 할 수는 없다. 나쁜 것이 나쁜 것에 상반되기도 하고 중간적인 것에 상반되기도 하기 때문이다. 이러한 주장은 틀리지 않은 것이지만, 쾌락과 고통에 대한 논의에 적용되지는 않는다. 만일 쾌락과 고통이 모두 나쁜 것에 속한다면, 두 가지 모두 피해야 할 것이라고 보아야 하며, 중간적인 것들에 속한다면 피해야 할 것이 아니거나 혹은 마찬가지로 피해야 할 것이어야 한다. 그런데, 사람들은 고통은 악한 것이라고 생각해서 피하고, 쾌락은 좋은 것이라고 생각해서 선택한다. 이와 같이 두 가지는 서로 상반되는 것이다.

쾌락이란 어떤 성질을 지칭하는 것이 아니므로 좋은 것에 속하지도 않는다고 생각하는 것 역시 옳지 않다. 덕의 활동도 어떤 성질을 지칭하는 것이 아니며, 행복 역시 어떤 성질을 지칭하는 것이 아니기 때문이다.

또한 어떤 이들은, 좋은 것은 규정적인 데 비해 쾌락은 무규정적인 것이라고 말한다. 쾌락에는 더하고 덜함이 있을 수 있기 때문이다. 만일 쾌락에 더하고 덜함이 있음에 근거해서 이러한 판단을 하는 것이라면, 정의나 다른 덕에 대해서도 마찬가지이다. 실제로 정의나 다른 덕에 관련해서도, 더 그러한 사람이 있다거나 덜 그러한 사람이 있다고 이야기하기 때문이다(더 정의롭다거나 더 용감하다고 하는 경우가 있으며, 또 더 정의롭게 행위한다거나 더 절제한다고 하는 경우가 있다. 덜한 경우도 마찬가지이다). 또한 그들은 쾌락이 무규정적이라고 말하면서 그 이유를 설명하지 않는다. 그들의 주장과 같이 쾌락에 순수한 것과 혼합된 것이 있다는 점을 인정한다고 한다면 그 이유를 납득할 수 없다. 건강이 규정적인 것임에도 불구하고 더하고 덜한 것이 있을 수 있는 것과 마찬가지로, 쾌락 역시 그러하다고 생각할 수 있다. 건강과 관련해서, 동일한 균형이 모든 사람에게 해당될 수는 없다. 또한 동일한 사람에 있어서도 어떤 특정한 하나의 균형이 늘 존재하는 것도 아니어서, 특정한 균형이 해소된 상태로 어느 정도의 시간동안 유지되기도 한다. 더하고 덜함에 있어 차이를 보일 수 있는 것이다. 쾌락에 있어서도 이와 마찬가지일 수 있다.

아리스또뗄레스가 반박하는 것처럼 금욕주의자들의 근거는 말

그대로 '말이 되지 않는다'. 그리고 그들이 왜 말이 되지 않는 것을 고수하는지에 대해서도 우리는 짐작할 수 있다. 즉, '(39) 참이어야 하는 것'에서 논의한 것처럼 쾌락이 나쁜 것이 아니라고 하면, 즉 쾌락이 좋은 것이라고 하면 많은 우매한 사람들이 그 말을 믿고 쾌락을 추구하게 될 것이며, 그렇게 된다면 우리의 사회는 난장판이 될 것이라는 생각 때문이다.

그런데 그런 생각도 참이라고 보기 어렵다(나는 여기에서 나 자신의 이야기에 대해 더 많이 의심하여야 한다. 왜냐하면 그것이 참이라면 내게 해가 되므로, 그들과 똑같이 그것이 참이라 할지라도 거짓이라고 말할 가능성이 높기 때문이다). 우선, 1) 누구나 인정하듯이 예나 지금이나 사회를 구성하는 대다수의 사람들은 쾌락을 추구하는 삶을 살고 있다. 누군가가 쾌락이 좋은 것이라고 말하지 않더라도 이미 대다수의 사람들이 쾌락을 추구하고 있는 것이다. 따라서 누군가가 쾌락이 좋은 것이라고 말할 때 금욕주의에서 쾌락주의로 삶의 방향을 전환할 대상자들 수 자체가 그리 많지 않다.

2) 그렇다면 아직 쾌락이 나쁜 것이라고 생각하고 또 쾌락을 추구하지 않는 삶을 살고 있는 소수의 사회 구성원만을 두고 생각해 보자. 에우독소스가 그러한 것처럼 덕망 있는 학자들 중에도 쾌락이 좋은 것이라고 말하는 사람은 늘 있다. 누군가가 새로이 그러한 이야기를 한다고 해서 그것이 그들에게 새로운 이야기일 것이 없는 것이다. 따라서 쾌락이 나쁜 것이라고 생각하고 있던 사람이 그 누군가의 이야기로 인해 쾌락이 좋은 것이라고 생각하게 될 가능성은 높지 않다.

3) 그렇다면 그 소수의 사람들 중 쾌락이 나쁜 것이라는 생각

이 거짓이었음을 깨닫게 될 소수의 사람들만을 두고 생각해 보자. 그 사람들이 쾌락이 좋은 것이라는 생각을 갖게 된다고 해서 그 다음 날부터 바로 쾌락을 추구하는 삶 쪽으로 전향하게 되기는 어렵다. 누구나 인정하는 바와 같이 인간의 행위는 많은 부분 천성과 습관에 의해 그 성향이 결정되고 한번 형성된 성향은 쉽게 바뀌지 않는다. 따라서 그들이 실제로 쾌락을 추구하게 될 가능성은 그리 높지 않다.

4) 그렇다면 그 소수 중의 소수의 사람들 중에서 쾌락을 추구하는 삶을 살게 될 소수의 사람들만을 두고 생각해 보자. 그 사람들이 쾌락을 추구하게 되었다고 해서 그들의 행위가 사회에 해악을 끼칠 가능성은 그리 높지 않다. 쾌락을 추구하는 삶이 항상 다른 사람에게 피해를 끼치는 것은 아니기 때문이다.

그렇다면 그 소수 중의 소수 중의 소수의 사람들이 쾌락을 추구함으로 인해 하게 되는 행위들 중에 사회에 해악을 끼칠 행위는 얼마나 되겠는가? 그리고 그로 인해 일어날 사회의 혼란은 얼마나 되겠는가?

실은 충분한 논의를 위해서는 나머지의 대다수 사람들에게 미칠 영향을 모두 고려하여야겠지만 그것은 긴 이야기가 될 것이므로 위의 이야기 정도로만 줄이기로 하자('무언가에 대한 이성적인 사고'에 있어서는 그와 관련된 자신의 '이해관계에 대한 생각'을 하지 않는 것이 어렵다면 그 사고를 길게 끌고 가는 것은 바람직하지 않다). 다만 쾌락이 좋은 것이라는 이야기가 그와 반대로 사회에 이익이 될 가능성 역시 고려하여야 하리라.

(42) 혼란의 순환

쾌락이 나쁜 것이라는 주장에 대한 반박은 계속된다.

[10-3-4 ~ 10-3-13] 어떤 사람들은, 좋은 것은 완성된 것이며 변화와 생성과정은 미완의 것이라고 전제하고서, 쾌락은 변화와 생성과정임을 입증하고자 한다. 이는 옳지 않은 것 같다. 쾌락은 변화가 아닌 듯하다. 모든 변화에는 빠르고 느림이 있다고 생각되기 때문이다. 만일 우주의 운동처럼 그 자체로서의 빠르고 느림이 없다면 다른 어떤 대상에 대해서 상대적으로라도 빠르고 느림이 있다. 그런데 쾌락에는 어떤 종류의 빠르고 느림도 없다. 분기에 빠지는 경우와 마찬가지로 '즐거워지는' 것에는 빠름이 있을 수 있으나, '즐거워하는' 것에는 빠름이 있을 수 없다. 또한 걷거나 자라거나 하는 경우에서처럼 다른 사람에 비해 상대적으로 빠른 것도 있을 수 없다. 쾌락에 빠져드는 것은 빠르거나 느릴 수 있지만, 쾌락을 누리는 것, 즉 즐거워하는 것은 빠를 수가 없다.

또한, 쾌락이 모종의 생성과정일 수도 없을 것 같다. 아무것에서나 아무것이 생겨나는 것은 아니며, 어떤 것으로부터 생성된 것은 다시 그것으로 소멸해간다. 그리고 무언가의 생성이 쾌락이라고 한다면, 고통은 그것의 소멸이다. 그런데, 그들의 주장에 의하면 고통은 모종의 자연적인 요소가 부족한 것이며 쾌락은 그것이 보충되는 것이다. 그리고 이들은 어떤 육체적인 상태이다. 그런데, 만일 자연적인 상태로의 보충이 쾌락이라면, 그 보충이 일어나는 부위가 쾌락을 느끼는 주체일 것이다. 즉, 육체인 것이다. 하지만 그렇게 생각되지는 않는다. 그러므로 그러한 보충이 바로 쾌락인 것이 아니라, 보충이 일어나는 동안 다른 쾌락을 느끼는 것이다. 이는 피부의 절개 과정에서 고통을 느끼는 것과 마찬가지이다. 그들의 견해는 아마도 음식과 관련한 고통과 쾌락에서 유래한 것 같다. 부족이 발생하고 그로 인해 고통을 겪은 상태에서 보충을 통해 쾌락을 느끼기 때문이다. 하지만 이러한 예가 모든 쾌락에 부합되지는 않는다. 배움의 쾌락은 고통과 무관하며, 감각적인 쾌락 중에서도 후각을 통한 쾌락, 그리고 많은 종류의 청각적, 시각적 쾌락, 또 기억과 희망 역시 그러하다. 이러한 것들이 어떤 생성과정이라고 한다면 도대체 무엇의 생성과정인가? 보충이 일어날 만한 어떤 부족이 이전에 있었던 바가 없기 때문이다.

쾌락 중에서 창피한 종류의 쾌락을 내세우는 사람들의 주장에 대하여, 그러한 것들은 실은 쾌락이 아니라고 말할 수 있을 것이다. 악한 성격을 가진 사람들에게 쾌락을 준다고 해서 그것이 다른 사람들에게까지도 쾌락을 줄 것이라고 생각할 수는 없다. 병에 걸린 사람에게 유익하거나 달거나 쓴 것이 다른 사람들에게도 모두 그렇게 느껴지지는 않으며, 눈에 질병이 있는 사람에게 희게 보이는 것이 다른 사람들에게는 희게 보이지 않을 수 있는 것과 마찬가지이다.

또는 다음과 같이 생각할 수도 있다. 즉, 쾌락은 바람직한 것이지만, 그러한 것들에서 유래하는 경우에는 바람직한 것이 아니다. 부가 바람직한 것일지라도 배반행위를 통한 부는 그렇지 않으며, 건강이 바람직한 것일지라도 먹을 수 없는 것까지 먹으면서 이룩한 건강은 그렇지 않는 것과 마찬가지이다. 쾌락에 여러 종류가 있을 수 있고, 좋은 것들을 통한 쾌락과 부끄러운 것들을 통한 쾌락은 다른 것이다. 정의롭지 못한 사람이 정의의 쾌락을 느낄 수 없고, 문화적이지 않은 사람이 문화의 쾌락을 느낄 수 없으며, 다른 것들에 관해서도 마찬가지이다.

친구와 아첨꾼의 차이는, 쾌락은 좋은 것이 아니거나 또는 여러 종류의 다른 쾌락이 있음을 보여주는 것 같다. 친구는 좋은 것을 위해 우정을 나누지만, 아첨꾼은 쾌락을 위해 관계를 쌓는다. 아첨꾼은 비난받지만, 친구는 쾌락이 아닌 다른 것을 위해 우정을 나누기 때문에 칭찬받는다.

평생 어린아이들의 생각을 가지고서 어린이들이 즐거워하는 그런 것들에서 쾌락을 느끼면서 살고자 하는 사람은 없을 것이다. 부끄러운 짓을 함으로써 쾌락을 누리고자 하는 사람도 없을 것이다. 그것이 나중에 어떤 고통을 초래할까봐 두려워할 필요가 없다 할지라도, 그런 짓을 하고자 하지는 않는 것이다.

한편, 쾌락을 가져다주지 않음에도 불구하고 우리가 열심히 하고자 하는 그런 일들도 있다. 예를 들어, 보는 것, 기억하는 것, 아는 것, 덕을 갖추는 것이 그러하다. 이런 것들에 필연적으로 쾌락이 동반된다 할지라도, 달라질 것은 없다. 그들로부터 쾌락이 주어지지 않는다 할지라도 여전히 우리는 그러한 것들을 하고자 할 것이기 때문이다.

위와 같은 논의들을 통해서, 쾌락 자체가 좋은 것이 아니며, 모든 쾌락이 바람직한 것이지도 않다는 것은 분명해진 듯하다. 또한 쾌락에 따라 그 종류가 다르거나 그것을 유발하는 것이 달라서, 이들 중 어떤 쾌락은 그 자체로서 바람직하다는 것 역시 분명해진 듯하다. 쾌락과 고통에 관한 기존의 주장들에 관해서는 그 정도로 충분히 논의된 것으로 하자.

그런데 이야기의 후반부에서 줄거리는 다시 쾌락의 일부는 나쁜 것임을 인정하는 방향으로 흐르고 있다. 결국 흐름은 진정한 쾌락과 우연적인 쾌락의 문제로 논의를 되돌리게 될 것이며, 결국에 가서는 혼란을 해소하지 못한 채 같은 이야기를 반복하는 꼴이 되고 말 것이다(실제로 이후의 이야기는 그렇게 흘러간다). 쾌락은 좋은 것이라는 명제를 인정하고 동시에 쾌락의 일부는 나쁜 것이라는 명제를 인정한다면, 그 일부의 나쁜 쾌락은 실은 쾌락이 아니어야 하기 때문이다(적어도 아리스또뗄레스는 그렇게 생각하고 있는 듯하다). 그런데 쾌락의 일부가 실은 쾌락이 아니라고 하면 쾌락이 좋은 것이라는 명제가 위협받는다. 쾌락이 좋은 것이라고 했던 근거에 쾌락이 아닌 쾌락이 포함되기 때문이다('(36) 나쁜 것의 반대', '(40) 에우독소스).

다시 말하자면, 쾌락은 모두 좋은 것이라는 주장도 참이고 쾌락의 일부는 나쁜 것이라는 주장도 참인 것은 논리적으로 불가능한 것이다. 만일 진정한 쾌락만이 쾌락이고 일부의 나쁜 쾌락은 실은 쾌락이 아니라고 하면, 나쁜 쾌락을 포괄하는 쾌락 일반에 대해 그것은 좋은 것이라고 말했던 것이 거짓이 된다. 그런데 아리스또뗄레스 자신은 쾌락이 좋은 것이라는 주장을 인정하지 않을 수 없다.

(43) 자연학

여기서 이야기는 '쾌락이란 무엇인가?'에 관한 논의로 전환된다. 사실 쾌락이 좋은 것인가 혹은 나쁜 것인가에 관한 기존의 주장들을 검토하는 과정에서 아리스또뗄레스 자신의 견해가 이미 대부분 드러난 듯하므로 이야기는 다소 지루한 느낌이 든다.

> [10-4-1 ~ 10-4-4] 쾌락이 무엇인지, 어떠한 것인지의 문제에 관해 처음으로 되돌아가서 생각해봄으로써 더욱 분명해질 것이다. 보는 행위는 그 행위가 일어나는 시간 중 어느 시점에서나 완전한 것이라고 생각된다. 어떤 것이 부족하고, 부족한 그것이 충족됨으로써 보는 행위의 특성을 완성시키는 것이 아니기 때문이다. 쾌락도 그와 비슷한 것 같다. 쾌락은 어떤 온전한 것이어서, 어떤 시점에 보더라도 쾌락은, 그것이 더 오랜 시간에 걸쳐 생성된다 해서 그것의 특성을 더 완전하게 될 수 있는 그런 것이 아니다. 그러한 이유에 근거해서 쾌락은 어떤 변화가 아니라는 사실을 알 수 있다. 모든 변화는 어떤 시간에 걸쳐 일어나며, 어떤 종착점을 향해 일어나기 때문이다. 예를 들자면, 건축이 그러하다. 그래서 지향했던 목적이 달성되었을 때 완성되는 것이다. 그러므로 전체의 시간에 걸쳐 완성되는 것이거나 혹은 목적이 달성되는 시점에 완성되는 것이라고 말할 수 있다. 모든 변화에 있어서, 그 시간의 어느 한 부분만을 놓고 볼 때에는 불완전하다. 그리고 그 각각의 부분들에 해당하는 변화의 부분들은 변화 전체와는 다른 특성의 것이며 또 그 부분들 서로

간에도 다르다. 건축에 비유하자면, 벽돌을 쌓는 일과 기둥에 홈을 내는 일은 서로 다르며, 그 두 가지 모두는 신전을 짓는 일 전체와 다른 것이다. 그리고 신전의 건축은 완전한 반면 (주어진 목적에 비해 부족한 것이 없기 때문이다), 기반을 만드는 일이나 세로홈을 만드는 일은 불완전하다 (그런 것들은 신전의 한 부분에 불과하기 때문이다). 그러므로 그들은 다른 종류의 것들이며, 어떤 특정한 시점에 변화가 완성된다고 할 수 없다. 그 시간 전체에 걸쳐 완성된다고 해야 하는 것이다. 걸어가기 또는 그와 유사한 다른 이동행위들에서도 마찬가지이다. 이동이 어딘가로부터 어딘가로의 변화라고 한다면, 이동에는 여러 다른 종류, 즉 날아가기, 걸어가기, 껑충껑충 뛰어가기 등등의 여러 가지가 있다. 그뿐 아니라, 걸어가기 자체에도 여러 다른 종류가 있다(경주로 전체의 출발점이나 도착점은 경주로 한 부분의 출발점이나 도착점과 다르며, 각각의 부분의 출발점이나 도착점은 다른 부분의 출발점이나 도착점과 다르다. 또한 동일한 길이의 부분이라 할지라도 이 부분의 동선을 지나가는 것과 저 부분의 동선을 지나가는 것은 다르다. 단순히 어떤 길이의 동선을 지나는 것이 아니라, 어떤 특정한 장소에 위치하는 동선을 지나는 것인데, 두 개의 동선은 서로 다른 장소에 위치하고 있기 때문이다). 그러나 변화에 관한 자세한 논의는 다른 곳에서 다루었으므로 생략하기로 하자. 다만, 다음과 같이 정리할 수 있을 것 같다. 즉, 변화는 어떤 시점에서나 완전한 것은 아니다. 그리고 변화의 부분들은 불완전하다. 또한 변화의 부분들은, 출발점과 종착점이 그 변화의 종류를 규정하는 것이라는 전제하에서 볼 때, 그 종류에 있어서 다른 것들이다. 그런데 쾌락은 어떤 시점에 보더라도 그 종류에 있어서 완전한 것이다. 그러므로 변화와 쾌락은 서로 다른 것이며, 쾌락은 온전하고 완전한 것들 중의 하나임이 분명하다. 또한,

변화는 어떤 시간에 걸쳐 일어나는 것일 수밖에 없는 데 비해 쾌락은 그렇지 않다는 점에서도 그러한 결론을 확인할 수 있다. 어느 한 시점의 쾌락은 그 자체로서 온전한 것이기 때문이다. 또한 위의 논의로부터, 쾌락이 모종의 변화나 생성과정이라고 주장하는 것은 옳지 않음이 분명히 드러난다. 변화나 생성과정이라고 말하는 것은 모든 것에 적용될 수 있는 것이 아니라, 부분으로 나눌 수 있고 전체적이지 않은 것들에만 적용되는 것이다. 보는 행위나 점이나 단위에 있어서는 그들의 생성과정이란 있을 수 없다(이들 모두는 변화도 아니고 생성과정도 아니다). 쾌락도 마찬가지이다. 그것은 온전한 것이기 때문이다.

아리스또뗄레스는 여기서 쾌락이란 무엇인가를 논의함에 있어서 본격적으로 자연학적인 성향을 보이는 듯하다.

좋은 것에 관한 논의 전체에 앞서서 아리스또뗄레스는 '좋은 것'에 관한 논의는 정치에 귀결되며 이 분야의 탐구에 있어서는 수학적인 추론과 같은 정확성을 기대할 수 없다고 이야기한 바 있다. 즉, 이미 우리가 보편적으로 받아들이고 있는 '좋은 것'에 관한 기본전제를 인정하고서 논의를 시작해야 한다는 것이다('(5) 정치학의 한계', 그리고 '(7) 습관화된 전제'). 그리고 '(18) 정치가와 의사'에서는 정치가가 쁘쉬케에 관해서 잘 알아야 하는 것은 분명하지만 쁘쉬케에 관한 탐구는 정치에 관한 탐구에 필요한 만큼까지만 하는 것이 바람직하다고 이야기한 바 있다.

하지만 현재 논의의 대상이 되고 있는 쾌락의 문제에 관한 한 그런 접근 방법에 한계가 있음이 드러난 듯하다. 쾌락은 나쁜 것이라는 기본전제는 일찍이 폐기되었다고 간주할 수 있으며, 쾌락의 일부가 나쁜 것이라는 견해는 버릴 수가 없는데 그로 인해 혼란이 유발되고 있다. 그러한 면에서 본다면, 이 논의 전체의 기본전제, 즉 우리가 '좋은 것'에 관해 보편적으로 받아들이고 있는 기본전제의 어떤 부분에 오류가 있을 가능성이 높다.

자연학은 '좋은 것'에 관한 보편적 기본전제를 전혀 사용하지 않고 다만 자연현상에 대한 감각적 관찰만을 기본전제로 사용하는 학문분야이다. 따라서 그 자체는 어떤 것이 좋은가에 대한 대답을 주지는 못한다. 기본 전제 어디에도 '좋은 것'이란 개념은 없기 때문이다. 하지만 지금에 이르러서 쾌락의 문제를 다룸에 있어서는 그러한 자연학적 태도가 도움을 줄 수 있을 것 같다. 혼란을 야기하는 원인 중에 하나가 '좋은 것'이라는 개념이기 때문이다.

사실 아리스또뗄레스 자신의 학자로서의 노선은 기본적으로는 자연학에 큰 비중을 두지 않는 듯하다. 쁠라똔 철학이 수학에 뿌리를 두고 있는 데 비해 아리스또뗄레스 철학은 자연학(그 중에서도 생물학 및 생리학)에 뿌리를 두고 있다고 말하는 사람이 많고, 그러한 견해는 실제로 그 두 사람에 대한 적절한 비교라고 생각된다. 하지만 헬라스 자연학의 본류라고 할 수 있는 이오니아 자연학자들과 비교할 때, 아리스또뗄레스는 스승인 쁠라똔의 영향으로 인해 관념론적인 성향을 짙게 띠고 있다.

하지만 아리스또뗄레스가 노년기로 접어들수록 점차로 자연학에 더 많은 비중을 두게 되었다는 점은 분명한 것 같다. 특히 그의 생물학 분야의 저술에서 드러나는 관찰자로서의 면밀함과 정확성과 끈기는 동료 자연학자인 내가 볼 때 놀라운 것이다. 그가 만일 마케도니아에서 아테나이가 아닌 이오니아로 유학을 떠났다면 그는 생전에 자연학 분야에서 엄청난 업적을 쌓았을 것이라는 생각이 들기도 한다.

어찌 되었건 위의 이야기는 자연학적인 성향이 짙게 배어 있다. 저 긴 이야기 속에 '좋은'이라거나 '나쁜'이라거나 하는 단어는 한 번도 사용되지 않고 있으며 매우 구체적인 감각 현상들을 자주 언급하고 있다.

(44) 목적인

하지만 아리스또뗄레스는 철저한 자연학자가 되지는 못했던 것 같다. 그는 자연학적인 논의에서 다시 '좋은'이라는 단어를 사용하기 시작한다. 더욱이 아리스또뗄레스는 여기서 자연학자들이 수용할 수 없는 또 하나의 고질적인 관념론적 선입견을 드러낸다.

> [10-4-5 ~ 10-4-11] 모든 감각은 감각대상에 관계하여 활동하는 것이며, 감각이 가장 좋은 감각대상을 향해 잘 배치되어 있을 때 가장 완전하게 활동한다(완전한 활동이란 바로 그러한 것이라고 생각되기 때문이다. 그 활동의 주체가 감각 자체이든 아니면 감각이 일어나는 기관이든, 달라질 것은 없을 것이다). 따라서 각각의 감각에 있어서도, 감각대상들 중 가장 좋은 것을 향해 가장 잘 배치된 감각이 활동할 때 그것이 가장 좋은 활동이다. 그러한 활동이 곧 가장 완전한 활동이며 가장 즐거운 활동일 것이다. 왜냐하면, 모든 감각에는 그에 해당하는 쾌락이 있고, 마찬가지로 이성과 통찰에도 그에 해당하는 쾌락이 있는데, 그 감각의 활동이 가장 완전할 때 가장 즐거울 것이며, 가장 완전한 활동은 그 대상들 중 가장 훌륭한 것을 향해 잘 배치된 감각의 활동이기 때문이다.
>
> 그리고 쾌락은 그 활동을 완성시킨다. 하지만 쾌락이 활동을 완성시키는 기전은 훌륭한 감각대상이나 훌륭한 감각이 활동을 완성시키는 기전과는 다르다. 이는 건강함을 이룩하는 데 있어서 건강과 의사가 같은 방식으로 기여하는 것이

아닌 것과 마찬가지이다. (각각의 감각에서 쾌락이 발생한다는 것은 분명하다. 우리는 어떤 볼거리 또는 들을거리가 쾌락을 준다고 표현하기 때문이다. 또한 감각이 가장 좋은 상태이면서 가장 좋은 것을 향해 활동할 때 가장 즐겁다는 것 역시 분명하다. 감각대상과 감각주체가 그러한 상태에 있을 때, 유발인자와 피동인자의 존재로 인해 항상 쾌락이 생겨나게 될 것이다.) 쾌락이 활동을 완성시키는 것은, 내재하는 어떤 성질로서 그런 효과를 나타내는 것이 아니라, 구현되는 어떤 목적으로서의 의미이다. 예를 들자면, 한창 나이의 청년에 있어 인생의 전성기와 같은 것이다. 사고나 감각의 대상이 적당한 상태에 있고, 감지하는 주체나 통찰하는 주체가 역시 그러한 상태에 있다면, 그 활동에서 쾌락이 생겨날 것이다. 유발인자와 피동인자가 비슷한 상태에 있으면서 서로에 대한 관계에 있어서 동일한 양상을 유지한다면, 늘 동일한 결과가 초래되기 때문이다.

그렇다면, 왜 쾌락은 지속되지 않는 것인가? 아마도 그것은 감소되는 것인 듯하다. 인간에서 일어나는 모든 활동은 지속적으로 일어날 수 없기 때문이다. 그러므로 쾌락은 지속될 수 없다. 활동에 동반되는 것이기 때문이다. 그러한 이유로 해서, 어떤 것들을 새로이 접하면 기쁨을 느끼지만, 시간이 지나면 전과 같지 않게 되는 것이다. 무언가를 주의 깊게 바라보는 사람들의 경우와 마찬가지로, 처음에는 이성이 자극되어 그들에 대해 활발하게 활동을 하지만, 나중에는 활동이 덜 활발하게 되고 주의가 분산된다. 따라서 쾌락도 약화되는 것이다.

모든 사람이 쾌락을 추구한다고 생각된다. 모든 사람이 살고자 하기 때문이다. 삶은 일종의 활동이며, 각각의 인간은 자신이 가장 좋아하는 대상에 대해서 자신이 가장 좋아하는 역량을 발휘해서 활동을 한다. 예를 들어 음악가는 음악에

> 대해 청각을 발휘하여 활동을 하고, 배움을 좋아하는 사람은 철학적 문제에 대해 이성을 발휘하여 활동을 하고, 다른 사람들도 이와 마찬가지이다. 그리고 쾌락은 그러한 활동들을 완성시키고, 따라서 인간이 추구하는 삶을 완성시킨다. 그러므로 사람들이 쾌락을 지향하는 것은 지당한 일이다. 각자의 삶을 완성시키는 것으로서, 바람직한 것이 때문이다. 쾌락 때문에 삶을 선택하는 것인지, 살기 위해서 쾌락을 선택하는 것인지의 문제는 현재의 논의에서는 제외시키기로 하자. 이 두 가지는 서로 얽혀 있어서 분리시킬 수 없는 듯하다. 활동 없이는 쾌락이 생겨날 수 없으며, 모든 활동은 쾌락에 의해 완성되는 것이기 때문이다.

쾌락은 가장 좋은 상태의 감각대상에 대해 가장 좋은 상태의 감각기관이 활동할 때 나타난다는 이야기는 물론 자연학적인 태도는 아니다. 좋은 상태의 감각대상이라는 것은 자연학적인 용어가 아니기 때문이다(좋다는 것은 감각 자체로 인해 판단되는 것이 아니라 감각으로 인한 심상에 의해 판단된다). 하지만 구체적으로 어떤 감각대상이 좋은 감각대상인지에 대한 이야기만 피한다면, '좋은'이라는 말을 '특정한'이라는 부정형용사로 바꾸기만 하면 자연학적인 태도에 위배되지 않는다.

자연학자로서 도저히 공감할 수 없는 이야기는 목적이 과정을 완성시킨다는 이야기이다. 건강이라는 목적이 환자의 치료과정을 완성시킨다거나 쾌락이 활동을 완성시킨다거나 하는 이야기가 바로 그것이다. 만일 아리스또뗄레스의 '또 하나의 고질적인 관념론적 선입견'을 내가 미리 알지 못했다면 나는 아마도 그 이야기 자체를 이해하지 못했을 것이다.

'또 하나의 고질적인 관념론적 선입견'이란 목적이 자연현상의 원인이 된다는 주장이다. 예를 들자면, 아리스또뗄레스는 먹는 현상의 원인을 '배가 고파서'라는 유발인자에서 찾기보다는 '살기 위해서'라는 목적의 측면에서 찾고자 하였다. 단적인 예로 그는 여러 저작에서 '자연은 아무 목적 없이 어떤 변화를 일으키지 않는다'라는 표현을 되풀이한다. 즉 모든 자연현상은 지향하는 목적이 있으며 그 목적이 있기 때문에 그 현상이 일어났다고 하는 것이다. 그리고 어떤 자연현상의 목적이 달성되는 시점은 물론 그 현상보다 시간적으로 뒤이지만, 그 목적이 발생한 것은 시간적으로 현상보다 이전이며 그런 의미에서 아직 구현되지는 않았지만 존재하고 있는 그 목적이 바로 현상의 원인이라고 주장하였다. 그러므로 모든 자연현상의 궁극적인 원인은 바로 이 목적(후대에 학자들은 causa finalis, 즉 '목적원인'이라는 교묘한 표현을 도입하였다)이므로 이것에 대한 탐구가 당연히 학문의 가장 큰 과제 중 하나라고 생각하였다. 이러한 전제는 소위 '목적론'이라고 불리면서 아리스또뗄레스의 사상 전반에 걸쳐 가장 기본적인 토대를 이루고 있다. 그리고 '형이상학'에서는 모든 현상이 어떤 좋은 목적을 가지고 있으며 그 좋은 것들 중 가장 좋은 목적이란 바로 신이라는 주장을 펼치기도 했다.

물론 그런 주장에 대해 일부라도 찬성하는 분도 많으시겠지만, 적어도 자연학자의 상식으로는 수긍할 수 없다. 자연현상에는 시간적 순서가 있으며 나중에 일어난 현상이 먼저 일어난 현상의 원인일 수 없기 때문이다. 만일 자연 만물에 그런 목적이 미리 내재하고 있다고 주장한다 할지라도 그 증거를 감각으로부터 얻을 수는 없다면 자연학자는 수용할 수 없다. 우리가 감각할 수 없지만 바닷물에 먹구름을 만드는 목적이 내재해 있고, 먹구름 속에 벼이삭을 자라게 하는 목적이 내재하고 있고, 벼이삭 속에 인간을 배부르게 할 목적이 내재하고 있다는 주장을 어떻게 수긍하겠는가? 그리고 만에 하나 수긍한다 할지라도 그것은 자연학의 탐구에 큰 방해가 되므로 궁극적으로 언젠가는 자연학을 포기하든지 목적론을 포기해야 할 것이다.

(45) 쾌락의 경쟁

비록 부분적으로 논란의 소지는 있으나 어쨌든 쾌락에 대한 논의는 비교적 이전의 논의들로부터 독립적으로 진행되어 가는 듯하다. 그리고 논의는 다시 쾌락의 종류에 관한 논의로 넘어간다.

> [10-5-1 ~ 10-5-5] 앞의 논의에 근거해서 볼 때, 쾌락에 여러 종류가 있는 것으로 생각된다. 다른 종류의 것들에 있어서 그것들을 완성시키는 것 역시 다른 종류의 것들이라고 생각되기 때문이다. 동물, 식물, 그림, 조각상, 집, 가구 등 자연물이나 인공물 모두에서 이러한 사실을 찾아볼 수 있다. 마찬가지로, 다른 종류의 활동들은 다른 종류의 어떤 것들에 의해서 완성되는 것으로 생각된다. 그런데, 이성의 활동은 감각의 활동과는 다르며, 또한 이성이나 감각의 활동 중에서도 서로 다른 여러 종류가 있다. 따라서 그것들을 완성시키는 쾌락 역시 여러 종류가 있는 것이다.
>
> 또한, 이러한 사실은 각각의 쾌락과 그것에 의해 완성되는 활동 사이에 존재하는 연계를 통해서도 알 수 있다. 즉, 각각의 쾌락에 의해서 그와 연계되는 활동이 항진된다. 쾌락을 느끼면서 어떤 활동을 하는 사람들이 그렇지 않은 사람들에 비해 더 잘 판단하고 더 정확히 수행하는 것이다. 예를 들어, 기하학을 하면서 즐거워하는 사람은 더 훌륭한 기하학자가 되고 기하학의 과제들을 더 잘 파악한다. 마찬가지로, 음악가나 건축가 등의 사람들도 즐기면서 하는 경우에 각각의 일을 더 잘 수행한다. 쾌락이 이러한 항진 작용을 하는데,

어떤 쾌락이 하는가 하는 것은 각각에 고유한 것이다. 다른 종류의 일들에 대해 각각에 고유한 쾌락 역시 다른 종류의 쾌락이다.

또한, 이를 더 명확히 보여주는 증거는, 다른 활동들에 기인하는 쾌락에 의해 활동이 방해받는다는 것이다. 피리 연주를 좋아하는 사람은 피리 연주를 들으면서 논리적인 토론에 집중할 수 없다. 논리적인 토론의 활동보다 피리 연주를 듣는 활동을 더 즐기기 때문이다. 즉, 피리 연주를 듣는 활동에서 얻어지는 쾌락이 논리적인 토론과 관련된 활동을 소멸시키는 것이다. 이러한 현상은 동시에 두 가지 활동을 하고자 하는 다른 경우들에서도 나타난다. 더 즐거운 활동이 나머지 한 쪽의 활동을 저해하며, 쾌락의 정도가 많이 다를수록 그 저해의 정도도 심해지고, 결국 그 활동은 더 이상 일어나지 못하게 되는 것이다. 그러므로 어느 한 가지 일에 깊이 매료되어 즐기고 있을 때에는 다른 일을 하기가 매우 어렵게 된다. 하지만 어떤 일에 약간 만족을 느끼고 있는 상황에서는 다른 일을 할 수가 있다. 예를 들어, 극장에서 군것질을 하고 있는 사람은, 연극이 재미없을 때 군것질에 가장 열중하게 된다. 각 활동에 고유한 쾌락이 그 활동을 더 정확한 것이 되도록 하고, 또 더 지속되고 더 좋아지게 만들지만 다른 활동들은 저해한다는 사실을 볼 때, 쾌락에 여러 종류가 있음은 분명하다. 실제로 어떤 활동에 대해서, 다른 종류의 쾌락이 미치는 효과는 그 활동에 고유한 고통이 갖는 효과와 거의 같다. 고유한 고통은 그 활동을 소멸시키는 것이기 때문이다. 예를 들자면 글을 쓰거나 셈을 하는 일을 지겨워하고 괴로워하는 사람의 경우가 있다. 그런 사람들은 글을 쓰거나 셈을 하지 못한다. 그 활동이 고통스럽기 때문이다. 활동과 관련해서 그에 고유한 쾌락과 고통이 미치는 결과는 정반대이다. 그리고 어떤 활동에 고유한 쾌락 또는 고통이란 그 활동 자체에서 생겨나는 것을 말한다. 다른 종류의 쾌락은, 말한 바와 같이, 고통이 초래하는 것과 유사한 결과를 초래한다. 같은 정도는 아닐지라도 활동을 소멸시키는 것이다.

여기서도 쾌락에 대한 자연학적인 탐구는 계속된다. 특히 다른 활동들에 기인하는 쾌락에 의해 활동이 방해받는다는 이야기는 여러 종류의 쾌락이 대등하게 경쟁한다는 점을 이야기하고 있는 것으로서 이전의 견해와는 다른 면이 있는 것 같다.

'(13) 쾌락'에서 처음 나타났던 쾌락의 종류에 관한 언급에서, 여러 쾌락이 경쟁하는 것은 그들이 진정한 쾌락이 아니기 때문이라는 이야기가 있었다. 이는 진정한 쾌락은 (즉, 덕에 부합하는 정신의 활동에 동반하는 쾌락)은 서로 경쟁하지 않는다는 점을 암시한 것이었다. 그리고 '(36) 나쁜 것의 반대'에서 제시된 이야기, 즉 육체적인 쾌락은 통찰의 쾌락 같은 진정한 의미의 쾌락을 방해하지 않기 위해 필요하다는 이야기는, 육체적인 쾌락이 달성됨으로써 소위 '자연적인 상태'가 되고 자연적인 상태가 됨으로써 비로소 진정한 쾌락을 동반하는 활동을 할 수 있게 된다는 의미로 해석된다.

그런데 지금의 이야기에서는 쾌락의 여러 종류가 서로 경쟁한다는 점을 이야기함에 있어서 어떤 한 종류의 쾌락에 국한해서 말하지 않고 있다. 즉, 논리적인 토론, 피리 연주 듣기, 연극 보기, 군것질 등의 활동을 예시하면서 그들 각각에 동반되는 쾌락이 다른 활동을 방해한다고 말하고 있다. 이것은 결국 육체적인 쾌락이 통찰의 쾌락을 방해할 수 있다는 이야기로 연결될 수도 있다고 생각된다.

그리고 만일 육체적인 쾌락과 통찰의 쾌락이 그러한 면에서 구분될 것이 없다고 한다면, 적어도 자연학적인 관점에서는 그 두 가지의 쾌락이 질적으로 다른 것이라고 볼 근거가 없다. 즉, 육체적인 쾌락과 통찰의 쾌락이 모두 좋은 것이라면 그들 중 어느 한 쪽이 다른 한 쪽에 비해 더 좋은 것이라고 볼 근거가 없는 것이다.

(46) 다시 '훌륭한 사람'

그리고 이제 쾌락의 좋고 나쁨에 관한 이야기가 이어진다.

[10-5-6 ~ 10-5-7] 여러 종류의 활동들은 적절한가 혹은 나쁜가 하는 점에서 차이를 나타낸다. 어떤 것은 바람직하고 어떤 것은 피해야 하는 것이며 또 어떤 것은 그 어느 쪽도 아니다. 따라서 쾌락도 마찬가지이다. 각각의 활동에 대해 그에 고유한 쾌락이 있기 때문이다. 그러므로 훌륭한 활동에 고유한 쾌락은 적절한 것이며, 나쁜 활동에 고유한 쾌락은 악한 것이다. 욕망에 관해서도 마찬가지로 좋은 것에 대한 욕망은 칭찬받으며, 부끄러운 것에 대한 욕망은 비난받는다. 어떤 활동에서 느끼는 쾌락은 그 활동에 대한 욕구보다 더 밀접하게 그 활동에 연계된다. 왜냐하면 욕구는 시간이나 특성에 있어서 활동과 구분되는 것인데 비해, 쾌락은 그 활동에 밀접한 관계를 갖기 때문이다. 실제로 그 두 가지의 구분이 어렵기 때문에 활동이 쾌락과 같은 것이 아닌가 하는 논란이 발생하기도 하는 것이다. 하지만 그 두 가지가 같은 것일 수는 없다. 쾌락이 이성적 사고나 감각이라고 생각되지는 않기 때문이다. 다만 두 가지가 구분되지 않기 때문에 어떤 사람들에게는 같은 것이라고 여겨지기도 하는 것이다.

따라서 활동에 여러 종류가 있듯이 쾌락에도 여러 종류가 있다. 시각 활동은 촉각에 비해 순수성에 있어서 우월하며, 청각과 후각은 미각에 비해 우월하다. 마찬가지로 쾌락도 차이를 나타낸다. 이성적 활동과 관련된 쾌락이 순수성에 있어서 감각적 활동과 관련된 쾌락에 비해 우월하며, 두 가지 각각에서도 여러 종류의 쾌락들이 서로 다르다.

여기서도 좋은 쾌락과 나쁜 쾌락을 구별하고 있다. 하지만 논리 전개가 다르다.

이전의 논의에서 아리스또뗄레스 자신이 일부의 쾌락은 나쁜 것이라고 이야기했던 이론적 근거는 '서로 경쟁한다'라는 것이나 '부족함을 보충하는 과정에서 생기는 것이다'라는 것이나 '우연적이다'라는 것이었다. 하지만 우리가 논의해 왔다시피 이러한 근거는 참이 아니거나 혹은 참이라 할지라도 쾌락이 나쁘다고 할 만한 객관적 근거가 되지는 못하는 것 같다. 쾌락 자체가 갖는 어떤 특성상의 차이를 가지고서 좋은 쾌락과 나쁜 쾌락을 구분하기는 어려운 것이다.

그런데 여기서는 쾌락과 그 쾌락을 유발하는 활동을 구분하고, 일차적으로 쾌락 자체가 아닌 여러 활동들의 좋고 나쁨을 이야기하고 있다. 즉, 육체적인 쾌락과 통찰의 쾌락에 있어서, 육체적인 쾌락을 유발하는 활동, 예를 들면 음식을 먹는 활동이 통찰의 쾌락을 유발하는 활동, 즉 통찰에 비해 나쁘다는 것이다.

눈에 잘 띄지 않기는 하지만 실은 쾌락과 그 쾌락을 유발하는 활동을 구분한 것 자체는 획기적인 발상 전환이다. 지금까지의 논의에서 쾌락이 좋은가 나쁜가를 이야기하면서 아리스또뗄레스 자신이 쾌락을 유발하는 활동 또는 그로부터 유발된 쾌락 자체 중 어느 것을 대상으로 하는지에 대해 언급한 적이 거의 없기 때문이다(실은 '(42) 혼란의 순환'에서 제시된 이야기에서 얼핏 드러났던

적이 있다).

이러한 발상 전환은 모든 쾌락은 좋은 것이라는 명제를 위협하지 않으면서 동시에 일부의 쾌락은 나쁜 것이라는 명제도 위협하지 않는 해결책이 될 수 있다. 활동과 그에 따르는 쾌락을 분리해서 쾌락만을 대상으로 말할 때에는 모든 쾌락은 좋은 것이라고 말할 수 있는 것이다.

그런데 안타깝게도 아리스또뗄레스는 활동과 그로 인한 쾌락은 같은 것이 아니라고 말하면서도 활동이 좋은 것이면 그로 인한 쾌락도 좋은 것이고 활동이 나쁜 것이면 그로 인한 쾌락도 나쁜 것이라고 말하고 있다. 두 가지가 구분되기는 하지만 좋은가 나쁜가에 있어서는 운명을 같이한다는 것이다. 따라서 결론은 역시나 일부의 쾌락은 나쁘다는 쪽으로 흘러가게 된다. 그리고 '(42) 혼란의 순환'에서와 다름없이 논리적 혼란은 해소되지 못한 채 그대로 남아 있다.

그리고 그 다음의 논의는 역시나 '그렇다면 어떤 쾌락이 좋은 쾌락이고 어떤 쾌락이 나쁜 쾌락인가?'의 문제로 전환된다. 그래서 그 다음 대목, 즉 10권에 등장한 쾌락에 대한 논의의 마지막 대목에서 어떤 쾌락이 좋은 쾌락인가에 대한 아리스또뗄레스 나름의 판단기준을 제시하고 있다.

> [10-5-8 ~ 10-5-11] 또한 각각의 동물에게는 그에 고유한 기능이 있는 것과 마찬가지로 그에 고유한 쾌락이 있는 것으로 생각된다. 그 기능의 활동에 관련되는 쾌락이 바로 그 동물의 고유한 쾌락인 것이다. 각각의 동물들을 살펴보면 이

를 분명히 알 수 있을 것이다. 말의 쾌락과 개의 쾌락과 사람의 쾌락은 서로 다르다. 예를 들어, 헤라끌레이또스가 말한 바 있듯이, 당나귀는 금보다 여물을 선택할 것이다. 당나귀에게는 금보다 먹이가 더 즐거운 것이기 때문이다. 다른 종에 속한 동물들의 쾌락은 그 종류에 있어서 차이를 나타내는 반면, 같은 종에 속한 동물들 간에는 쾌락의 종류에 차이가 없을 것으로 생각되기 쉽다. 하지만 인간들 간에는 적지 않은 차이가 나타난다. 동일한 것에 의해서 어떤 사람들은 기뻐하고 어떤 사람들은 고통스러워하며, 어떤 사람들에게 고통스럽고 혐오스러운 것이 다른 사람에게는 즐겁고 사랑스러운 경우가 있는 것이다. 단맛을 내는 음식에 있어서도 이러한 예를 볼 수 있다. 열병을 앓는 사람과 건강한 사람에게는 각기 다른 맛이 느껴지기 때문이다. 또 쇠약한 사람과 건장한 사람은 같은 대상에 대해 다른 온도를 느끼기도 한다. 이러한 현상은 다른 것들에 대해서도 마찬가지이다.

이러한 모든 경우들에 있어서, 훌륭한 사람에게 그렇다고 생각되는 것이 진정으로 그러한 것인 듯하다. 그것이 옳다면, 그리고 사람의 훌륭함을 판단하는 기준이 그 사람의 덕과 선함이라면, 이러한 사람들에게 쾌락이라고 생각되는 것들이 바로 진정한 쾌락이며, 이들이 즐거워하는 대상이 진정 즐거운 것이라고 볼 수 있을 것이다. 이들에게 불쾌하게 느껴지는 것이 다른 누군가에게는 즐거운 것으로 느껴진다고 해서 놀랄 만한 일은 아니다. 인간에게는 많은 종류의 타락과 질병이 생기기 때문이다. 그러한 것들은 진정으로 즐거운 것이 아니며, 그저 이러한 사람들에게만 이러한 상태에 놓임으로 인해 즐거운 것이다. 따라서 누구나 부끄러운 것이라고 인정하는 종류의 쾌락은 쾌락이라고 말할 수 없음은 분명하다. 단지 타락한 사람들에게만 쾌락이라고 여겨질 뿐인 것이다.

> 그렇다면, 적절한 것이라고 생각되는 쾌락들 중에서 어떤 것, 또는 무엇이 인간의 쾌락이라고 보아야 할 것인가? 아마도 인간의 활동을 생각해 보면 답을 얻을 수 있을 것이다. 쾌락은 활동에 동반되는 것이기 때문이다. 그것이 하나이든 또는 여러 가지든 간에 완전하고 복된 인간이 수행하는 활동, 바로 그 활동을 완성시키는 쾌락이 진정한 인간의 쾌락이라고 말할 수 있을 것이다. 그리고 상응하는 활동과 마찬가지로, 나머지의 쾌락은 그에 비해 낮은 수준의 쾌락이라고 말할 수 있을 것이다.

결론적으로 좋은 쾌락에 대한 판단기준은 훌륭한 사람이 추구하는 쾌락이다. 그리고 훌륭한 사람이란 어떤 사람인가에 대한 논의는 '(10) 인간의 할 일'에서 제시된 이야기로 회귀한다.

그러한 이야기는 나에게는 다소 실망스럽다. 나는 훌륭한 사람이 어떤 사람인지를 아리스또뗄레스에게 물었다. 그런데 아리스또뗄레스는 훌륭한 사람, 즉 좋은 사람이란 행복한 사람이며, 행복한 사람은 '인간의 할 일'을 잘 하는 사람이며, 인간의 할 일이란 '덕에 부합되는 정신의 활동'이라고 이야기했다. 그리고 '덕에 부합되는 정신의 활동'이란 결국은 좋은 쾌락을 즐기는 것인데 좋은 쾌락이란 훌륭한 사람이 즐기는 쾌락이라고 이야기했다. 좋은 사람은 좋은 일을 하는 사람이고 좋은 일은 좋은 사람이 하는 일이라는 이야기가 아닌가?

용기니 절제니 정의니 하는 덕목들에 관한 이야기는 나에게는 도움이 되지 않는다. 나는 어떤 것들이 덕목에 포함되는지 궁금한 것이 아니라 그것들이 어떤 근거로 덕목에 포함되는지 궁금했던 것이다. 그리고 그것들이 덕목에 포함되는 근거는 그것들이 '인간의 할 일'이라는 것인데, 그것들이 어째서 인간의 할 일인가에 대해서는 결국은 '습관화된 전제'라는 불확실한 (적어도 자연학자인 내게는 의심스러운) 것에 의존해서 이야기할 수밖에 없다.

더욱더 곤란한 것은 그러한 모든 이야기 속에 상충하는 명제들이 포함되어 있다는 것이다. 특히 쾌락은 좋은 것인가 혹은 나쁜 것인가의 문제에 관련된 혼란은 여전히 고통스럽다.

4. 자연학자의 쾌락론

(47) 프롤로그: 퍼즐 맞추기

이제 아리스또뗄레스의 이야기를 듣는 것을 마무리하고 내가 아리스또뗄레스에게 이야기를 해 보고자 한다. 이 이야기는 '(11) 영혼과 정신', [1-7-17이하]에서 아리스또뗄레스가 지식의 진보 과정에서의 '공백 메우는 것'이라고 표현한 것이다. 나는 지금까지의 아리스또뗄레스의 이야기가 커다란 학문적 진보이며, 같은 학자의 한 사람으로서 존경스러운 업적이라고 생각한다. 내가 공백 메우기를 하는 것은 그것을 발전시키고 구체화하는 일이 될 수 있을 것 같다(아리스또뗄레스는 그런 것에 관해 '누구나 할 수 있는 일'이라고 표현한다).

다만 나는 아리스또뗄레스가 각각의 탐구에 있어서 같은 정도로 정확성을 추구해선 안 된다고 이야기하는 것에는 입장을 달리 한다. 목수는 목수에게 필요한 수준까지만 직각을 추구하고 기하학자는 진리를 추구하는 학자로서 그에 필요한 수준까지 직각을 탐구하듯이, 정치를 하는 사람은 정치에 필요한 수준까지만 정확성을 추구하고 '습관화된 전제', 즉 덕에 관한 기본적인 전제에 대해서까지도 그 이유를 따지고자 해선 안 된다고 아리스또뗄레스는 말하지만, 적어도 나에게는 이 탐구는 정치와 행위를 목적으로 한 것이 아니라 진리를 목적으로 한 것이다. 따라서 나는 목수의 태도가 아니라 기하학자의 태도로 덕과 행복에 관해 탐구하고자 한다. 즉, 목수는 직각자를 가지고 직각을 그리지만, 기하학자는 자와 콤파스를 가지고 직각을 그리고서 직각자가 그것에 맞는지를 의심한다. 마찬가지로 나는 '습관화된 전제', 즉 용기나 정의나 절제가 좋은 것이라는 것을 논의의 기본전제로 삼지 않고자 한다.

아리스또뗄레스는 '(7) 습관화된 전제', [1-4-5이하]에서 원리들로부터 시작하는 추론, 즉 '습관화된 전제'로부터 시작하는 추론을 당연한 방법으로 상정하고 만일 그러한 전제들을 가지고 있지 않다면 구제불능이라고 말하고 있다. 그렇게 보자면 나는 이 탐구에 있어서 구제불능인 사람과 마찬가지인 셈이다. 하지만 아리스또뗄레스 자신도 때때로 시도하고 있는 바와 같이, 습관화된 전제들을 배제하고 우리가 사용하는 용어들에 대한 정확한 규정과 감각에 의해 알려지는 개별적 사실들만을 가지고서 탐구를 하는 것은 가능하다(이전에 언급했듯이 그것이 바로 자연학자들의 태도이다).

그러한 태도가 요구되는 가장 중요한 이유는 앞에서 이야기한 바와 같이 아리스또뗄레스의 탐구에 논리적 오류가 있다고 생각되기 때문이다. 그 오류는 분명 '기본적 전제'의 어느 부분에 기인한다. 목수가 직각자를 이용해서 나무판으로 정사각형 모양을 만들고자 하여 한 직선으로부터 위로 수선을 긋고 거기서 다시 오른쪽으로 수선을 긋고 거기서 다시 아래로 수선을 그었는데 그 수선과 처음의 직선을 직각자로 검증해 보니 직각이 아닌 것이다. 따라서 우리는 기하학자의 방법으로 직각을 그어 그 직각자를 검증해 보고 틀린 만큼 바로잡은 이후에 다시 지금까지 그었던 선들 역시 바로잡아야 한다.

어쩌면 아리스또뗄레스 자신이 그러한 작업들을 시도했을지도 모른다. 실제로 니꼬마코스 윤리학이라는 책과 거의 동일한 주제를 다루고 있는 에우데모스 윤리학이라는 책이 있는데, 그것은 니꼬마꼬스 윤리학에서의 이야기들에 비해 좀더 스케치에 가까운 것으로 평가된다. 즉, 니꼬마코스 윤리학 자체가 이전의 초기 작업에 대한 수정의 결과일 가능성이 높은 것이다. 또한 우리가 여러 차례 보았듯이 니꼬마코스 윤리학 내에서도 아리스또뗄레스의 탐구 작업에 수정이 가해지는 것을 짐작할 수 있다. 그리고 다른 아리스또뗄레스의 저작들 속에서 종종 그런 수정 작업의 흔적을 볼 수 있는 경우도 있다. 더욱이, 우리에게 남아있지 않은 수많은 아리스또뗄레스의 이야기들 속에 그런 수정 작업의 결과가 있었을 지도 모를 일이다.

어찌 되었건 나는 지금 아리스또떼렐스가 시작한 퍼즐 맞추기를 이어받아 계속하고 있다. 몇몇 퍼즐 조각은 제 자리에 놓여 있고, 몇몇 조각은 비슷한 위치라고 생각되지만 정확치 않게 놓여 있고, 몇몇 퍼즐은 아직 자리를 찾지 못하고 있으며, 몇몇 군데는 맞는 퍼즐 조각이 없이 비어 있다. 그리고 퍼즐이 완성되었을 때 나타날 모양이 어떤 것인지에 관해서는 아리스또뗄레스와 내가 같은 생각을 가지고 있다.

퍼즐의 제목은 '좋은 것'이다. 그리고 그 제목이 쓰인 조각들은 지금 제 자리, 즉 맨 처음의 위치에 놓여 있다. '(3) 좋은 사람', [1-1-1이하]에서 이야기하는 바대로 좋은 것이란 모든 사람들이 지향하는 것이다. 다시 말하자면 좋은 것이란 곧 사람들이 목적으로 삼는 것이다. 그리고 우리가 진정한 좋은 것을 찾기 위한 판단근거로서 '어떤 목적이 다른 목적의 수단이 될 때에는 그 궁극적 목적이 더 좋은 것이며, 수단이 되는 좋은 것은 좋은 것으로서의 자격에 있어 열등한 것이다'라는 사실을 인정할 수 있다.

하지만 '(4) 가장 좋은 것', [1-2-1]의 퍼즐 조각, 즉 어떤 하나의 '가장 좋은 것'이 있다고 하는 전제에 대해서는 조심할 필요가 있다. 여러 개의 '가장 좋은 것'이 있을 수도 있기 때문이다. 실제로 '(46) 다시 '훌륭한 사람' [10-5-8이하]에서 '그것이 하나이든 또는 여러 가지든 간에 완전하고 복된 인간이 수행하는 활동, 바로 그 활동을 완성시키는 쾌락이 진정한 인간의 쾌락이라고 말할 수 있을 것이다'라는 언급을 감안하면 일단은 좋은 것의 우열을 비교하기 어려울 수도 있다고 판단하는 쪽이 안전할 것이다.

특히 '(4) 가장 좋은 것', [1-2-2이하]에서 우리의 탐구의 대상, 즉 '가장 좋은 것'이란 결국은 정치의 목적이라는 것은 매우 의심스럽다. 어느 하나의 '가장 좋은 것'이 있다고 할 때 그것이 반드시 정치의 목적이라고 할 수 없다. 이러한 판단의 근거는 '개인의 목적과 국가의 목적이 같다면'이라는 전제인데, 이것은 섣부른 판단이다. 아리스또뗄레스도 여러 군데에서 언급하고 있듯이 사람마다 지향하는 바가 다르기 때문이다. 그리고 그 중 다수가 지향하는 바가 설혹 하나에 귀결된다고 해도 그것이 국가의 목적과 같다고 단정할 수는 없는 것이다.

따라서 우리는 역시 우리가 탐구하는 것이 곧 정치의 목적이라는 선입견에 연연하지 않는 편이 나을 듯하다. 결과적으로 우리는 '(5) 정치학의 한계', [1-3-1이하] 및 [1-3-5이하]에서 장황하게 이야기하고 있는 정치학의 한계에 관해서도 크게 괘념치 않고 본격적인 이야기를 시작할 수 있을 것 같다.

(48) 욕구 충족

'(6) 행복', [1-4-1이하]에서 '좋은 것'을 행복이라고 규정한 것은 우리의 탐구에 있어서 부제 정도로 생각하면 될 듯하다. 단지 우리가 탐구하는 것을 '행복이라는 것이 무엇인가'에서 찾아야 한다는 의미에서가 아니라, '행복이라는 것이 무엇인가'를 결국 우리가 찾는 좋은 것에서 찾을 수 있다는 의미로 받아들여야 한다. 행복의 사전적 의미는 '복된 좋은 운수', 또는 '생활에서 충분한 만족과 기쁨을 느끼는 흐뭇한 상태' 등인데, 여기서 사전 편찬자가 사용하고 있는 '복된', '좋은', '충분한 만족', '기쁨', '흐뭇한' 등의 모든 표현은 결국 '좋은'으로 귀결된다.

이제 좋은 것이란 무엇일까를 생각함에 있어 그 답을 구성하는 재료들은 우리가 사용하는 단어들 속에서 찾아야 할 것이며 결국 사람들이 좋은 것이라고 말하는 것들 중 어떤 것들이 좋은 것에 가장 잘 부합하는지를 하나하나 검증해 보아야 할 것이다. 그리고 현재까지의 논의에서 인정된 판단의 유일한 근거는 어느 목적이 다른 목적의 수단이 될 때 전자보다는 후자가 좋은 것에 더 부합한다는 것이다.

'(8) 네 가지의 좋은 것들', [1-5-1이하]에서 그러한 후보로서 가장 유력한 것들 중 몇 가지, 즉 쾌락과 명예와 덕과 학문과 돈이 거론되었다(행운에 대해서는 아직 언급이 없지만 그것 역시 많은 사람들이 좋은 것이라고 하는 것 중 하나이다). 그런데 명예나 돈이나 덕은 그 자체가 목적이 아니다. 그리고 학문 역시 많은 경우 그 자체가 목적이 아니다. 한편, 아리스또뗄레스도 인정한 것처럼 그 모든 것들은 모종의 방식으로 쾌락을 유발하는 것으로 인정되며, 따라서 현재로서는 쾌락이 좋은 것의 조건에 가장 부합하는 것으로 생각된다.

'(9) 자급자족', [1-7-1이하]에서 논의된 내용은 '(6) 행복'의 내용에 다름 없으므로 가벼이 넘어가도 될 것 같다. 다만 여기서 아리스또뗄레스가 명예나 지혜나 모든 덕은 물론 쾌락 역시 행복을 위한 수단이라고 언급한 것은 그런 것들이 아닌 다른 무엇(즉, 덕에 부합하는 정신의 활동)을 행복이라고 규정할 것을 염두에 둔 이야기이므로 우리가 쾌락이 궁극적인 좋은 것이라는 가설을 견지하는 데 있어 방해가 되지 않는다.

여기서 우리는 아리스또뗄레스가 행복의 규정을 시도한 '(10) 인간의 할 일'로 넘어가기에 앞서서 퍼즐의 순서를 다시 생각해야 한다. 아리스또뗄레스가 여기서 했던 것처럼 쾌락을 추구하는 것을 '노예적인 삶'이나 '가축의 삶'으로 치부해선 안 되며, 쾌락이 명예나 돈 등과 마찬가지로 그 자체가 목적이 아닌 것이라고 생각해선 안 된다. 지금껏 살펴본 바대로 이것이 바로 혼란의 근원 중 하나였기 때문이다.

따라서 논의의 순서를 여기서 쾌락에 대한 탐구로 전환하는 것이 좋을 듯하다. 즉, 쾌락이 좋은 것이라는 가설 하에 그 가설이 참인지를 따져 보고, 동시에 그 이외에 다른 좋은 것들이 있을지를 따져 보아야 할 것이다. 그리고 아리스또뗄레스가 밟았던 전철을 참고하면서 우리 나름의 탐구를 해야 할 것 같다. 퍼즐판의 핵심적인 한 부분이 비어있거나 엉뚱한 조각들로 채워져 있는 한편으로 그 부분에 맞는 것 같은 조각들이 다른 곳에 여기저기 흩어져 있기 때문이다.

우선 우리는 여기서 우선 쾌락 자체에 대해 충분히 알아 보아야 한다. 논의의 중심이 되는 단어이므로 그것이 과연 무엇인지에 관해 가능한 한 명확성을 확보하여야 하는 것이다. 그리고 동시에 아리스또뗄레스의 쾌락에 대한 논의를 비판적으로 검증해 보아야 한다.

먼저 아리스또뗄레스가 다른 순서를 거쳐 쾌락의 문제에 도달한 '(25) 아빠테이아', [2-3-1이하], 그리고 '(26) 선택의 세 가지 이유', [2-3-7이하]를 살펴보자. 이 부근에서 나는 쾌락이 무엇인가에 관한 좀 더 명확한 규명이 필요하다고 언급한 바 있으며, 쾌락이 일종의 감정인가 아니면 감정에 의해 생겨나는 것이지만 감정과는 다른 어떤 것인가의 문제에 대해 불확실성과 이견이 있음을 지적한 바 있다. 그리고 미루었던 그 논의를 '(37) 심상'에서 구체적으로 다룬 바 있다. 결론적으로 쾌락은 일종의 감정이다(실은 우리가 감정에 포함시키는 것들 대부분, 혹은 모두가 일종의 쾌락 또는 고통이라고 할 수 있다).

한편 아리스또뗄레스 역시 '(26) 선택의 세 가지 이유', [2-3-7이하]에서 단편적으로나마 쾌락이 모든 행위의 목적이라고 생각된다는 점에 공감하고 있다. 우리의 행위는 모종의 감정, 즉 좋은 감정인 쾌락을 목적으로 하고 있는 것이다. 다만 덕과 행복과 '좋은 것'이 쾌락과 구체적으로 어떤 상관관계를 갖는지에 대해 명확한 판단을 제시하지는 못하는 것 같다.

쾌락이 어떻게 발생하는지 생각해 보자. 이와 관련한 논의 역시 여러 차례 등장한 바 있다. 처음 그 문제에 관한 언급이 등장한 '(35) 자연적인 상태', [7-12-1이하]를 살펴보자. 일단 쾌락은 아리스또뗄레스도 이야기한 바와 같이 모종의 부족으로 인해 발생하는 것 같다. 다만 아리스또뗄레스는 일부의 쾌락은 부족함이 없이 발생한다고 주장하였다. 그리고 그러한 주장은 이후에 좋은 쾌락과 나쁜 쾌락에 관한 구분의 가장 중요한 근거 중 하나가 되었고 결국 '모든 쾌락은 좋은데 일부의 쾌락은 나쁘다'는 혼란에 가담하고 있다.

이제 그 즈음에 제기했던 문제, 즉 '부족함이 없는 자연적인 상태가 가능한가?', 그리고 '부족함이 없이 발생하는 쾌락이 존재하는가?'에 대해 좀 더 자세히 논의해 보자.

아리스또뗄레스가 부족함이 없이 발생하는 쾌락이 있다고 단언한 근거는 통찰의 쾌락이나 배움의 쾌락, 많은 종류의 청각적 시각적 쾌락, 그리고 기억이나 희망 등의 예였다. 하지만 면밀히 따져 보면 그런 것들과 관련된 '부족'을 찾을 수 있다. 우리는 무언가를 알고자 할 뿐만 아니라 알지 못하는 상태를 고통스럽게 받아들이기도 한다. 누군가가 '중요한 할 얘기가 있어'라고 말하고서 '아니, 다음에 이야기하는 게 좋겠다'라고 말하면 우리는 모종의 부정적인 감정을 느낀다(화를 내는 사람들도 많다). 그 모종의 부정적인 감정이란 바로 일종의 고통이며 일종의 부족이다.

갖고 싶은 '앎'이 있는데 그것이 충족되지 않은 것이다.

한편 그런 것, 즉 '앎'의 부족이 없이도 앎의 쾌락을 느낄 수 있을까 생각해 보면, 그렇지 않다. 3 곱하기 3이 9라는 것을 알고 싶어 하는 사람에게 '3 곱하기 3은 9란다'라고 말해줄 때 그 사람은 쾌락을 느끼지만, 알고 싶어 하지 않는 사람에게 가르쳐 주면 쾌락을 느낄 수 없다. 다만 우리는 우리가 알고 싶어 하는 것이 무엇인지 모두 기억하지 못하므로 (우리는 순간순간 엄청나게 많은 궁금한 일들 속에 살고 있다. 그것에 대해 정도의 차이는 있을지라도 궁금증을 갖게 된다), 어느 날 문득 궁금하지만 궁금해 하고 있는 지도 모르는 것에 관해 누군가 이야기해 줄 때에는 쾌락을 느낀다. 아리스또뗄레스가 부족함이 없이 쾌락을 느끼는 경우가 있다고 말한 것은 실은 그러한 경우를 두고 하는 말이다.

그러므로 문제는 우리가 그 부족을 자각하느냐 혹은 자각하지 못하느냐의 차이이다. 예를 들어 음식으로 인한 쾌락에 관련된 부족은 배고픔이며 그것은 우리가 쉽게 자각하는 것에 비해 통찰의 쾌락 같은 것은 그것에 관련된 부족을 자각하지 못하거나 자각한다 해도 그것을 지칭할 적당한 용어가 없는 것이다.

그와 같은 부족으로 인해 발생하는 감정이 바로 고통이며, 그 부족이 해소되는 것, 즉 충족으로 인해 발생하는 감정이 바로 쾌락이다. 그리고 어떤 면에서도 그런 부족함이 없는 상태는 논리적으로는 존재할지 모르겠으나 실제로 우리가 경험할 가능성은 적은 듯하다. 우선 지나친 충족은 육체나 정신의 다른 부분에 부족을 야기함으로써 다른 종류의 고통을 유발하는 경우가 있다(지나치게 배가 부를 때의 고통이나 지나친 성교로 인한 고통 등의 예는 쉽게 찾을 수 있으며, 이러한 쾌락의 특성에 관해서 아리스또뗄레스 역시 '(38) 철회와 수정', [7-14-3이하]에서 구체적으로 언급한 바 있다). 또한 적어도 통찰이나 배움 같은 것과 관련해서는 부족함이 없을 수가 없는 것 같다. 우리가 궁금해 하는 것이 하나도 없는 상황은 상상하기 어렵다. 원래 궁금해 하는 것이 없거나 궁금증이 금방 없어져버리는 사람이 아니라면 우리 안에는 항상 무언가에 대한 궁금증이 있는 것이다(아리스또뗄레스는 그런 부족이 없다고 말하지만 실은 항상 있기 때문에 자각하지 못할 뿐이다).

자연학적으로 인간의 생리를 연구해 보면 그러한 부족함의 항목들이 얼마나 많은지, 그리고 그것들이 모두 충족된다는 것이 얼마나 희박한 가능성인지를 실감할 수 있다. 실제로 아리스또뗄레스가 인용한 익명의 자연학자가 이야기하는 '동물은 항상 고통스러운 상태에 있다'는 이야기('(38) 철회와 수정', [7-14-3이하])는 그러한 실감에서 비롯된 이야기인 것으로 짐작된다.

그러므로 충족의 정도에 관해서 완전한 충족 상태, 즉 모든 측면에서 부족함이 없는 소위 '자연적인 상태'를 상상하기보다는 각각의 측면에서 부족이 해소된 정도를 생각하고 그것의 평균 내지는 합으로서 한 사람의 충족 정도를 판단하는 것이 타당하리라 생각된다.

한편 그러한 부족함은 욕구를 발생시킨다. 인간을 포함한 모든 동물의 행동에서 그 행동을 유발하는 원인이 되는 것을 찾아볼 수 있는데, 적어도 자발적인 행동의 경우에서 그 행동을 유발하는 내적인 요인을 '욕구'라고 지칭한다(참고로 욕구의 사전적 정의는 '무엇을 얻거나 무슨 일을 하고자 바라는 일'이다). 그런데 욕구가 발생하는 원인은 어떤 부족함이다. 어떤 부족함이 있으나 그것을 감각하지 못하는 경우가 있을 수는 있지만, 부족함이 있고 그 부족함을 감각할 수 있음에도 불구하고 욕구가 발생하지 않는 경우는 사실상 없다고 생각된다.

욕구에 관해서는 아리스또뗄레스도 다른 저작('영혼에 관하여')에서 자세히 다루고 있고, 그에 관해 '(10) 인간의 할 일'에서 간단히 소개한 바 있다. 실은 아리스또뗄레스의 사고방식 속에서는 욕구는 욕망과 분기와 희망의 세 가지로 구분되지만, 어찌 되었든 가장 포괄적인 개념으로 욕구라는 용어를 사용함에 있어서는 혼란의 여지가 없을 것으로 보인다.

(49) 물리학

쾌락이 좋은 것이라는 가설을 검증하기에 앞서 쾌락의 발생 기전에 관해 좀 더 구체적인 논의가 필요할 것이다. '(35) 자연적인 상태', [7-12-1이하] 뿐만 아니라 '(43) 자연학', [10-4-1이하]에서 나타난 쾌락의 기전에 대한 아리스또뗄레스의 이론, 즉 '쾌락은 어떤 변화과정이 아니며 온전한 것이다'라는 주장은 우리의 자연학적 이론과 다른 듯하기 때문이다.

우리 자연학자들이 상투적으로 사용하는 방법으로, 수학적인 비유를 사용해 보자. 부족함이 -100이고 그에 따라 욕구가 100이라고 가정하자(예를 들어, 100의 음식이 부족하고 100의 식욕이 있다고 하자). 100의 욕구충족이 이루어지면 부족함은 0이 된다. 이 과정에서 쾌락은 어느 시점에 얼마가 이루어질 것인가?

부족함이 없어진 시점에서는 욕구가 없고, 욕구가 없으면 그로 인한 쾌락도 없다(이러한 전제들은 우리가 앞에서 언급한 것들이다). 그 이후에 추가로 100의 충족이 이루어진다고 가정한다 해도 쾌락의 발생은 없는 것이다. 이것은 우리가 경험하는 바와 일치한다. 따라서 쾌락은 부족함이 없어진 시점 이전에 나타난다.

이제 그 중간에 부족함이 -70일 때와 -30일 때를 비교해 보자. 욕구는 부족함에 비례할 것이므로 (이 역시 우리가 보편적인 경험으로 알 수 있는 것이다), 부족함이 -70일 때에 비해 -30일 때 작아진다. 그렇다면 쾌락은 어느 시점에 더 클지를 생각해 보자. 역시 경험에 비추어 생각할 때, 어느 시점에 더 크다고 단순하게 말할 수 없는 듯하다. 배고픔을 해소하는 과정에서 시간이 지날수록 식욕은 작아지지만 음식섭취로 인한 쾌락은 작아지지 않으며, 호기심을 해소하는 과정에서 배움의 초기에 쾌락을 느끼다가 갈수록 쾌락을 덜 느끼지는 않는 것 같다.

반면에 욕구가 충족되는 속도는 쾌락의 정도에 영향을 미친다. 식욕이 큰데 밥알 한 톨씩 입에 들어오는 경우와 한 숟가락씩 입에 들어오는 경우의 쾌락은 분명 차이가 있다. 그것은 부족함이 -70인 때에나 -30인 때에나 마찬가지이다. 따라서 대체적으로 쾌락의 정도는 부족함의 정도에 비례하는 것이 아니라 보충의 속도에 비례하는 것으로 결론지을 수 있다. 따라서 쾌락은 부족함이 해소되는 과정 중간에 나타나는 것이지만 그 과정 동안 점점 커지거나 점점 작아지는 것은 아니다.

어떤 근거로 그런 이야기를 하는 것인지는 이해하기 어려우나 아리스또뗄레스도 그러한 결론에 공감하고 있는 듯하다. 쾌락은 과정 중에 완성되는 것이 아니라는 것이 바로 과정 중간에 어느 한 방향으로 점차로 커지거나 작아지는 것이 아니라는 우리의 결론과 일치하기 때문이다.

그런데 아리스또뗄레스는 그것을 근거로 쾌락은 일종의 변화라고 할 수 없다고 주장하고 있으며 그러므로 쾌락은 매 순간 온전한 것이고 더 커지거나 더 작아질 수 없는 것이라고 주장하고 있다. 하지만 그것은 참이 아니다. 쾌락은 충족의 속도에 비례하므로 속도가 변화함에 따라 커지거나 작아진다. 쾌락의 정도는 분명 다를 수 있으며 그것의 완성이란 있을 수 없다(하지만 소멸은 있을 수 있다. 충족이 완성되어 욕구가 없어진 이후에는 쾌락도 없으므로 그것은 소멸이다).

결국 쾌락에 대한 아리스또뗄레스의 물리학적 논의는 쾌락에 대한 논의에 혼란을 가중시킬 뿐이다. 실제로 변화나 속도 등에 관한 논의는 아리스또뗄레스의 '물리학'에서 그 본색을 찾아볼 수 있는데, 그것은 요즘 중학생들이 배우는 물리학에 비교해서도 부족함이 많다(물론 아리스또뗄레스의 '물리학'은 당시로서는 상당히 진보적인 수준의 탐구였고, 일부 내용은 지금의 자연학자들도 의미 있게 살펴볼 만하다). 예를 들면 아리스또뗄레스는 무거운 물체가 가벼운 물체에 비해 빠른 속도로 떨어진다고 주장하였다(그리고 놀랍게도 갈릴레이의 피사의 사탑 실험 이전에는 그러한 주장이 당연한 것으로 받아들여졌다). 아리스또뗄레스의 물리학은 그러한 명백한 오류들을 포함하고 있었던 것이다. 다시 말하자면, 논리학이나 정치학이라면 몰라도 자연학은 지난 이천 삼백 여 년 동안 상당한 진보가 있었음을 인정하지 않은 수 없으며, 적어도 그러한 영역에서는 아리스또뗄레스의 물리학보다는 현대의 물리학적 견해가 더 신빙성이 있음을 부정할 수 없을 것이다.

아리스또뗄레스가 자연학적 분석에 있어서 오류를 범하고 있는 또 하나의 중요한 이유는 바로 '(44) 목적인'에서 지적한 바와 같은 소위 '목적론적 세계관'을 가지고 있었기 때문이다. 모든 현상에는 뭔가 목적이 있고 그 목적이 달성되면 완성되는 것이라고 하는 선입견이 쾌락의 문제에도 적용되어 그것이 완성된 것인가 혹은 아직 완성을 향해 나가고 있는 과정에 있는 것인가를 묻게 한 것이었다. 신전을 만드는 일에는 완성이란 것이 있지만 쾌락에는 완성이란 것이 있을 수가 없으므로 그런 질문을 던지는 것 자체가 무의미하다. 그리고 무의미한 질문에 답하려 애쓰다 보면 엉뚱한 결론에 이르게 되는 것이다.

이제 변화과정이니 완성이니 하는 논란은 무시해도 될 것이다. 아니 우리의 정확한 논의를 위해서는 무시해야 할 것이다.

(50) 병을 유발하는 쾌락

쾌락이 좋은 것이라는 가설을 검증해 보기 위하여 아리스또뗄레스가 그랬던 것처럼 쾌락에 관한 기존 이론들을 되돌아보면서 참과 거짓을 따져 보자. 이제는 기존의 이론들 속에는 아리스또뗄레스의 견해도 포함된다. 논의의 순서는 큰 문제가 될 것이 없긴 하지만, 편의상 10권에서 아리스또뗄레스가 이야기한 순서와 내용을 골격으로 진행하기로 하자.

우선, 본격적인 검증에 앞서 먼저 지금까지 거론된 모든 견해들 중 쾌락이 좋은 것이라는 가설에 찬성하는 견해를 살펴보자.

'(40) 에우독소스', [10-2-1이하]에서 드러난 에우독소스의 주장은 우리의 가설과 부합한다. 즉, 1) '인간을 포함한 모든 생물이 지향하는 것은 쾌락이다'. '좋은 것'의 규정 자체가 애초에 '모든 사람들이 지향하는 것'이었으므로 결론적으로 쾌락이 바로 그러한 것이라는 것은 당연한 귀결이다. 다만, 모든 사람들이 같은 쾌락을 지향한다는 선입견을 가져선 안 된다. 한 사람에서도 어떤 욕구가 가장 큰가는 매 순간 다르며, 당연히 그에 따르는 쾌락도 다르다. 그리고 사람에 따라 욕구가 다르므로 당연히 사람마다 추구하는 쾌락이 다르다. 단지 그것들 모두가 쾌락이라는 하나의 명칭으로 포괄되는 것이다.

2) '고통은 나쁜 것이므로 그것의 반대인 쾌락은 좋은 것이다'. 물론 타당한 이야기지만 여기에도 조심해야 할 부분은 있

다. 고통이 나쁜 것이라는 전제는 사실상 쾌락이 좋은 것이라는 전제와 같은 말을 반복하는 것이다. 고통이라는 말 자체가 쾌락의 반대를 지칭하는 것이기 때문이다. 따라서 고통이 나쁜 것이라는 말은 맞지만 그것이 쾌락이 좋은 것이라는 가설을 인정하는 근거로 사용될 수는 없다(고통은 나쁜 것이라는 명제를 수용한다는 것 자체가 실은 쾌락은 좋은 것이라는 명제를 수용하는 것이다).

3) '많은 것들이 쾌락의 수단이 되지만 쾌락을 수단으로 하는 것은 없다'. 이것은 앞에서 우리가 탐구하는 좋은 것이 바로 쾌락이라는 가설을 수립한 근거였다. 실제로 이것은 쾌락의 수단이 되는 것들에 비해 쾌락이 더 좋은 것이라는 확실한 증거라고 할 수 있다. 하지만 쾌락 이외에 쾌락이 아닌 다른 좋은 것이 없다거나 쾌락이 가장 좋은 것이라고 말할 수는 없다. 쾌락과 마찬가지로 무언가가(쾌락을 동반하지 않는 무언가가) 다른 것의 수단이 되지 않는데 많은 것들이 그것의 수단이 될 가능성은 배제할 수 없는 것이다. 그런 것이 혹시 있다면 우리는 '좋은 것'의 목록에 포함시켜야 한다.

4) '쾌락이 다른 어떤 좋은 것에 더해지면 그것을 더욱 좋은 것으로 만든다'. 이것은 쾌락이 좋은 것인가 나쁜 것인가에 근거로 채택하기 어렵다. 일단 이 명제 자체가 쾌락 이외에 어떤 좋은 것이 있다고 가정하고 있기 때문이다. 쾌락 이외에 다른 좋은 것이 있는가는 우리가 묻고 있는 질문 중의 하나이다. 이 논의의 결과를 토대로 그 질문에 대해 대답하고자 하는 상황에서 그 질문의 답을 전제로 삼아서는 안 된다(물론 그런 추론 방법이 있긴 하

지만 지금 상황에선 문제의 복잡성을 가중시키므로 피하는 것이 좋다).

이제 쾌락이 좋은 것이라는 가설에 반대하는 주장들을 살펴보자. 다만 그 주장들을 모두 반박할 필요는 없고 우리가 근거로 삼고 있는 것을 반박하거나 나쁜 것이라는 근거를 제시한 것들에 관해서만 참과 거짓을 따지면 될 것이다. 실제로 '(41) 금욕주의에 대한 반박' 이후에 장황하게 열거되는 금욕주의자들의 주장 중 상당 부분은 쾌락이 좋은 것이라는 주장의 근거를 문제삼는 것인데 우리가 근거로 삼고 있는 것이 아닌 것들이 많다.

실제로 금욕주의자들의 근거 가운데 많은 것은 '좋은 것'의 특성에 대한 전제를 내포하고 있다. 즉, '좋은 것이란 어떤 성질을 지칭하는데 쾌락은 어떤 성질이 아니다'라든가 '좋은 것은 규정적인 것인데 쾌락은 무규정적이다'라는 것은 좋은 것의 조건에 대한 전제를 가지고 있는 것이다. 그러나 우리는 좋은 것이란 어떤 것인지에 대한 다른 가설, 즉 '좋은 것이란 사람들이 지향하는 것'이라는 기본 전제 이외의 다른 전제를 수용할 필요가 없다. 만일 쾌락이 좋은 것이라는 가설이 참이라면 그에 따라 좋은 것은 성질이라거나 무규정적이라는 가설을 폐기하는 것이 순서이다. '(42) 혼란의 순환', [10-3-4이하]에 제시된 '좋은 것은 완성된 것이다'라는 전제 역시 그러한 것들 중에 하나이며, 더구나 그와 관련된 논의는 앞에서 무시하는 것이 좋겠다고 판단한 바 있다.

이제 '(42) 혼란의 순환', [10-3-4이하], 그리고 '(36) 나쁜 것의 반대', [7-12-4이하]에 제시된 내용, 즉 일부의 쾌락은 분명 나쁜 것이라는 주장을 살펴보아야 할 것 같다. 만일 일부의 쾌락이 나쁜 것을 인정하지 않을 수 없다면 쾌락은 좋은 것이라는 우리의 가설은 위협을 받게 될 것이다(실제로 아리스또뗄레스 역시 쾌락은 좋은 것이라는 가설에 이르렀다가 이 위협으로 인해 혼란에 빠지게 되었던 것을 우리는 잘 알고 있다).

먼저 쾌락 중에 일부는 창피하다는 것은 참인 것처럼 보인다. 예나 지금이나 일부의 쾌락은 남들로부터 비난을 받는 것 같기 때문이다. 그러나 그렇다 할지라도 아리스또뗄레스처럼 그런 쾌락은 쾌락이 아니라고 말해선 안 된다. 그런 쾌락 역시 다른 쾌락과 마찬가지로 그것을 추구하는 사람에게 모종의 긍정적인 감정을 일으키므로 다른 쾌락과 마찬가지로 쾌락의 일종이다. 다만 앞에서와 마찬가지로 좋은 것은 자랑스러운 것이라는 선입견을 가질 필요가 없다.

그런데 실은 논란의 소지가 있는 부분은 '창피한 것은 나쁜 것이다'라는 명제보다 오히려 '쾌락은 창피한 것이다'라는 명제이다. 즉, 사람들은 남의 쾌락을 비난하는가? '(28) 감정', [2-5-1 이하]에서 아리스또뗄레스 자신이 이야기하고 있는 것과 같이 감정 자체를 두고 훌륭하다거나 나쁘다고 말하지는 않는다. 그런데 쾌락이란 알고 보면 일종의 감정이다. 그러므로 사람들은 쾌락을 비난하지 않는다. 누군가가 기뻐하거나 슬퍼하는 것을 비난하지 않는 것과 마찬가지로 누군가가 쾌락을 느끼는 것을 비난하지는 않는 것이다. 실제로 비난의 대상이 되는 것은 그 쾌락 자체가 아니라 쾌락을 유발한 행동이다. 어떤 사람이 다른 사람에게 폭력을 가함으로써 쾌락을 느끼는 경우 우리가 비난하는 것은 폭력이지 쾌락이 아니다. 마찬가지로 만일 누군가가 다른 사람을 도와줌으로써 쾌락을 느낀다면 우리가 칭찬하는 것은 다른 사람을 도와준 행동이지 그로 인한 쾌락이 아니다. 이처럼 쾌락을 유발하는 것과 쾌락 자체를 구분해서 생각해 보면 일부의 쾌락은 창피한 것이라는 생각 자체가 쾌락을 유발하는 행동과 쾌락 자체를 동일한 것으로 착각한 데 기인함을 알 수 있다.

'(36) 나쁜 것의 반대', [7-12-4이하]에서 일부의 쾌락은 병을 유발하기 때문에 나쁘다고 한 것 역시 마찬가지이다. 아리스또뗄레스는 그러한 주장에 대해 '심지어는 통찰의 쾌락마저도 경우에 따라서는 건강을 해친다'고 이야기함으로써 좋은 것일지라도 병을 유발할 수 있다고 반박하고 있다. 이 이야기는 분명 타당하다. 그리고 앞에서와 마찬가지로 병을 유발하는 것은 나쁜 것이라는 전제, 즉 좋은 것이란 병을 유발하지 않는 것 또는 건강을 증진시키는 것이라는 전제를 수용할 필요는 없다. 따라서 병을 유발하는 것이라고 해서 나쁜 것이라고 할 수는 없는 것이다.

그런데 앞의 예에서와 마찬가지로 논란의 소지가 있는 부분은 '병을 유발하는 것은 나쁜 것이다'라는 명제가 아니라 '쾌락이 병을 유발한다'는 점이다. 결론적으로 그것 역시 잘못된 판단에 기인한다. 실은 쾌락은 병을 유발하지 않는다. 예를 들어 배가 고플 때 과식을 해서 배탈이 난 경우를 생각해 보자. 그 사람은 음식을 먹음으로 인해 쾌락을 느꼈으며 또 음식을 먹음으로 인해 배탈, 즉 고통을 겪게 되었다. 쾌락과 고통이 모두 음식으로 인해 유발된 것이지 쾌락으로 인해 고통이 유발된 것이 아닌 것이다. 더욱이 쾌락을 유발한 음식과 고통을 유발한 음식을 같은 것이라고 볼 수도 없다. 쾌락은 배고픔이 해소된 시점 이전에 나타난 것이므로 그 기간 동안에 먹은 음식에 의해 유발된 것인 반면, 고통(과식으로 인한 배탈)은 배고픔이 해소된 시점 이후에 먹은 음식에 의해 유발된 것이다.

더구나 일부의 쾌락이 병을 유발한다는 것은 논리적 오류이기도 하다. 병을 유발한다는 것은 곧 고통을 유발한다는 의미로 해석할 수 있으므로 '쾌락이 병을 유발한다'는 것은 결국 '쾌락이 고통을 유발한다'라고 하는 의미이다. 그런데 쾌락은 고통과 반대이므로 그런 명제는 일종의 논리적 오류가 된다.

그런데 아리스또뗄레스는 실은 그러한 착각, 즉 쾌락을 유발하는 것과 쾌락 자체를 동일시하는 착각을 간파하였다. '(46) 다시 훌륭한 사람', [10-5-6이하]에서 어떤 활동 자체와 그 활동이 유발하는 쾌락이 같은 것이라고 생각하는 것이 잘못임을 언급한 바 있는 것이다. 다만, 거기에서 논의한 바 있듯이 아리스또뗄레스는 활동이 나쁘면 그로 인한 쾌락도 나쁘고 활동이 좋으면 그로 인한 쾌락도 좋은 것이라는 선입견을 가지고 있었다. 결국 두 가지가 구분되는 것임을 알면서도 좋은 것에 관한 논의에서 그 두 가지를 구분해서 생각하지 못했던 것이다.

그 두 가지를 구분해야 한다고 하면서도 실제로는 구분하지 못했던 것에 대해 나는 '안타깝다'고 표현한 바 있다. 정말 안타까운 일이다. 그 때에도 언급했듯이 그런 착각에 대한 간파는 이미 이전에 '혼란의 순환', [10-3-4이하]의 이야기 중 에서도 드러난다. 일부의 쾌락은 창피한 것이라는 주장에 대한 반박 이후에 '쾌락은 바람직한 것이지만, 그러한 것들에서 유래하는 경우에는 바람직한 것이 아니다'라고 언급한 것에서 쾌락과 쾌락을 유발하는 것에 대한 구분이 드러나기 때문이다. 결국 아리스또뗄레스는 많은 사람들이 가진 착각을 극복할 수 있었지만 그것을 논의에 적용하지 못했던 것이다.

안타까움을 자아내는 또 한 대목은 일찍이 '(17) 칭찬과 존경', [1-12-1이하]에서 칭찬은 수단에 해당되는 것이고 '좋은 것'에는 그와 다른 것이 해당된다고 언급한 점이다. 즉, 아리스또뗄레스는 '좋은 것'과 그것의 수단(즉 그것을 유발하는 것)을 구분하였고, 칭찬이나 비난은 '좋은 것' 자체에 해당되는 것이 아니라 그것의 수단에 해당되는 것임을 이미 파악하고 있었던 것이다.

(51) 생명 활동

이로써 우리는 쾌락이란 무엇이며 어떻게 생겨나는 것인가, 그리고 그것이 '좋은 것'인가에 대한 논의를 충분히 거친 듯하다. 그리고 그 과정에서 아리스또뗄레스를 포함한 기존의 많은 학자들이 내놓은 여러 찬반 견해를 검토하였다. 이제 쾌락이 좋은 것이라는 가설에 대해 반박의 여지가 없음이 확인되었을 뿐만 아니라, 이전에 쾌락에 관한 논의에서 발생하였던 혼란이 해소되었다고 생각된다.

이제 우리가 '좋은 것' 또는 '행복'에 관한 논의를 계속하면서 탐구하고자 하는 것은 쾌락 이외에 다른 '좋은 것'이 있는가 하는 점이다. 아리스또뗄레스는 쾌락이 좋은 것, 그리고 가장 좋은 것임을 부분적으로나마 인정하면서도 실은 마지막까지도 다른 좋은 것이 있음을 전제하고 있다. 예를 들면 '(42) 혼란의 순환', [10-3-4이하]에서 '한편, 쾌락을 가져다주지 않음에도 불구하고 우리가 열심히 하고자 하는 일들도 있다'고 하는 것이 바로 그것이다.

그것이 무엇임을 우리는 잘 알고 있다. 즉, '덕에 부합하는 정신의 활동', 또는 '통찰의 쾌락' 같은 것이다. 하지만 이런 것들 역시 쾌락을 동반한다는 것은 이미 분명한 사실이므로 문제는 이러한 활동들에 있어서 쾌락이 궁극적인 목적인가, 아니면 반대로 쾌락이 그런 활동의 수단 내지는 동반되는 현상 중 하나일 뿐인가 하는 것이다. 그것이 바로 '(13) 쾌락'에서 우리가 제기한 논란이었다.

한편, '(14) 신성한 운명' 이후 '행운'에 관한 논의에서 아리스또뗄레스는 '덕에 부합하는 정신의 활동'과도 다른 또 하나의 요인으로서 외부적인 것, 즉 행운에 대해서도 언급한 바 있다. 이에 대해서 아리스또뗄레스는 그 자체로서 궁극적인 목적이며 행복을 위해 필요한 것이라고 인정하였다. 하지만 우리에게는 그에 대한 장황한 논의가 필요치 않다. 쾌락이 좋은 것이라는 전제하에서 볼 때 행운이란 모두가 쾌락을 위한 수단에 해당되는 것들이므로 단지 쾌락을 유발하는 여러 요인들 중 하나로 생각하면 될 뿐이다.

그러므로 쾌락을 위한 수단이 아니면서 '좋은 것'의 목록에 포함될지도 모를 후보로 우선은 '덕에 부합하는 정신의 활동', 또는 '통찰의 쾌락' 같은 것들만을 고려하기로 하자. 그러한 점을 염두에 두고, 이제 '좋은 것'에 대한 논의로 다시 돌아가서 좋은 것이란 어떤 것들일지를 생각해 보자. 그래서 쾌락이 아닌 어떤 것으로서 '좋은 것'에 포함될 만한 것이 있을지를 생각해 보자는 것이다.

좋은 것이란 어떤 것들인가를 인간의 할 일에서 찾고자 했던 아리스또뗄레스의 시도 자체는 당연한 것이었다고 생각된다. 그러므로 원래의 흐름에서 우리가 벗어났던 부분, 즉 '행복이란 무엇인가?'의 논의가 시작되는 '(10) 인간의 할 일', [1-7-9이하]로 돌아가 보자.

그 당시에 미리 언급했듯이, 아리스또뗄레스가 행복에 관한 논의에서 우리가 탐구하는 것은 인간의 행복이므로 마땅히 인간의 할 일에서 그것을 찾아야 한다고 주장했던 것은 타당한 주장이다. 인간이 다른 생물보다 우월한가 아닌가의 문제는 관찰을 통해 입증할 수 있는 문제가 아니므로 차치하기로 하고, 소위 '인간의 할 일'만을 생각해 보자. 아리스또뗄레스 자신이 '영혼에 관하여'에서 언급하고 있듯이 인간의 할 일에는 영양섭취와 성장, 감각, 운동, 욕구, 이성적 사고의 다섯 가지가 있다(이러한 구분에 있어서는 현대 생리학과 근본적으로 다를 것이 없다).

이들의 생리학적인 의미와 상호 관계를 현대 생리학에 근거해서 처음부터 다시 생각해 보자. 생명체의 활동들에 대한 무수한 관찰을 통해 그 활동들이 지향하는 바가 무엇인지 관찰해 본 결과, 생리학자들은 그 활동들이 모두 생명을 유지하는 데 기여하고 있다는 결론에 도달하였다. 모든 활동들은 어떤 식으로든 생명을 유지하는 데 기여한다. 물론 때로는 생명을 오히려 저해하는 활동들도 관찰되지만 그것은 특수한 조건에 기인하는 것이며 어떤 활동이든 보편적인 조건하에서는 예외 없이 생명을 유지하는 데 긍정적으로 기여한다.

그래서 생리학자들은 어떤 생명활동이 단기적으로 오히려 생명을 저해하는 것으로 확인되는 경우에는 습관적으로 그 속에 숨겨진 다른 의미를 찾는다. 뭔가 아직 알려지지 않은 다른 효과가 생명을 유지하는 데 기여할 것이라고 생각하기 때문이다. 그리고 실제로 대개의 경우 그런 긍정적인 효과가 있다. 그리고 그런 긍정적인 효과가 없는 것은 실은 생명활동이 아니다. 즉, 외부의 어떤 요인에 의해 일어난 수동적인 활동이다. 지금까지 그런 긍정적인 효과는 없이 오로지 스스로의 생명을 저해하기만 하는 생명활동은 단 한 가지도 알려진 것이 없다.

따라서 다섯 가지 생명 활동은 모두 생명을 유지하는 데 목적을 두고 있다고 말할 수 있으며, 정도의 차이는 있을지라도 모두가 그 목적을 달성하는 데 기여한다. 그 중 어느 한 가지라도 제대로 일어나지 못하는 경우에는 생명에 위협을 초래하는 것이다.

하지만 그들 기능의 상호관계를 알아볼 수는 있다. 이 문제에 대해서는 현대 생리학이 상당한 업적을 이룩했다. 아리스또뗄레스가 알지 못했던 많은 사실들을 관찰했을 뿐만 아니라 소위 실험생리학이라는 방법론을 통해서 어떤 기능이 중요한지를 정량적으로 밝혀낼 수 있었던 것이다.

정확히 일치시킬 수는 없긴 하지만, 대략적으로 영양섭취 활동은 소화기계라고 부르는 부위가 수행한다. 그리고 그 활동의 가장 핵심적인 부분은 소장의 상피세포에서 각종 영양분이 흡수되는 과정이다(이에 대해서는 아리스또뗄레스도 상당한 수준의 관찰과 추론을 통해 비슷한 결론에 도달하였으며, 그러한 소장의 기능을 식물의 뿌리의 기능과 유사한 것으로 비유한 바 있다). 그리고 운동은 감각에 의해 유발되는데 (이에 대해서도 아리스또뗄레스 역시 동일한 결론을 제시한다), 해부학적으로나 기능적으로나 그 중간의 매개 역할을 하는 것이 바로 욕구와 이성이다. 그리고 아리스또뗄레스가 파악한 바대로 영양섭취 활동은 모든 생물체의 공통적 활동인 데 비해 감각과 운동은 동물에서만 볼 수 있는 활동이다(실은 식물보다 더 단순한 생물이면서 감각과 운동을 수행하는 생물도 많지만 그것은 우리의 육안적 관찰 범위를 벗어나므로 일단은 동물들만을 대상으로 생각하기로 하자).

그런데 감각이나 운동 중에서 우리 눈에 보이지 않는 것들도 있음을 간과해선 안 된다. 우리 몸에는 아리스또뗄레스가 감각 기관이라고 지칭했던 것들 이외에도 몸 안에서 일어나는 변화를 감각하는 기관들이 있는 것이다. 또한 마찬가지로 운동 기관 중에도 눈에 보이지 않는 운동을 일으키는 운동 기관들이 있다.

한편 욕구란 감각에 의해 발생하는 것이면서 운동을 유발하는 것이다(이에 대해서도 아리스또뗄레스는 같은 결론을 내린다). 그러므로 감각과 운동 활동을 하는 모든 동물은 욕구를 가지고 있다. 그리고 앞서 쾌락에 관한 논의에서 등장했던 욕구란 것이 바로 이것이다. 즉, 어떤 부족함을 감각했을 때 발생하는 것으로서 쾌락을 달성하는 데 필요한 운동을 유발하는 것이 바로 욕구인 것이다.

한편 이성은 욕구와 마찬가지로 어떤 운동을 유발하는 동시에, 감각으로부터 심상을 형성하고, 심상을 저장하고, 심상들 간의 상호 관계를 저장하며, 감각 현상으로 인한 결과를 예측한다. 심상이나 심상들의 상호 관계를 저장한 결과를 우리는 기억이라고 지칭한다. 그리고 심상들 간의 상호 관계에 대한 기억에 근거해서 어떤 감각 현상의 결과를 예측하는 기능을 이성적 사고라고 지칭한다. 아리스또뗄레스 또는 요즘의 사람들이 이성이라고 부르는 것은 바로 그러한 기능들을 수행하는 주체를 말하는 것인데, 좁은 의미로는 이성적 사고만을 이성의 기능이라고 여기기도 한다(참고로 이성의 사전적 의미는 '개념적으로 사유하는 능력을 감각적 능력에 상대하여 이르는 말'이다).

결과적으로 감각은 어떤 욕구나 이성적 활동을 유발하는 것이고 어떤 욕구나 이성적 활동은 운동을 유발한다(물론 이론적으로 감각이 운동을 유발하지 않고 기억이나 이성적 사고만을 유발할 수도 있겠지만 지금은 다섯 가지의 기능들만을 이야기하기로 하자). 따라서 감각, 욕구, 이성, 운동의 네 가지 기능은 서로 연계된 것임을 알 수 있다.

한편 영양 섭취 활동 역시 눈에 보이지는 않지만 모종의 운동에 의해 이루어지는 것이다. 그리고 그러한 운동을 유발하는 인자는 다른 운동들과 마찬가지로 모종의 감각이다. 예를 들어 입안에 어떤 음식이 들어오면 그것이 입안의 감각 기관들을 자극하여 감각 현상을 유발하고 그 감각 현상은 식도와 소장의 연동운동, 그리고 소화효소의 분비(이것 역시 넓은 의미의 운동에 포함시킬 수 있다) 등과 같은 다양한 운동들을 유발하는 것이다. 그러므로 감각, 욕구, 이성, 운동의 네 가지로 사실상 모든 생명체의 활동을 포괄할 수 있다.

그런데 실은 개념적으로 욕구와 이성은 독립된 두 개의 기능으로 볼 수 없다. 욕구의 개념 정의를 '어떤 부족함을 감각했을 때 발생하는 것으로서 쾌락을 달성하는 데 필요한 운동을 유발하는 것'이라고 하면, 이성(즉 심상이나 기억이나 추론)이 운동을 유발하는 경우에 이성이 운동을 유발한다고 표현하기보다는 이성이 욕구를 유발하고 욕구가 운동을 유발한다고 표현하는 것이 정확한 개념 규정이다. 실제로 이 부분에 대해서는 아리스또뗄레스도 동의하고 있다. 그래서 욕구의 개념 안에 분기, 욕망(좁은 의미의 욕구), 희망의 세 가지를 구분하고, 이성적 활동이 운동을 유발하는 경우에 대해 이성이 희망이라는 종류의 욕구를 통해 행위를 유발하는 것이라고 보고 있다.

이성과 욕구의 그러한 상호관계를 놓고 볼 때 욕구가 이성에 복종한다는 표현은 틀린 것이다. 이성은 욕구를 발생시키는 요인 중의 하나이다. 그리고 욕구를 발생시키는 두 요인들, 즉 감각과 이성은 서로 경쟁한다고 할 수 있다. 아리스또뗄레스 역시 '(33) 주인과 종', [7-7-8이하]에서 그러한 경쟁이 통제불능이 나타나는 기전임을 기술한 바 있다(거기에서 '욕망과 이성의 경쟁'으로 표현하였던 것을 현재 '감각과 이성의 경쟁'이라고 표현하고 있을 뿐이다).

그러한 논의에 근거해서 우리는 아리스또뗄레스가 행복이란 '덕에 부합되는 정신의 활동'이라고 규정했던 것과 달리, 행복이란 '덕에 부합되는 욕구의 활동', 즉 '욕구가 잘 충족되는 것'이라고 볼 수 있다. 이러한 규정을 통해 사실상 영양섭취와 감각과 운동과 이성적 활동 모두를 포괄할 수 있기 때문이다(이성적 활동의 일부는 욕구와 무관할 수 있으므로 포괄되지 않는데, 이에 대한 논의는 잠시 미루기로 하자). 다시 말해서, 욕구가 잘 충족된다는 것은 감각과 운동과 이성적 활동이 모두 잘 이루어지는 것을 함축한다. 그 중 어느 하나라도 잘 이루어지지 못한다면 당연히 욕구 충족은 달성될 수 없기 때문이다.

그렇다면 쾌락 이외에 다른 좋은 것은 있을 수 없는 듯하다. 쾌락이란 곧 욕구의 충족을 말하는 것이므로 '욕구가 잘 충족되는 것'은 곧 쾌락인 것이다. 다시 말해서, 행복(즉 '좋은 것')에 쾌락이 포함되는 것이 아니라, 행복은 곧 쾌락이라는 것이다.

(52) 학문하는 즐거움

이제 미루어 두었던 문제, 즉 이성이 욕구와 무관하게 독자적인 활동을 수행하는 경우를 생각해 보자. 만일 그러한 활동이 있고 실제로 대부분의 인간이 그것을 추구한다면 우리는 그것을 또 하나의 '좋은 것'으로 인정하여야 할 것이다. 아리스또뗄레스가 생각하는 '통찰'이 바로 이에 해당한다(실은 아리스또뗄레스의 니꼬마코스 윤리학 전체의 결론은 통찰의 활동이 가장 행복한 활동이라는 것이다). 아리스또뗄레스는 그것이 진리 또는 '어떤 신성한 것'을 목적으로 하는 것이라고 표현하곤 한다.

만일 그러하다면 우리의 논의는 '(19) 비이성적이지만 이성적인 부분', [1-13-19]에서 아리스또뗄레스가 행복의 조건이 되는 '덕'을 이성적인 덕과 성격적인 덕으로 나눈 것과 결론적으로 일치하게 될 것이다. 즉 욕구를 통해 쾌락을 얻는 것과 이성적 활동으로부터 진리를 얻는 것이 두 가지의 '좋은 것'이라고 생각할 수 있게 되는 것이다. 하지만 그러한 결론을 위해 필요한 전제는 이성적인 활동으로부터 진리를 얻는 것이 쾌락을 위한 것이 아니라는 확신이다.

결국, '(13) 쾌락'에서 우리가 제기한 논란의 실체가 이제 확실히 드러나는 셈이다. 이성적인 활동, 즉 심상 형성이나 기억이나 이성적 사고의 활동 같은 것이 과연 쾌락을 목적으로 한 것인가, 혹은 쾌락 없이도 우리는 그런 활동을 추구할 것인가?

일단 이성적인 활동이 생존의 수단이 되는 경우에는 그것이 결국 쾌락의 수단임을 쉽게 알 수 있다. 실제로 요즘에 대부분의 사람들이 최소한 초등학교부터 대학교까지 16년이라는 긴 세월 동안 가장 큰 과업으로 여기는 '공부'라는 것은 사실상 생존의 수단으로서 이성적인 활동을 하는 것이다. 그런데 그러한 활동은 대부분 쾌락을 동반하지는 않으나, 돈이나 행운이 궁극적으로는 쾌락을 위한 수단인 것과 마찬가지로 쾌락을 위한 수단으로서 추구하는 활동이다.

한편, 이성적인 활동이 생존의 수단이 아닌 경우, 그것은 진리를 추구하는 것임에는 이론의 여지가 없는데, 한편으로는 그것이 쾌락을 유발하기도 한다. 그것이 소위 아리스또뗄레스가 통찰의 쾌락이라고 표현하는 것이며, 요즘 흔히 쓰는 표현으로는 학문하는 즐거움이라는 것이다. 그런데, 그런 학문 활동이 만일 쾌락이 아닌 고통을 유발한다 해도 인간은 그것을 추구할 것이라고 생각되지는 않는다. 나 자신을 포함한 대부분의 학자들은 학문하는 즐거움을 느끼는 사람들인데 (물론 학자들 중에도 그 즐거움을 느끼지 못하면서 다른 목적으로 학문 활동을 하는 사람들도 있긴 하다), 그러한 사람들마저도 자신이 호기심을 가지고 있지 않은 영역에서는 학문하는 즐거움을 느끼지 못한다. 그리고 그 영역의 학문 활동은 추구하지 않는다. 즉, 호기심이 없는 영역에서는 쾌락을 느끼지 못하고 쾌락을 느끼지 못하는 경우에는 추구하지 않는다.

따라서 우리가 이전에 '(48) 욕구 충족'에서 언급하였던 바와 같이, 학문 활동 역시 호기심 또는 알고자 하는 욕구를 충족시키기 위한 활동으로서 결국 쾌락을 목적으로 하는 것이라고 결론지을 수 있다. 그렇다면 앞에서 이야기한 것처럼 '좋은 것'이란 곧 쾌락이며 쾌락 이외의 좋은 것은 없다고 할 수 있다.

(53) 좋은 것과 이로운 것

행복은 곧 쾌락이라는 결론은 실은 아리스또뗄레스가 '(25) 아빠테이아', [2-3-1이하]에서 문득 쾌락과 고통의 문제를 끄집어낸 대목과 일치된다. 즉, 성격적 덕이 결국은 쾌락에 관련된다는 것이다. 한편 아리스또뗄레스는 거기서 '그러므로 덕이란 쾌락이나 고통과 관련해서 가장 적절한 것들을 행할 수 있는, 그러한 성질이라고 할 수 있을 것이다'라고 결론내린 바 있다. 또한 아리스또뗄레스는 '(28) 감정'에서 덕과 악덕이란 감정을 잘 느끼거나 잘못 느끼는 성향을 말한다고 하였다. 쾌락과 고통이 실은 모두 일종의 감정이라는 우리의 논의를 돌이켜볼 때 이 역시 우리의 논의와 일맥상통하는 것이다. 따라서 과정은 달랐지만 아리스또뗄레스가 말하는 성격적 덕은 '욕구가 잘 충족되는 것'과 같은 것을 지향한다고 할 수 있다.

그런데 우리가 지금까지 '좋은 것'을 탐구하는 과정에서 결론적으로 찾은 것, 즉 쾌락은 모든 활동의 궁극적 목적이면서 다른 것의 수단이 되지 않는 것이었다. 따라서 그것은 다른 '좋은 것'들보다 더 좋은 것이며, 결국 '가장 좋은 것'이다. 한편 명예나 돈이나 덕이나 지혜 같은 것들, 즉 다른 '좋은 것'들은 모두가 쾌락의 수단이며, 쾌락의 수단이라는 이유로 좋은 것이 된다. 따라서 그것들 역시 좋은 것이기는 하되, 쾌락에 비해서는 다른 차원의 좋은 것, 혹은 이차적인 좋은 것이라고 할 수 있을 것이다.

그러한 것들을 쾌락과 마찬가지로 '좋은 것'이라고 지칭할 수 있으며, 실제로 많은 사람들이 그런 차이를 염두에 두지 않고 '좋은'이라는 표현을 사용한다. 하지만 논의의 혼란을 피하기 위해서는 그러한 것들, 즉 '좋은 것'의 수단이 되는 것들에 대해서는 '좋은 것'이라는 표현 대신 다른 표현을 사용하는 것이 바람직할 것 같다. 이러한 점에 관련하여, 아리스또뗄레스는 '(17) 칭찬과 존경', [1-12-1이하]에서 수단에 해당하는 것에 대해서는 '칭찬할 만한'이라는 표현을 사용하는 것이 적절하다고 말한 바 있다. 하지만 그러한 표현은 우리에게 적잖이 낯선 표현이며, 그 의미에 가장 잘 부합하는 우리말 표현은 아마도 '이로운'일 것으로 생각된다.

예를 들어, 내가 배가 고플 때 나는 음식을 추구하며, 음식은 내게 쾌락을 준다. 내가 추구하는 것이 곧 내게 좋은 것이므로 음식 또는 그로 인한 쾌락은 내게 좋은 것이다. 하지만 음식이 좋은 것은 그것이 쾌락을 유발하기 때문이다(만일 어떤 음식이 그러한 쾌락을 주지 않는다면 나는 그 음식을 추구하지 않는다). 다시 말해서 음식은 쾌락의 수단이다. 따라서 이 경우 음식보다 쾌락이 '좋은 것'에 더 부합한다. 그리고 음식은 '좋은 것'이라기보다는 '이로운 것'이라고 표현하는 것이 적절하다. 어떤 목적을 달성하기 위해 이용되는 수단에 대해 흔히 '이로운'이라는 표현을 사용하기 때문이다.

그렇다면 이제 내가 애초에 가졌던 의문 중 두 번째의 것, 즉 '어떻게 하면 행복해질 수 있는가?'의 문제에 대해 처음부터 다시 생각해 볼까 한다. 그것은 '어떻게 하면 욕구가 잘 충족될 것인가?', 즉 '어떻게 하면 쾌락을 잘 누릴 수 있는가?'의 문제이다. 그러므로 우리는, 어떤 것이 이로운지를 알고 그것을 획득하는 기술 또는 능력을 규명하고자 하는 것이다.

쾌락이 가장 좋은 것이라는 전제하에서 볼 때, 덕이나 윤리라는 것들, 즉 '해야 할 것들'이란 바로 그러한 것들, 즉 욕구를 잘 충족시키는 기술이나 능력들 중에서 우리가 주로 습관화를 통해 배우게 되는 것들이다. 이러한 해석은 '(22) 천성과 습관', [2-1-1이후] 이후에서 아리스또뗄레스가 습관과 덕에 관해 이야기하는 내용과 다를 바 없다(다만 그 때에도 언급한 바 있듯이, 아리스또뗄레스는 덕에 있어서 천성이 기여하는 바를 과소평가했다).

한편, 아리스또뗄레스는 욕구를 잘 충족시키거나 고통을 회피하는 기술이나 능력들 중에서 욕구나 이성 이외의 기능들, 즉 감각이나 운동 기능의 우수성은 덕에 포함시키지 않고 있는데, 실은 덕이라는 개념의 원래 의미를 생각해 보면 마땅히 그러한 것들 역시 포함되어야 할 것 같다. '(10) 인간의 할 일', [1-7-9이하]에서 아리스또뗄레스가 '끼타라 연주가의 할 일은 끼타라를 연주하는 것이고 훌륭한 끼타라 연주가의 할 일은 끼타라를 잘 연주하는 것'이라고 예시한 것처럼, 덕이란 주어진 기능을 잘 수행하는 성질을 말하는 것이며, 따라서 어느 기능이냐를 떠나서 어떤 기능을 잘 수행하는 사람은 덕을 갖춘 사람이라고 할 수 있기 때문이다.

예를 들어 시력이 좋은 것이나 음식을 잘 소화시키는 것 또는 감기에 잘 걸리지 않는 것 역시 쾌락을 달성하고 고통을 피하기 위한 대단한 기술이며 따라서 일종의 덕이다. 일반적으로 건강한 체질이라고 표현하는 것이 바로 그러한 덕을 갖춘 사람을 지칭하는 것이다. 그리고 바로 여기서 아리스또뗄레스의 행복에 관한 논의의 맹점 하나를 발견할 수 있다. 즉, '(13) 쾌락', [1-8-10이하]에서 아리스또뗄레스가 인용한 격언, 즉 '가장 정의로운 것이 가장 고귀한 것이며, 건강이 가장 좋은 것이지만, 자신이 사랑하는 것을 얻는 것이 가장 즐거운 것이다'라는 격언에서도 나타나듯이 많은 사람들이 '좋은 것', 혹은 '행복의 조건'으로 꼽는 것 중의 하나는 바로 건강인데, 이에 대해 아리스또뗄레스는 니꼬마코스 윤리학 책 전체 중 어디에서도 구체적으로 다루지 않고 있다.

물론 그것은 아리스또뗄레스가 인간의 할 일을 이성에 관련된 것들에 한정하고 감각이나 운동 기능을 무시한 오류에 기인한 것이다. 하지만 지금까지 우리는 우리 나름의 이론 정립 과정을 통해서 아리스또뗄레스가 결론적으로 제시한 성격적 덕의 덕목들은 물론 행운과 건강을 포괄하는 보편적인 행복의 규정에 도달할 수 있었다.

(54) 악덕

이로운 것에 대한 논의를 위해 잠시 인간에게 어떤 욕구들이 있는지를 생각해 보자. 왜냐하면, 우리의 욕구에는 이질적인 다른 것들이 매우 많고, 어떤 한 욕구의 충족에는 이로운 것이 다른 욕구의 충족에는 해로운 경우가 있기 때문이다. 그 욕구 각각에 대해 서로 다른 쾌락이 대응되지만, 쾌락을 구별하여 나열하기보다는 욕구를 구별하여 나열하는 편이 수월할 것이다(쾌락 각각을 구별하여 부르는 이름이 거의 없기 때문이다). 그런데 '(28) 감정'에서 여러 감정들의 구별이 어려움을 언급한 것과 마찬가지로, 욕구의 목록 역시 학자들 간에 일치된 견해를 보이지 않는다. 다만, 보편적으로 인정되는 가장 대표적인 욕구로서 식욕, 성욕, 명예욕, 호기심(또는 지적 욕구)의 네 가지 정도를 예시할 수 있을 것이다.

이 중 명예욕에 대해서는 부연을 해 둘 필요가 있을 것 같다. 일반적으로 명예란 다른 사람들이 나를 훌륭하다고 생각하는 것을 내가 알게 되는 것을 말한다. 명예란 분명 다른 사람들이 나를 어떻게 생각하는가에 좌우되며, 또한 나 자신이 그것을 안다는 것을 전제로 한다. 남들이 나를 훌륭하다고 생각할지라도 만일 내가 그것을 전혀 알지 못한다면 나는 명예욕의 충족, 즉 명예의 쾌락을 느낄 수 없다.

이러한 여러 욕구는 누구에게서나 볼 수 있는 것이지만, 그 욕구의 상대적인 중요성을 사람에 따라 다르다. 어떤 사람은 식욕이나 성욕이 상대적으로 강하고, 다른 어떤 사람은 명예욕이 강하며, 또 어떤 사람은 호기심이 강하다. 따라서 욕구의 충족으로 인한 쾌락이나 불만족으로 인한 고통 역시 사람에 따라 그 정도가 다를 수 있다. '(8) 네 가지의 좋은 것들', [1-5-1이하]에서 아리스또뗄레스가 언급한 세 가지 삶의 유형, 즉 쾌락적인 삶, 정치적인 삶, 그리고 학문적인 삶이란 바로 그러한 개인차를 두고 한 말이라고 볼 수 있다.

이제 우리의 논의에 근거해서 악덕을 한번 생각해 보자. 악덕이란 덕의 반대, 즉 '욕구가 잘 충족되지 못하는 것'이다. 악덕의 가장 전형적인 예 가운데 하나는 바로 이롭지 못하거나 오히려 해로운 수단을 선택하는 경우, 즉 배고픈데 모래를 먹거나 목마른데 바닷물을 마시는 사람과 같은 경우이다. 이것이 바로 사리분별이라는 것이 우리에게 필요한 이유이다. 분별이 없다고 하는 것은 결국 어리석음으로 인해 쾌락을 얻기 위해 필요한 것을 잘못 선택하는 것이다. 그리고 우리가 태어나서 거의 수십 년 동안 습관화를 통해서 천성을 교정하는 목적 중 가장 중요한 것은 바로 그러한 어리석음, 즉 악덕을 피하기 위한 것이다.

악덕의 또 한 가지 전형적인 예는 어떤 수단이 한 가지 욕구를 잘 충족시키지만 다른 욕구에 대해서는 오히려 반대의 효과를 나타냄으로써 그 욕구의 충족을 방해하거나 혹은 고통을 야기하는 경우이다. 이러한 경우 한 가지 욕구의 충족으로 인한 쾌락에 비해 다른 욕구와 관련된 부작용이 오히려 더 크다면,

즉 이로움에 비해 해로움이 크다면 그것은 악덕이다. 아리스또뗄레스가 예시한 것처럼 지적인 욕구의 충족을 위한 행위가 과도함으로 인해 건강을 해치는 경우가 바로 그러한 경우이다.

그리고 일반적으로 무절제라고 이야기하는 것의 많은 부분은 그와 같이 한 가지 욕구에 집착한 나머지 다른 욕구의 충족이 방해되거나 오히려 더 큰 고통을 받게 되는 경우를 말한다. 다만 그와 같은 집착이 나타나는 욕구가 대부분 식욕이나 성욕이기 때문에 무절제라는 표현을 육체적인 쾌락에 결부시키게 된 것이다. 그러나 절제란 어떤 종류의 욕구에 대해서나 공통적으로 필요한 것이다. 그 수단이 아무리 이로운 것일지라도 과도한 경우에는 늘 부작용을 동반하기 때문이다.

그런데 한 가지 욕구를 충족시키기 위해 선택한 수단이 다른 욕구의 충족을 저해하는 경우들 중 가장 흔한 예는 실은 다른 사람에게 고통이 되는 쾌락을 선택하는 것이다. 이 역시 당장은 쾌락을 유발할 수 있지만 결국은 더 큰 고통을 유발한다. 아리스또뗄레스가 말하는 것처럼 인간은 사회적 동물이므로 사회에 의존하지 않고서는 자신의 쾌락을 달성할 수 없는데, 다른 대부분 사람들에게 고통을 주는 행위는 결국에는 어떤 형태로든 사회로부터 자신이 얻을 수 있는 쾌락의 자원을 포기할 수밖에 없게 만든다.

배고플 때 음식을 통해 얻는 쾌락을 예로 들어 보자. 일단 그 쾌락 자체를 다른 사람들이 공감할 수는 없다(내가 음식을 먹는데 다른 사람의 배고픔이 해소될 수는 없다). 그러므로 내가 먹는 음식은 내게는 이로운 것이지만 다른 사람에게는 이로운 것일 수도 있고 해로운 것일 수도 있고 이롭지도 해롭지도 않은 것일 수도 있다. 만일 제한된 음식을 서로 무관한 여러 사람이 공유하고 있는 상황이라면 내가 음식을 먹음으로 인해 다른 사람들은 고통을 겪게 된다. 그들의 배고픔을 해소할 음식이 없어지는 것을 보는 것은 분명 그들에게 고통을 유발할 것이기 때문이다. 그리고 설혹 그들이 그 사실을 알지 못한다 해도 분명 내가 음식을 먹음으로 인해 음식은 적어지고 결국 그들의 배고픔은 커질 수밖에 없다. 그런데 고통을 받는 사람 입장에서 볼 때, 누군가가 욕구를 충족시키는 과정에서 그로 인해 자신이 고통을 받는다고 생각하게 되면 그 사람을 미워하고 비난하게 된다. 그리고 대개의 경우 그것이 그 사람에게 알려지게 되고, 결국 타인의 고통을 유발한 사람은 자신의 명예욕의 충족이 저해됨으로 인해 고통을 받게 된다. 또한 설혹 당장 명예의 손상을 받지 않는다 할지라도 언젠가 자신의 욕구 충족을 위해 그 피해자의 도움이 필요한 상황이 온다면 도움을 받지 못할 것이다.

한편 누군가 나와 그 음식을 공유하지 않으면서 내가 음식을 먹고 어떤 행위를 함으로써 도움을 받는 사람이 있다면 그는 내게 음식을 구해주려고 할 것이며, 내가 음식을 먹음으로 인해 쾌락을 얻기를 희망할 것이다. 이러한 경우 내가 먹는 음식이나 그로 인해 내가 얻는 쾌락은 그 사람에게도 쾌락을 줄 것이며 (물론 내가 얻는 쾌락과 같은 종류의 쾌락은 아니다), 그 사람에게도 이로운 것이다.

따라서 이로운 것에는 적어도 두 종류, 즉 '나에게 이로운 것이면서 남에게도 이로운 것'과 '나에게 이로운 것이지만 남에게는 해로운 것'이 있다. 물론 세 번째의 이로운 것으로 '나에게 해로운 것이지만 남에게는 이로운 것'도 있을 수 있지만 그것은 우리가 규정한 좋은 것(앞에서 규정한 것처럼 이로운 것은 좋은 것의 일종이다)의 정의, 즉 '사람이 추구하는 것'의 범주에 포함되지는 않는다. 사람은 '자신에게 해로운 것이지만 남에게는 이로운 것'을 추구하지는 않기 때문이다(자신에게 해롭다는 것이 곧 자신에게 나쁘다는 것이며, 자신에게 나쁘다는 것 자체가 자신이 추구하지 않는다는 뜻이다).

이처럼 자신에게 이롭지만 남에게 해로운 것을 선택하는 것에 대해 우리는 대개 '정의롭지 못하다'는 표현을 사용한다. 그리고 그러한 쾌락을 피할 수 있는 습관화가 바로 '정의'의 습관화이다. 즉, 다른 사람에게 고통을 주는 행위가 어떤 것인지를 알고 그것을 습관적으로 회피하는 것이 다름 아닌 정의인 것이다.

한편, 다른 사람이 자신의 쾌락을 추구하는 과정에서 나 또는 다른 사회 구성원에게 고통을 줄 때 그에 대해 징벌의 욕구를 가지는 것은 용기와 유사한 덕이다. 그러한 욕구는 기본적으로 어느 정도까지는 타고나는 것이긴 하지만 실제로 사회생활에서 배워야 할 부분도 많다. 나에게 폭력을 가하거나 나의 쾌락의 자원을 강탈하는 행위처럼 명백히 징벌의 욕구를 불러일으키는 경우도 있지만, 그와 달리 실은 내게 당장 고통을 주지 않는 듯하지만 간접적으로 큰 고통을 주게 되는 일들도 많이 있기 때문이다.

(55) 에필로그: 불가피한 미신

지금까지의 논의를 정리해 보자. 좋은 것이란 사람들이 추구하는 것이다. 누구나 쾌락을 추구하므로 쾌락은 좋은 것이다. 쾌락을 달성하는 데 있어 수단이 되는 것 역시 좋은 것이지만 그에 대해서는 '이로운 것'이라는 표현이 더 적당하다. 그런데 이로운 것에는 여러 종류가 있다. 추구하는 사람에게 이로운 것이면서 다른 사람에게도 이로운 것과 추구하는 사람에게 이롭지만 다른 사람에게 해로운 것이 있다. 그리고 추구하는 사람에게 이로운 것 중에 결과적으로 진정 이로운 것과 오히려 해로운 것이 있다. 그리고 쾌락을 추구하는 사람들도 이 중 어떤 수단을 추구하는가에 따라 여러 종류로 나눌 수 있다.

'(36) 나쁜 것의 반대', [7-12-4이하] 이후의 논의, 또는 '(42) 혼란의 순환', [10-3-4이하] 이후의 논의를 찬찬히 살펴보면, 아리스또뗄레스, 또는 금욕주의자들이 말하는 일부의 '우연적인 쾌락', 혹은 '나쁜 쾌락'이란 실은 '이롭다고 생각되지만 실은 오히려 해로운 것', 또는 '나에게는 이롭지만 남들에게는 해로운 것'을 말하는 것임을 쉽게 알 수 있다. 그리고 마찬가지로 아리스또뗄레스가 '진정한 쾌락', 또는 '바람직한 쾌락'이란 '결과적으로 이로운 것이면서 남들에게도 이로운 것'을 말하는 것이다.

그리하여 마침내 우리의 논의와 아리스또뗄레스의 주장은 같은 방향으로 수렴되고 있는 듯하다. 어떤 쾌락이 가장 좋은가를 생각하는 사람과 진정한 쾌락은 어떤 것인가를 생각하는 사람은 결국 같은 결론에 귀결하게 될 것 같다. 실제로 '(29) 쾌락주의에 관한 오해'에서 언급하였던 바와 같이 쾌락주의와 금욕주의는 이러한 식으로 같은 종착역에서 만나게 된다. 다만 아리스또뗄레스나 금욕주의자들이 일부의 나쁜 쾌락은 쾌락이 아니며 좋은 것도 아니라고 말하는 것과 달리, 우리는 그것들 역시 쾌락이라고 인정하되 다만 그 쾌락의 수단에 대해 문제 삼고 있는 것이다.

그러므로 결국 '해야 할 것'이란 진정한 의미의 '하고 싶은 것', 즉 가장 이로운 수단을 추구할 수 있도록 해 주는 이정표가 되는 것이었다. 그리고 훌륭한 사람이란 가장 좋은 수단이 무엇인지를 깨닫고 그것을 지향하게 된 사람을 의미하는 것이었다. 그런데 많은 사람들은 여전히 쾌락이 인생의 궁극적인 목적이라든지 덕이란 쾌락의 수단이라든지 하는 주장에 대해 당혹스러움 내지 반감을 표시하곤 한다.

하지만 그것은 일종의 미신에 기인하는 것이라고 볼 수 있다. 앞서 '(8) 네 가지의 좋은 것들'에서 언급한 것처럼, 미신이란 무언가를 맹목적으로 '좋은 것'이라고 믿는 것을 의미한다. 물론 그것이 진정으로 좋은 것인 경우에는 대개 미신이라고 표현하지 않으며, 절제나 정의 같은 덕은 '이로운 것'이라는 의미에서 넓은 의미의 '좋은 것'에 분명 포함된다. 따라서 그것들을 '좋은 것'이라고 믿는 것은 미신이 아니다. 다만, 그것이 궁극적인 목적이라고 생각하는 것은 미신이다. 그리고 바로 그러한 미신이 쾌락에 대한 반감을 유발한다.

쾌락에 대한 맹목적인 반감은 자칫 위험한 금욕주의로 흘러갈 수 있다. 아리스또뗄레스가 책의 앞부분에서 보였던 태도와 같이 쾌락을 추구하는 것이 비난받아 마땅한 것이라고 생각함으로써 다른 사람의 행복을 저해할 우려가 있기 때문이다. 특히 쾌락 자체와 쾌락의 수단을 동일시하는 경우에는 더더욱 위험하다. 해로운 수단을 금지하는 정도를 지나쳐서 쾌락의 수단이라고 생각되는 모든 것을 금지해야 한다는 엉뚱한 주장을 펴게 될 수도 있기 때문이다.

하지만 그러한 미신은 실은 불가피한 것이다. 어린 아이들에게 어떤 덕이 궁극적으로 어떻게 쾌락에 기여할 것인지에 대해 일일이 설명하고 납득시킨다는 것은 매우 힘든 일이며, 따라서 많은 경우 아이들이 그러한 덕을 갖추게 하기 위해서는 습관화를 통해 그것이 맹목적으로 좋은 것이라고 믿게 만들 수밖에 없다. 그러한 맹목적 믿음을 습관화하지 못한 아이들은 소위 '버릇없는' 사람이 되고, 결국 스스로 불행하게 살거나 혹은 다른 사람들의 행복을 저해하는 사회구성원이 될 우려가 크다. 물론 타고난 사리 분별 능력이 탁월하여 스스로 그러한 덕을 터득하게 되는 사람도 있겠지만, 설혹 그렇다 할지라도 부모로서 또는 선생으로서 그 과정을 도와주기 위해서라도 어느 정도는 맹목적 미신을 주입하지 않을 수 없다.

다만, 그 아이가 자라나서 어른이 되고 어느 날 후대의 아이들에게 행복이 무엇인지, 그리고 어떻게 하면 행복하게 살 수 있을지에 관해 이야기하게 될 즈음에라도 맹목적 믿음이 아닌 지혜로운 생각에 근거하여 이야기할 수 있다면 그 또한 이로운 것이리라.